高等职业教育校企合作"互联网+"创新型教材

现代企业管理实务

第2版

主　编　马春莲

副主编　郭　杰　郝玲娟

参　编　张　静　陈　俊

机械工业出版社

本书是校企合作共建教材,按照"工学结合"人才培养模式,结合企业对于人才的需求状况,以项目和工作任务为载体,结合工作过程系统化课程设计编写而成。

本书以企业运营流程和企业管理实务开展为主线,按照工作过程系统化的思路,以企业管理实务开展为载体进行内容组织和训练,使学生能够全面了解现代企业管理的工作内容。

本书主要内容包括九个项目,分别为:初识企业管理、制定企业经营决策、实施人力资源管理、实施市场营销管理、实施生产运作管理、实施全面质量管理、实施物流管理、实施财务管理和塑造企业文化。涵盖企业管理工作的全部内容,每个教学项目由内容提要、学习目标、素质目标、任务驱动、案例导入、读一读、任务实战、课后练习等内容组成。通过学习,学生不仅能够掌握企业管理的相关知识,而且基于公司运营的角色扮演让学生参与企业经营,掌握企业管理的工作方法,有助于学生了解企业工作流程,提前认知职业角色和工作内容,为学生的就业和可持续发展奠定基础。

本书既可作为高等职业院校工商管理、市场营销等经济管理类专业和工科类专业学生的教材,也可作为企业相关人士的阅读参考书。

图书在版编目（CIP）数据

现代企业管理实务 / 马春莲主编. —2 版. —北京：机械工业出版社，2022.2（2025.6 重印）
高等职业教育校企合作"互联网+"创新型教材
ISBN 978-7-111-70144-6

Ⅰ. ①现… Ⅱ. ①马… Ⅲ. ①企业管理—高等职业教育—教材
Ⅳ. ①F272

中国版本图书馆 CIP 数据核字（2022）第 019795 号

机械工业出版社（北京市百万庄大街22号　邮政编码100037）
策划编辑：孔文梅　　　　责任编辑：孔文梅　於　薇　张美杰
责任校对：史静怡　王明欣　封面设计：鞠　杨
责任印制：张　博
固安县铭成印刷有限公司印刷
2025 年 6 月第 2 版第 9 次印刷
184mm×260mm・16.75印张・401千字
标准书号：ISBN 978-7-111-70144-6
定价：49.00元

电话服务　　　　　　　　网络服务
客服电话：010-88361066　机 工 官 网：www.cmpbook.com
　　　　　010-88379833　机 工 官 博：weibo.com/cmp1952
　　　　　010-68326294　金 书 网：www.golden-book.com
封底无防伪标均为盗版　　机工教育服务网：www.cmpedu.com

前 言

本书第 1 版多次重印，受到了学生、教师、企业工作人员的欢迎。本书第 2 版吸收了近年来国际国内企业管理方面新的理论与实践，同时也对辅助案例进行了全面更新。

本书由具有丰富制造企业管理经验的企业高管确定教材编写框架，由长期从事企业管理教学工作的一线教师和带领学生赴企业实践的带队教师共同负责材料组织和内容撰写，历经多次调研、论证和修订，最终得以定稿。

本书具有如下特点：

（1）内容结构设计更贴近工作实际，真正体现"产教融合"的人才培养模式。书中引用的企业实例选取得当，任务实战布置合理，既能充分展示企业管理的内涵精髓，也能使读者将理论与实践互相印证、融会贯通，学习效果将明显提高。

（2）本书内容设计注重课程思政元素的有机融入。无论是知识点的分析、案例的选取，还是任务实战的设计，都紧紧围绕践行社会主义核心价值观而展开，注重培养学生的家国情怀、职业精神、人文素养，实现润物无声的教育目的。

（3）教学过程设计以模拟企业经营对抗的方式展开，能够有效提高课堂的趣味性、竞争性和实战性。每名学生在学习过程中有职位、有职责、有任务，促使学生认真听、努力学、积极做，提高学生的参与意识和对未来工作的认识程度。

（4）本书体例设计新颖，教学资源丰富，教学手段信息化。除有课后练习、课件、电子教案、微课视频等教辅材料外，还同步配备了在线开放课程（请访问超星学习通平台，网址：http://mooc1.chaoxing.com/course/217958138.html），运用翻转课堂教学模式，充分满足读者碎片化阅读和课后学习的需求。

本书的编者队伍由学校与企业双方人员构成。烟台文化旅游职业学院的马春莲编写项目一至项目六，郝玲娟编写项目七，张静编写项目八，郭杰编写项目九，陈俊负责部分案例修正工作。

本书参考了许多专家、学者的资料，还有很多资料摘自互联网，已无从考证原作者，在此一并致谢！

本书配有电子课件等教师用配套教学资源，凡使用本书的教师均可登录机械工业出版社教育服务网 www.cmpedu.com 下载。咨询可致电：010-88379375，服务 QQ：945379158。

由于编者水平和经验有限，书中难免有欠妥和疏漏之处，恳请读者批评指正。

编　者

二维码索引

序号	名称	二维码	页码	序号	名称	二维码	页码
1	有限责任公司和股份有限公司的区别		005	7	"6S"现场管理法		135
2	公司制企业组织架构的形式		018	8	京东众包		189
3	波特五力模型		032	9	大陆桥运输		199
4	招聘经理的工作流程		061	10	从摩拜单车的困境理解企业筹资		211
5	波士顿矩阵		090	11	利润分配		220
6	4Cs 理论		105	12	企业文化五要素理论		231

目　录

前言
二维码索引

项目一
初识企业管理 /001

任务一　认识企业　　　　　　　　　　　　/002
任务二　了解管理的内涵　　　　　　　　　/006
任务三　现代企业管理理论认知　　　　　　/010
　任务实战：组建虚拟企业　　　　　　　　/018
　课后练习　　　　　　　　　　　　　　　/019

项目二
制定企业经营决策 /021

任务一　了解企业领导职能　　　　　　　　/022
任务二　企业战略分析　　　　　　　　　　/026
任务三　企业经营决策制定　　　　　　　　/035
　任务实战：制定企业发展战略规划　　　　/043
　课后练习　　　　　　　　　　　　　　　/044

项目三
实施人力资源管理 /046

任务一　人力资源管理认知　　　　　　　　/047
任务二　人力资源管理的六大模块训练　　　/052
　任务实战：制订企业人力资源管理方案　　/069
　课后练习　　　　　　　　　　　　　　　/071

项目四
实施市场营销管理　　/073

任务一	市场营销认知	/074
任务二	制定市场营销策略	/078
任务实战：制定企业市场营销策略		/109
课后练习		/110

项目五
实施生产运作管理　　/112

任务一	生产运作管理认知	/113
任务二	生产过程设计	/117
任务三	生产计划与控制	/122
任务四	生产现场管理	/133
任务五	智能制造	/141
任务实战：制订企业生产计划		/147
课后练习		/148

项目六
实施全面质量管理　　/150

任务一	全面质量管理认知	/151
任务二	认识质量管理标准及其认证体系	/160
任务实战：制订企业全面质量管理计划		/165
课后练习		/167

项目七
实施物流管理　　/169

任务一	制订采购计划	/170
任务二	优化仓储作业	/176
任务三	降低库存成本	/180
任务四	改进配送服务	/188
任务五	开展合理化运输	/194
任务实战：制订企业采购物流管理计划		/201
课后练习		/202

项目八
实施财务管理 /205

任务一　财务管理认知　　　　　　　　　/206
任务二　筹资与投资管理　　　　　　　　/210
任务三　资产管理与利润管理　　　　　　/215
任务四　财务分析　　　　　　　　　　　/222
　　任务实战：制订企业筹资方案　　　　/226
　　课后练习　　　　　　　　　　　　　/227

项目九
塑造企业文化 /229

任务一　构建企业文化　　　　　　　　　/230
任务二　优化企业形象　　　　　　　　　/237
　　任务实战：构建企业文化　　　　　　/245
　　课后练习　　　　　　　　　　　　　/247

附录 /250

参考文献 /259

项目一
初识企业管理

企业是社会经济的主体,也是吸纳就业人口最重要、最庞大的渠道,当代大学生毕业以后无论就业还是创业,都不可避免地要参与到企业中去,或者被管理,或者做管理,无论哪一种情况,对企业管理基本知识的了解都成为一种必然需求。

本项目旨在介绍企业管理的基本知识点:企业的类型、管理的内涵以及现代企业管理理论。

学习目标

学习完本项目后,你将能够:
- 了解企业的概念与类型
- 了解公司制企业的主要形式
- 理解企业管理的职能
- 掌握现代企业组织结构形式

素质目标

通过学习企业基本知识,了解当前企业的类型、发展现状等,提升对社会的了解,树立正确就业观念;通过了解《公司法》相关规定,树立法律意识和契约精神,做诚信守法公民;通过学习管理的内容和职能,培养自身的管理素养和能力,萌发职业生涯规划意识,明确学习和努力方向;通过学习企业组织架构演变历程,涵养与时俱进的革新精神和跨界竞争思维。

任务驱动

1. 在一体化教室内,全班学生按 8~9 人为一组,组成项目团队。
2. 项目组成员按照表 1-1 的岗位进行分工,成立虚拟公司。
3. 由授课讲师介绍现代企业管理的具体知识和内容,以及创建虚拟公司的要求。
4. 本项目作为本书中的第一个任务,由 CEO 负责组织本公司内全体员工共同讨论,确定公司成立的各项内容(如企业名称、主营业务、品牌 Logo、现状、规模、行业地位等)后,由 CEO 上台展示成果。
5. 各项目团队认真倾听、讨论,可按照表 1-2 的形式互相评分。
6. 加总每名学生的汇报得分后求平均分,即为该生的期末考核成绩。

表 1-1　虚拟企业岗位汇总表

序　号	项　　目	内　　　容
1	公司名称	
2	主营业务	
3	首席执行官	
4	运营总监	
5	人力资源总监	
6	营销总监	
7	制造总监	
8	质量总监	
9	物流总监	
10	财务总监	
11	品牌文化总监	

表 1-2　企业管理汇报评分表

公司名称	汇　报　人	内容组织（满分50分）	汇报表达（满分50分）	总分（满分100分）

任务一　认识企业

案例导入

汤面谁来分才均等

一天，5位长期被管理问题所困扰的企业家不约而同地向管理学家讨教：如何才能使企业管理科学而有序？

管理学家将5位企业家带到了一个荒岛上，每天给他们送一锅汤面，要求他们用非暴力的方式制定制度，来解决每天的汤面分配问题。标准是均等，不能产生矛盾。

第一天：5位企业家商定由一个人负责分配事宜。但大家很快就发现，这个人总是给自己多分些，于是又换了一个人，但仍然解决不了问题。

第二天：5位企业家决定轮流主持分配，但很快又发现每个人都在自己主持分配那一天吃得最多。

第三天：5位企业家决定选举其中一个品德高尚的人主持分配，但大家又一致认为把分配权全权交给一个"雷锋式"的人风险太大，因为这个人一旦因受贿等原因堕落腐败，后果将更加不堪设想。

第四天：5位企业家决定选出一个监督委员会监督分配，结果是公平基本做到了，可是由于监督委员会常提出多种议案，致使分配方案定好了，汤面却凉了。大家认为这种方法成本实在太高了。

第五天：5位企业家决定让每个人轮流值日分配，但值日的人要最后一个领取汤面。令人惊喜的是，在这个制度下，每个人分到的面终于一样多了。

5位企业家终于轻松离开了荒岛，并感谢管理学家使他们终于懂得了什么是管理的真谛。

启示：

管理的真谛在于建立良好的制度，制度产生公平。

企业管理是世界经济的重要组成部分，从企业的产生发展到今天，除了社会生产力不断发展之外，还产生了一些基本的企业管理理论，正是这些理论在不断地引导着企业的发展。

一、企业的概念与发展

1. 企业的概念

企业是从事生产、流通、服务等经济活动，以产品或劳务满足社会需要，以营利为目的，自主经营、自负盈亏，依法设立的经济组织，是现代社会经济的基本单位。

理解企业的概念要注意以下几点：

（1）企业必须拥有一定的资源（人、财、物、信息等），是以营利为目的的经济实体，是从事生产、流通、服务等经济活动的组织。

（2）企业是依法设立、自主经营、自负盈亏、独立核算的经济组织，具有独立的经济权益。为了自身的发展，企业可以自主决策，谋求获得更大的效益。

（3）企业的生产经营成果（产品或劳务）是通过交换而与消费者或其他生产单位发生经济联系，在满足社会需要的同时获得收益的。

（4）企业是一个国家的基本经济单位，是社会经济力量的基础。企业生产效率的高低，经济效益的好坏，对国民经济的发展有着重要的影响。

2. 企业的发展

随着生产力的发展、社会的进步，企业形式也得以不断地发展与完善。企业的发展主要经历了三个阶段：

（1）工场手工业时期。这是指从封建社会的家庭手工业到资本主义初期的工场手工业时期。16—17世纪，一些西方国家开始向资本主义制度发展，资本的原始积累加快，农民的土地被大规模地占用，家庭手工业急剧瓦解。工场手工业开始萌芽，成为企业的雏形。

（2）工厂制时期。18世纪60年代，工业革命首先在英国发生，然后在欧洲其他国家和北美扩散开来，大机器的普遍采用为工厂制的建立奠定了基础。1771年，英国人理查德·阿克莱特（Richard Arkwright，1732—1792）在德比郡的克隆福德创立了第一家棉纱工厂。工厂制度的诞生吹响了工业时代的号角，从此一种全新的生产组织形式和生产方式诞生了。阿克莱特被后人誉为工厂制度之父。

工厂制的主要特征是：实行大规模的集中劳动；采用大机器提高生产效率；实行雇佣工人制度；劳动分工深化，生产走向社会化。工厂制的建立，标志着企业的真正诞生。

（3）现代企业时期。19世纪末20世纪初，随着自由资本主义向垄断资本主义过渡，工厂自身发生了复杂而又深刻的变化：不断采用新技术，使生产迅速发展；生产规模不断扩大，竞争加剧，产生了大规模的垄断企业；经营权与所有权分离，形成了职业化的管理阶层；普遍建立了科学的管理制度，形成了一系列科学管理理论，从而使企业走向成熟，逐渐发展成为现代企业。

二、企业的类型

按照不同的标准，企业被划分为多种形式。

（一）按企业资产的所有制性质分类

我国过去经常采用企业资产所有制分类的标准，将企业分成以下4种类型：

1. 国有企业

国有企业是指国务院和地方人民政府分别代表国家履行出资人职责的国有独资企业、国有独资公司以及国有资本控股公司。在计划经济时代，我国的国有企业全部由国家直接经营，这种由国家直接经营的国有企业称国营企业。

2. 集体所有制企业

集体所有制企业简称集体企业，是指一定范围内的劳动者集体拥有生产资料的所有权，共同劳动并实行按劳分配的经济组织。

3. 私营企业

私营企业是指企业的全部资产属私人所有的企业，包括按照《公司法》《合伙企业法》的规定登记注册的私营有限责任公司、私营股份有限公司、私营合伙企业和私营独资企业。

4. 混合所有制企业

混合所有制企业，是指具有两种或两种以上所有制经济成分的企业，如中外合资经营企业、中外合作经营企业、国内具有多种经济成分的股份制企业等。

中外合资经营企业是由外国企业、个人或其他经济组织与我国企业共同投资开办、共同管理、共担风险、共负盈亏的企业。它在法律上表现为股权式企业，即合资各方的各种投资或提供的合作条件必须以货币形式进行估价，按股本多少分配企业收益和承担责任。

中外合作经营企业是由外国企业、个人或其他经济组织与我国企业或其他经济组织共同投资或提供合作条件在中国境内共同举办，以合同形式规定双方权利和义务关系的企业。它可以有股权，也可以是无股权的合约式经济组织。合作各方依照合同的约定进行收益或产品的分配，承担风险和亏损，并可依合同规定收回投资。

（二）根据企业制度的形态构成分类

这是国际上对企业进行分类的一种常用方法。按此方法，可将企业分成独资企业、合伙制企业和公司制企业。企业制度是法律规定的结果，因此以这种分类方法划分而成的企业类型也称法律形式。

1. 独资企业

独资企业又称单个业主制企业。它是由业主个人投资，自己经营，收入归己，风险也由自己承担的企业。独资企业如果经营不善，出现资不抵债的情况，就要用自己的其他财产来抵债。

这类企业的优点是：所有权和经营权归于一体，经营灵活，决策迅速，开业与关闭手续简单，产权可以自由转让。缺点主要有两个方面：一是企业没有独立的生命力，如果业主死亡或在转让情况下放弃经营，企业的生命就终止；二是企业规模小，一般财力都不强，受偿债能力的限制，贷款的能力也较低，难以投资规模较大的行业，一般适合经营零售商业、服务业、手工业等。

2. 合伙制企业

合伙制企业是由两个以上的个人或业主对企业出资，通过签订合伙协议联合经营的组织。经营所得归全体合伙人分享，经营亏损也由全体合伙人共同承担。如果经营失败，合伙制企业倒闭破产，资不抵债时，每个合伙人都要以自己的家庭财产首先按照入股比例清偿，若有的合伙人家庭财产不够清偿，其他合伙人要代为清偿，负无限连带责任。

这类企业的优点是：企业资金量较大，能从事一些资产规模较大的生产和经营活动；合伙人对企业盈亏负有完全责任，这意味着所有合伙人都以自己的全部家当为企业担保，因而有助于提高企业信誉。缺点是：合伙制企业的生产规模一般达不到社会化大生产的要求，生产经营活动有一定的局限性；企业经营决策需经全体合伙人一致同意，因而决策缓慢、协调困难；企业稳定程度有局限性，当合伙人中有一人死亡或者撤出，原来的合伙协议就要进行修改，甚至会影响到合伙企业能否继续存在；合伙制企业实行无限连带责任，增加了投资风险。合伙制企业一般适用于生产规模较小，管理不太复杂，不需要设立管理机构的生产经营行业。

独资企业和合伙制企业统称为古典企业。

3. 公司制企业

公司是指依公司法设立，具有资本联合属性的企业。国际上有关公司的概念一般认为："公司是依法定程序设立，以营利为目的的社团法人。"因此，公司具有反映其特殊性的两个基本特征：公司具有法人资格，公司资本具有联合属性，这是公司区别于其他非公司企业的本质特征。根据我国现行《公司法》，公司企业的主要形式为有限责任公司和股份有限公司。

（1）有限责任公司是由一定数量的股东出资设立，每个股东以其所认缴的出资额为限对公司承担有限责任。有限责任公司包括国有独资公司以及其他有限责任公司。有限责任公司不能对外发行股票，股东只有一份表示缴纳的出资额的出资证明书，股权的转让受严格限制。

有限责任公司和股份有限公司的区别

> **读一读**
>
> 我国《公司法》第七十八条规定：
>
> 设立股份有限公司，应当有二人以上二百人以下为发起人，其中须有半数以上的发起人在中国境内有住所。

（2）股份有限公司是由一定数量以上的股东出资设立，全部资本分为均等股份，股东以其所持股份为限对公司债务承担责任的公司。上市公司的财务公开，股份在法律和公司章程规定的范围内可以自由转让。

> **读一读**
>
> 2018年施行的新《公司法》规定，允许一"人"成立有限责任公司。
>
> 旧《公司法》规定：有限责任公司由两个以上五十个以下股东共同出资设立。
>
> 新《公司法》规定：有限责任公司由五十个以下股东出资设立。
>
> 新《公司法》同时规定：一个自然人只能投资设立一个一人有限责任公司。该一人有限责任公司不能投资设立新的一人有限责任公司。

从上面分析可见，不同类型的企业，它们最根本的区别是财产组织形式不同。按财产组织形式来划分企业类型是符合市场经济发展要求的。

任务二　了解管理的内涵

案例导入

扁鹊的医术

先秦典籍《鹖冠子》记载了魏文王与名医扁鹊的对答故事。

魏文王问扁鹊："你家兄弟三人，都精于医术，到底谁的医术最好？"

扁鹊答："长兄最好，中兄次之，我最差。"

魏文王再问："可为什么你最出名呢？"

扁鹊答："长兄治病，是治病于病症发作之前，由于一般人都不知道自己得了病，就被他铲除了病根，因此他的名气无法传出去。中兄治病，是治病于病情初起时，一般人以为他只能治轻微的小病，因此他的名气只及本乡里。而我是治病于病入膏肓之时，一般人都看到我在经脉上穿针放血、在皮肤上敷药手术，所以以为我的医术高明，名气因此响遍全国。"

启示：

事后控制不如事中控制，事中控制不如事前控制，可惜大多数企业经营者均未能体会到这一点，总要等到错误的决策造成了重大损失后才寻求弥补。往往是即使请来了名气很大的"名医"，也已经造成了无法弥补的损失。

一、管理与企业管理的定义

1. 管理的定义

对于什么是管理，到现在专家学者们仍然各抒己见，没有统一的表述，以下几个观点影响较为深远。

（1）"科学管理之父"弗雷德里克·温斯洛·泰勒（Frederick Winslow Taylor）认为："管理就是确切地知道你要别人干什么，并使他用最好的方法去干。"在泰勒看来，管理就是指挥他人能用最好的办法去工作。（《科学管理原理》）

（2）"现代管理学之父"彼得·德鲁克（Peter Drucker）认为："管理是一种工作，它有自己的技巧、工具和方法；管理是一种器官，是赋予组织以生命的、能动的、动态的器官；管理是一门科学，一种系统化的并到处适用的知识；同时，管理也是一种文化。"（《管理——任务、责任、实践》）

（3）管理过程学派创始人亨利·法约尔（Henri Fayol）认为："管理是所有的人类组织都有的一种活动，这种活动由五项要素组成：计划、组织、指挥、协调和控制。"法约尔对管理的看法颇受后人的推崇与肯定，形成了管理过程学派。孔茨（Koontz）是第二次世界大战后这一学派的继承人与发扬人，使该学派风行全球。管理过程理论对西方管理理论产生了持续的影响。（《工业管理与一般管理》）

（4）诺贝尔经济学奖获得者、经济组织决策管理大师赫伯特·西蒙（Herbert Simon）对管理的定义是："管理就是制定决策。"（《管理决策新科学》）

综上，管理可以定义为：管理是通过计划、组织、领导和控制等环节，协调人力、物力、财力和信息资源，以期高效率地达到组织目标的过程。

2. 管理的特点

通过对以上管理定义的分析，可以概括出管理具有以下几个特点：

（1）管理是共同劳动的产物。由于共同劳动，人们结成分工和协作关系，并形成了共同的目标，从而使管理工作成为必要。如果没有管理活动，人们便如一盘散沙，各行其是，就连组织活动也难以实现，更不用说大规模、复杂的社会生产经营等活动了。

（2）管理是一系列相互关联、连续进行的活动过程。管理贯穿于共同劳动的始终，在组织活动的不同阶段，管理工作有着不同的重点。但是，这些管理工作的中心只有一个，就是维护共同劳动的顺利进行和组织任务的有效完成。因此，管理的各个环节要求能够相互关联、连续一致，不能相互脱节或相互矛盾。

（3）管理具有明确的目标。一切管理活动都服从和服务于组织的既定目标，没有共同的目标，就没有共同劳动，也就不需要管理。目标不明确，管理就会无的放矢、杂乱无章。

（4）管理是各种资源要素的合理配置和有效利用。管理的对象是组织中的人力和物力等资源，管理的实质就是通过计划、组织、领导和控制等手段，实现组织内部各种资源要素的合理配置和有效利用。管理有别于组织为实现目标的其他活动，如纯技术性、作业性等方面的非管理活动。

3. 管理的必要性

管理作为实现组织目标的重要途径，其必要性主要表现在以下几个方面。

（1）管理是共同劳动的黏合剂。管理是共同劳动的客观要求和必然产物，是共同劳动的黏合剂。社会活动的规模越大，人员越多，管理就越重要。随着生产社会化程度的提高，要使生产等活动所需的各种资源要素得以有效配置和充分利用，需要科学地组织生产。因此，管理不仅是促成有效分工与协作的需要，还是促成资源（包括人、财、物、技术、信息等）优化配置的需要。

（2）管理是技术进步的推进器。管理是现代科学技术发展的客观要求，是技术进步的推进器。科学技术是第一生产力，管理是生产力中的结合因素，生产力诸多因素的有机结合是通过管理实现的。特别是现代科学技术的迅猛发展，要求企业加快科学技术成果向实际应用的转化，而管理则是这一转化的手段和中介。人们常说"三分技术，七分管理"，反映的就是没有科学的管理，任何先进技术都无从发挥作用的道理。

（3）管理是提高企业经济效益的金钥匙。在一定的生产技术和资源条件下，一个企业经济效益的高低，在很大程度上取决于管理水平的高低，科学的管理能以较少的资源更多地生产出能更好地满足社会需要的产品。

4. 企业管理的定义

企业管理是管理的一个特殊范畴，是管理的一般职能在企业生产经营活动中的应用。具体来说，企业管理是指为实现企业生产经营目标，完成企业生产经营任务，对企业生产经营过程进行计划、组织、领导和控制的工作的总称。

企业管理的对象是企业。企业管理的目标是在提高企业经济效益的基础上，保证社会效益的实现，包括实现社会生产目标、盈利目标、自我发展目标等，企业必须完成市场调研、产品开发、资源开发、资金筹措、职工队伍建设、生产、销售等任务，而这些任务的完成有赖于企业管理。

二、管理的职能

管理活动在日常生活中随处可见，例如，政府机关管理着城市和农村行政的运行；公司的管理者管理着企业的生产经营活动；交通警察管理着公共交通秩序的维护；学校校长管理着学校的教育教学工作等。尽管这些组织的管理目标、管理要求各不相同，但是如果抛开这些管理工作的具体形式可以看到，有些管理工作所采用的基本步骤和手段是相似的。这些管理过程中的要素或基本步骤和手段，被称为管理职能。许多管理学者对管理职能的划分说法不一，但一般认为管理有以下四种职能。

1. 计划职能

计划职能是指为适应社会需要，通过外部环境和内部条件的调研、预测，对组织目标、经营方针和战略做出决策，制订长期和短期计划，确定实现计划的措施和方法，并将计划指标层层分解落实到各个部门和各个环节的职能。

计划是管理的首要职能，是实现组织、领导、控制职能的前提，它使企业的经营活动具有导向性、目的性和规划性。没有计划的管理是无序的、盲目的管理。计划职能运用得当可以获得较高的成效；若运用不当，则会导致极大的浪费和损失。计划职能有如下作用：

（1）在企业管理诸职能中处于主动地位，为组织、领导、控制职能提供目标、要求和标准。

（2）使企业员工明确奋斗目标，起到统一人心的作用。

（3）有助于正确地把握未来，使企业的生产经营与整个社会的需要和发展协调一致。

（4）有利于企业合理地开展经营活动。

（5）为编制各种计划提供依据，使企业管理有的放矢。

2. 组织职能

组织职能是指为了实现组织的目标，把组织活动的各个要素、各个环节和各个方面，从劳动的分工和协作上，从纵横交错的相互关系上，从时间和空间的相互衔接上，合理地组织起来，以形成一个有机整体，从而有效地实现组织目标的各项活动。

组织职能属于执行性职能，它是完成计划目标的手段，是实现计划目标的组织保证，并为领导、控制职能的实施创造条件。组织职能有如下作用：

（1）根据企业的基本任务和计划目标确定企业管理体制，建立合适的组织结构，设置和完善相应的经营管理机构。

（2）确定全体员工的职务、职责、职权及其相互间的协作关系，从而使组织群体具有较高的生产力和工作效率。

（3）把企业的基本任务以及各种物质要素具体落实到部门和个人，从而助力企业目标的实现。

（4）根据计划职能所形成的目标和方案建立相应的规章制度，使企业管理有章可循。

3. 领导职能

领导职能又称指挥职能，是指带领和指导组织成员去实现共同目标的各种活动的整个过程。领导职能有两个要点：一是对组织的各个层次、各类人员的领导、沟通或指导；二是协调组织内部各部门、组织成员和组织同外部各类利害关系集团之间的关系。领导工作的核心和难点是调动组织成员的积极性，这就需要领导者运用科学的激励理论和领导方式。

领导职能属于执行性职能，它是实现企业目标和计划的必要条件。因为计划职能为企业经济活动确定了目标和实现目标的途径，组织职能为实现计划目标建立了有机联系的整体结构，这些都是企业生产经营管理的必要前提。但是，如果没有集中的指挥，没有一个统一的意志，即使有周密的计划和完善的组织，也很难使企业按既定目标良性运行。因此，管理必须具有领导职能，其作用在于：

（1）传递信息。领导者通过下达各种信息，有效地引导被领导者实现目标计划。

（2）提供动力。领导者运用多种领导方式，使企业上下团结一致，人际关系和谐，员工心情舒畅。

（3）排除故障。领导者对企业在生产经营过程中出现的困难、矛盾及问题予以及时的指导、处理和解决。

4. 控制职能

控制职能是指检查、监督、确定组织活动的进展情况，纠正偏差，从而确保总的计划及组织目标得以实现的过程。控制工作一般涉及三个基本问题：确定目标、衡量业绩和纠正偏差。

控制职能是管理职能的组成部分，它属于保障性职能。没有计划、组织、领导，也就无从实行控制；没有控制，则无法保障计划、组织、领导职能的实施。实现控制的必要前提是要有明确而完整的计划，否则就没有衡量的标准；要有组织机构，即确定由哪个部门或个人来采取检查、监督和调节措施，由谁来承担产生偏差的责任，否则就没有人履行控制职能；要有关于控制对象的及时而准确的信息，否则就无法控制。另外，实施控制职能，可以纠正计划、组织、领导职能在实践工作中的偏差，从而确保管理职能的实施及其成果与预期目标一致。控制职能有如下作用：

（1）反馈信息。通过控制系统的信息反馈，不断接收企业内外部各方面的信息，使企业同经营环境相适应。

（2）纠正偏差。综合性的管理控制可以随时发现决策与计划中存在的问题，以便采取补救措施或进行必要的调整，从而尽可能地减少损失，并为新决策与计划提供资料和依据，最终达到企业的经营目标。

（3）提高效益。通过各种专项控制，使生产经营成本降低、质量改善，从而提高企业的经济效益。

上述管理的四个方面职能是相互联系、相互制约的，其中计划是管理的首要职能，是组织、领导和控制职能的依据。组织、领导和控制职能，是有效管理的重要手段，是计划及其目标得以实现的保障。只有统一协调这四个方面，使之成为管理活动的整体过程，才可能为组织目标的实现提供完整的管理条件。

任务三 现代企业管理理论认知

案例导入

木 桶 原 理

一只用木板条拼接而成的水桶，盛水量的多少不取决于木桶上最长的那块木板的高度，而取决于最短的那块木板的高度。因此，要想提高水桶的整体容量，不是去加长最长的那块木板，而是要延长最短的那块木板。

此外，一只木桶能装多少水，也不仅取决于每一块木板的长度，还取决于木板间黏合得是否紧密。如果木板间存在缝隙，甚至缝隙很大，同样无法装满水，甚至一滴水都装不下。一家企业要想成为一个结实、耐用、容量大的"木桶"，首先要想方设法地提高所有木板的长度，其次要使所有木板紧密黏合、抱团合力。只有所有的"木板"都足够高且足够贴合，才能充分体现团队的意志，完全发挥团队的能量。

启示：

短板决定了个人的成就，也决定了团队的绩效，只有把每一块短板变长，才能提升个人能力和团队业绩。

一、企业管理组织概述

企业的人、财、物、信息等资源，要通过组织领导才能形成现实的生产力。企业领导制度确定之后，需要建立和健全相应的管理组织来发挥管理的效能，并且保证企业预期目标的实现。企业管理组织是与企业领导制度紧密相连的。

1. 企业管理组织的概念

所谓组织，是为实现既定目标，通过人与人、人与物质资料以及信息的有机结合，所形成的社会系统。企业组织就是指为了有效地向社会提供产品或劳务，将企业的各种资源按照一定的形式结合起来的社会系统。企业组织一般分为两个方面：一是劳动者和生产资料相结合，形成企业的生产劳动组织；二是企业管理组织，指的是根据管理的要求，将企业的生产行政系统按照分工协作的原则划分，并且对各个管理层次或环节明确规定其职责、权限、义务和信息沟通方式，同时相应配置一定数量的管理人员所形成的系统。企业管理组织通过整体性活动和信息传递，决定和影响着企业生产劳动组织配置的合理性和效率，从而使整个企业组织浑然一体，产生良好的整体效应，为完成企业的经营目标服务。

2. 管理组织的构成及其作用

（1）管理组织的构成。管理组织是由多种要素结合起来的整体。这些要素主要包括管理人员、企业信息、管理规章制度及管理的方法与手段等，其中最根本的是管理人员、管理规章制度和企业信息。

① 管理人员。管理人员是管理组织中的主体，其数量、质量（素质）和结合的方式决定性地影响着整个组织的效率和其他各个方面。管理人员的主体作用主要通过三个环节来体现：第一，职务和人员素质的协调一致，通过个别管理岗位的职务和人员的优化配置，可促进组织群体素质的优化；第二，管理人员和职位、责权的统一，这是决定管理人员效用发挥的基本措施；第三，管理人员素质的培养和提高，这需要通过组织采取适当的激励方式以及经常性的有目的的措施来实现。以上三个方面的结合，是组织的主体作用能否发挥出来，进而影响整个管理组织效率的根本性保证。

② 管理规章制度。规章制度是组织行为的准则，是组织的凝聚力之一。整个组织系统中的层次、环节以及岗位的不同，管理人员能力素质的差异，需要有共同的纪律加以约束和协调，才能取得组织的群体效应。这就是规章制度的作用。有了规章制度，组织系统才能有秩序地、协调地运行。

③ 企业信息。企业信息是管理组织的媒介。管理人员在组织中的活动是通过相互传递和交流信息来进行的，整个管理组织对企业内部生产经营活动的安排和贯彻落实，也要通过信息指令进行。企业吸收有关的外部信息，采取适当的决策和措施来安排自身的活动。信息是管理组织的神经系统，其完整与灵活与否同样会影响和决定管理组织的功效。

管理组织的各个要素缺一不可，必须使它们很好地结合起来，不断改进，才能发挥组织的功效，为完成企业的目标服务。

（2）管理组织的作用。管理组织的作用具体表现在以下四个方面。

①在确定企业目标、制定决策以及贯彻落实方案的过程中起着重要作用。企业领导者是确定和实现目标的组织者和指挥者，对管理组织整体有很大的影响力。但是在现代企业管理中，企业目标及决策的制定、实施都是以组织的力量、集体的智慧来体现的，领导者的作用与组织的作用融为一体。

②合理组织生产力，实现企业目标。为实现企业经营目标，管理组织必须运用各种管理方法对企业的人、财、物做出合理的安排和配置，在时间和空间上保持衔接平衡，以保证企业生产经营活动的顺利进行。

③协调企业各个部门、各个环节的工作，使组织运行处于良性循环。在产、供、销各个环节，企业各个部门之间有时会出现脱节和不平衡的现象，管理组织的职能就是及时发现和解决这些问题，以保证企业各部门的协调发展。

④组织的凝聚作用。企业通过组织制度和激励措施，把分散的企业员工凝聚成一个整体，使全体员工都为一个共同的企业目标工作，以促进企业经济效益的不断提高。

3. 现代企业管理组织设计的内容

企业管理组织设计是实现企业管理组织职能的首要环节，要建立一个完善的企业管理组织系统，关键在于精心进行企业管理组织设计。其内容主要包括以下几个方面。

（1）上层决策组织系统的设计。上层决策组织系统的设计主要是指企业领导制度以及顾问或咨询组织的设置。现代企业制度要求企业实行公司制治理结构，由股东大会、董事会、总经理和监事会负责企业的各项事务。顾问或咨询组织在企业领导进行决策时充当顾问和提供咨询。

（2）生产经营指挥系统的设计。企业的生产经营指挥系统是以厂长（经理）为首的各级生产经营单位及其行政负责人和成员所组成的垂直形态的管理组织系统。其基本任务是：在厂长（经理）的直接领导下，各级生产经营单位及其行政负责人和成员负责统一指挥企业的生产经营活动，保证企业生产经营活动顺利而有效地进行。

（3）职能或参谋组织系统的设计。职能或参谋组织系统是由各级职能或参谋机构及其负责人和成员组成的水平形态的管理组织系统。各级职能或参谋机构是同级生产经营行政负责人的参谋和助手，分别负责某一方面的管理任务。

（4）管理组织实体的设计。任何组织系统都是由许多具体的组织实体（单位和部门）所构成的。因此，企业管理组织实体设计是企业管理组织系统设计的重要内容之一。管理组织实体的设计，通常应按下列顺序进行：①设定该组织实体目标；②确定为实现该目标所必须进行的活动项目；③确定为完成全部活动项目而必须配备的职务人员；④设置管辖这些职务人员的机构；⑤明确该组织实体在整个管理组织系统中的地位、作用以及与其他组织实体之间的关系。

4. 企业管理组织设计的原则

要建立一个完善的企业管理组织系统，在进行管理组织设计时，必须遵循以下一些基本原则。

（1）目标一致原则。设置每个组织机构都要服从企业管理目标的需要，并且上下目标一致。要让企业的每个部门、每个人了解企业的总目标，并围绕目标计划自己的行动；同时，不能为了本部门的利益而影响总目标的实现，应动员全体员工为完成总目标而努力。

（2）集权与分权原则。大型企业要把重要权力和方针、政策、制度的制定权以及重要的人事任免权等集中在高层领导手中，而把处置日常业务的一般权力授予基层管理人员。集权与分权的程度要根据领导与下属的素质以及外部环境来决定。适当分权不仅可以使高层领导集中精力于重大决策，而且可以调动基层的积极性，发挥更多人的专长，增强企业的灵活性。

（3）统一指挥原则。每一名员工只能有一个上级，只接受一个上级的命令和指挥，并对其负责。多重领导，政出多门，会造成下级无所适从，权力和纪律就会遭到严重破坏。

（4）管理幅度与管理层次原则。管理幅度指一个领导有效管理下属的人数，管理层次指一个企业组织机构分几个层次领导。管理幅度与管理层次有内在联系：在完成同样数量工作的情况下，管理幅度的宽窄和管理层次多少是互为倒数的。

管理幅度一方面取决于管理者职务的复杂程度，另一方面取决于组织机构中管理层次和管理人员的数量。管理层次少，管理人员就少，管理幅度就宽；管理层次多，管理人员必然多，管理幅度就窄。因此，管理幅度有一定限度。什么是最佳的管理幅度呢？这取决于管理者和下属双方的能力、管理者承担非管理职务的多少、解决问题的复杂程度、新问题的发生率，以及下属分散的程度等因素。一般认为中上层领导的管理幅度要狭窄一些，以4～8人为宜；基层领导的管理幅度要宽一些，以10～15人为宜。

管理层次也受到管理人员、信息沟通的制约。管理层次多，不仅需要的管理人员多、开支大，而且信息传递路线长、环节多，容易失误。管理层次一般以少为宜。目前，在我国企业组织机构中，大中型企业有三四个层次，小型企业一般有两个层次。

（5）权责对等原则。企业中每一个机构都应按权责对等原则设置，有一定的职务就应承担一定的责任，同时也享有相应的权力。责任是随权力而产生的，又是权力的对等物，拥有权力是为了更好地履行职责。责任与权力应该一致，每一个机构不应有权无责、有责无权或权责不对等，更要避免"因人设事"地建立机构。

（6）专业化原则。企业组织机构的设置必须根据专业化原则进行分工，明确每一个部门及个人的职责。但分工要适当，既要考虑分工的专业化，又要从合作的角度考虑把各种分工组合起来，即类似的工作应组合在一个部门，这样可以减少部门与部门、人与人之间的工作矛盾，提高工作效率。一般可根据目标和活动方式来组合部门，如产品型部门、顾客型部门、地区型部门、职能型部门、混合型部门等。究竟采取何种类型，应权衡利弊后加以选择。

（7）适应性原则。现代企业的组织机构必须对外部环境的变化有适应能力。由于内外部环境因素都在不断发生变化，因此在设计组织机构时要有一定的适应性，这样才能使组织机构既适应不断变化的情况，又可达到相对的稳定性。当企业的内外部环境发生巨大变化时，则应重新设计与改革企业的组织机构。

总之，企业的组织机构必须根据上述基本原则，结合企业的外部环境和内部条件加以设计，不断实践、不断总结、不断完善。

二、现代企业组织结构形式

从管理的角度看，组织结构是指企业内的组织机构和机构之间从属、并列配置关系的组织形态。组织结构采取什么形式，其状况如何，对组织功能的发挥和管理目的的实现有着直接的影响。因此，选择适应企业实际的组织结构形式具有十分重要的意义。现代企业的组织结构有多种形式，各有优缺点和具体适用范围。这里就几种主要的形式做简单介绍。

1. 直线制

直线制是早期的企业组织结构形式，又称军队组织形式。其特点是从最高管理层到最低管理层，上下垂直领导，没有职能机构。以制造企业为例，直线制的组织形式表现为由厂长领导若干车间主任等中层领导，由车间主任领导所属各班组长，由班组长直接领导本班组的生产工人，厂长、车间主任及班组长直接行使全部职能管理工作。

直线制组织结构的特点是：机构简化、权力集中、命令统一、决策迅速、责任明确。其缺点是：没有职能机构当领导的助手，要求企业领导人有较高的素质，通晓各种业务，成为"全能式"人物，而这对现代大型企业来说是极其困难的。这种组织结构形式适合于产销单一、工艺简单的小型企业。直线制组织结构如图1-1所示。

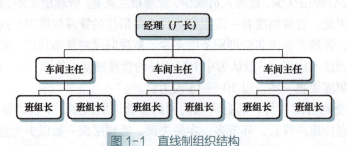

图1-1 直线制组织结构

2. 职能制

职能制以"直线制"组织形式为基础，但否定了企业领导人的个人集权制，在企业内部各管理层次都设有职能机构。各职能机构在自己的业务范围内有权指挥下级并发布命令，各级领导人除了服从上级指挥外，还要服从上级各职能部门的指挥。

仍以制造企业为例，以直线制为基础，在厂长和车间主任之间设置职能科室，在车间主任与班组长之间增设职能班组。这种组织形式的优点是分工较细、管理深入，能充分发挥职能机构的专业管理作用；但多头领导、政出多门，妨碍了企业的统一、集中的指挥。职能制组织结构如图1-2所示。

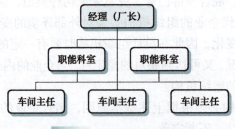

图1-2 职能制组织结构

3. 直线–职能制

直线–职能制是在直线制和职能制基础上发展起来的，又称直线–参谋制。它以直线制为基础，在各级领导之间设置相应的职能部门，分别从事专业管理，作为该级领导者的参谋部。直线领导作为主体，同时，职能部门作为参谋。职能部门在各自职责范围内所做的计划、方案以及有关指示，必须经各级领导者批准下达，职能部门对下级领导者和下属职能部门无权直接下达命令或进行直接指挥，只起业务指导作用。其具体的做法是按照工艺特点、产品对象或区域分布来划分车间、班组，建立直接管理系统。同时在各个管理层次中设置生产调度、技术检验、经销等职能部门，作为同级领导者的参谋机构，对下级层次进行管理和业务方面的指导，在获得直接领导者的授权后可具有一定程度的决策权、控制权和协调权。

直线－职能制的优点是：它一方面保持了实行直接领导、统一指挥的优点，另一方面又克服了直线制粗放管理的缺点，还可以避免职能制政出多门的弊病。目前，我国大多数企业采用的都是直线－职能制组织结构形式。

当然，这种组织结构形式也存在一定的问题，主要是：①下级缺乏必要的自主权；②各个专业职能部门之间的横向联系较差，容易产生脱节和矛盾；③企业上下级信息传递路线较长，反馈速度较慢，适应环境变化较难，实际上是集权式管理组织形式。直线－职能制组织结构如图1-3所示。

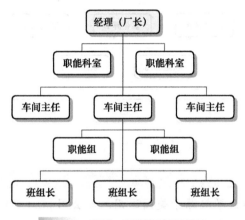

图1-3 直线－职能制组织结构

4．事业部制

事业部制又称联邦分权化，是一种分权制的企业组织形式。事业部制首创于美国的通用汽车公司，针对公司的生产经营活动，按产品或地区的不同建立经营事业部。这些事业部在总公司领导下，实行独立核算，自负盈亏。每个事业部都是一个利润中心，都对公司负有完成利润计划的责任，同时在经营管理上也拥有较大的自主权。

事业部制实行集中决策、分散管理的原则，总公司主要负责研究和制定公司的各种政策、总目标和长期计划，并对各事业部的经营、人事、财务等实行监督；各事业部则在总公司的政策、目标、计划的指导和控制下，发挥自己的主动性，并可以根据自身生产经营活动的需要设置组织机构。

采用事业部制应具备以下三个条件：①各事业部应具有相对独立的经营自主权；②各事业部应是利益责任单位，具有利益生产、利益核算、利益管理的职能；③各事业部必须是产品（或市场）的责任单位，即有自己的产品和独立的市场。

事业部制的优点是：①有利于企业最高领导层摆脱日常的行政管理工作，专心致力于公司的战略决策和长远规划；②有利于发挥各事业部生产经营上的主动性和积极性，根据市场变化灵活地组织生产经营活动；③有利于提高管理人员的专业能力和领导能力；④有利于提高企业稳定性和对环境的适应性。

事业部制的缺点是：①职能机构重复设置，容易造成人、财、物的浪费；②职权下放过大，最高管理层的控制能力有所削弱，不利于全局控制；③实行独立核算，每个事业部都是一个利润中心，容易使各事业部产生本位主义思想，忽视企业的整体利润和长远发展。

事业部制目前已成为世界各大公司广泛采用的一种组织形式，适合于规模较大，产品种类较多，各产品之间的工艺差别较大，而市场条件变化也较快的大型企业。我国一些新兴的企业集团往往采用这种组织形式。事业部制组织结构如图1-4所示。

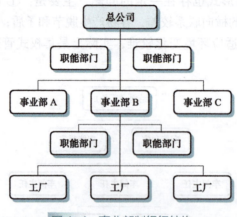

图1-4 事业部制组织结构

> **读一读**
>
> 事业部制组织架构最早起源于美国通用汽车公司。20世纪20年代初，通用汽车公司收购了许多小公司，企业规模急剧扩大，产品种类和经营项目数量庞大，而内部管理机构臃肿，人浮于事，效率低下，对市场反应迟缓。时任通用汽车公司常务副总经理的阿尔弗雷德·斯隆参考杜邦化学公司的经验，以事业部制的形式于1924年完成了对原有组织的改组，使通用汽车公司的整顿和发展获得了很大的成功，成为实行事业部制的典型，因而事业部制又称"斯隆模型"。

5. 矩阵制

矩阵制，又称目标规划制，它是由纵横两套管理系统组成的组织结构：一般纵向为职能系统，横向为完成某一任务而组成的项目系统。项目小组成员均由各职能部门选派担任，任务一旦完成，便回到原单位负责其他的任务。当横向为某一项任务时，纵横两者交叉组成一个矩阵，矩阵组织使各组织成员位于两条管理关系的调整轴的交点上，改变了一个上级、一元命令的调整原则。在项目进行过程中，项目成员必须接受双重领导，既要受项目小组的领导，又要受职能部门的领导。当然，两条轴线的调整权限是不完全对等的。

这种组织形式的优点是打破了传统的一名管理人员只受一个部门领导的管理原则，使企业管理中纵的联系和横的联系、集权化和分权化都很好地结合了起来。这不仅加强了各部门之间的协作，提高了中层管理和基层管理的积极性和责任感，并且可以集中专门的知识技能和经验来执行计划和解决问题，还可以使最高管理层集中精力制定决策、目标和长期计划，以及对执行情况进行监督。

这种组织形式的缺点是稳定性差，小组成员易产生临时观念。同时，小组成员接受双重领导易产生相互牵制的矛盾，而且责任易混淆。矩阵制组织结构如图1-5所示。

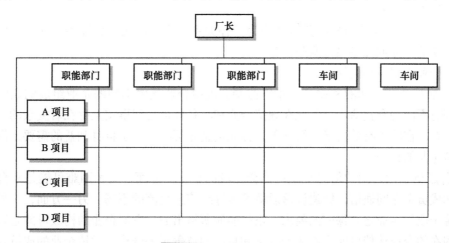

图1-5 矩阵制组织结构

6. 虚拟企业组织结构

自20世纪60年代以来，企业所处的环境发生了根本性变化，市场需求日趋多变，技术水平突飞猛进。20世纪90年代以来，随着科技进步和社会发展，世界经济格局发生了重大变化。人们根据自己生产、工作和生活的需要，对产品的品种与规格、花色与式样等提出了多样化和个性化的要求，企业面对不断变化的市场，为求得生存与发展必须具有高度的柔性和快速反应能力。为此，现代企业向组织结构简单化、扁平化方向发展，于是就产生了能将知识、技术、资金、原材料、市场和管理等资源联合起来的虚拟企业（见图1-6）。

图1-6 虚拟企业组织结构

虚拟企业，是指当市场出现新机遇时，具有不同资源与优势的企业为了共同开拓市场，共同对付其他的竞争者而组织的，建立在信息网络基础上的，共享技术与信息、分担费用、联合开发的、互利的企业联盟体。虚拟企业的出现常常是参与联盟的企业追求一种完全靠自身能力达不到的超常目标，即这种目标要高于企业运用自身资源可以达到的限度。因此，企业自发地要求突破自身的组织界限，必须与其他对此目标有共识的企业结成全方位的战略联盟，共建虚拟企业，才有可能实现这一目标。

虚拟企业组织结构的优点有：

①虚拟企业各成员间可以实现资源共享、优势互补，产品的开发时间短，单位成本低。

②虚拟企业组织方式灵活，可以快速响应市场变化，在短时间内即可研制出适应市场的产品，从而有效满足顾客的需求，并且企业还允许顾客亲自参与产品设计，对所需的产品功能可以单独提出要求。

③虚拟企业各成员的核心竞争能力为互补关系，成员可充分发挥各自的技术优势，创造出高品质的产品或提供最佳服务。

虚拟企业组织结构的缺点：

①各成员企业之间的利益可能难以协调。虚拟企业是由不同的企业组成的联盟，而各企业都拥有不同的利益追求，因此在虚拟企业和其各成员之间事实上存在着复杂的"委托—代理"关系。在缺乏有效监督的情况下，各成员企业可能会出于自身利益的需要，做出损害整个虚拟企业的行为。

②各成员企业之间的信息交流可能会比较困难。一方面，这种困难可能是来自技术方面，例如成员企业间通信设施建设落后就可能导致信息交流的不畅。另一方面，这种困难也可能来源于成员企业之间保密的要求。正如前面所指出的，虚拟企业的构成可能是短暂的。考虑到现在的合作伙伴可能在不久的将来和自己的竞争对手合作，虚拟企业的成员企业都可能会对自己的信息有所保留。无论是由于以上哪种原因，成员企业之间交流的困难将会大大拉低虚拟企业的运作效率。

③各成员企业之间可能难以形成一致的企业文化。组成虚拟企业的各个成员企业原本的价值观和企业文化可能迥异，甚至相互冲突。如果不能对成员企业间的企业文化进行协调，就可能造成它们之间的合作不能顺利进行，严重时甚至会导致虚拟企业的解体。由于有以上问题的存在，企业在决定何时选择虚拟经营、选择怎样的业务进行虚拟经营时，都必须经过慎重的考虑。

公司制企业组织架构的形式

综上所述，企业组织结构形式的种类多种多样，而且仍在演变发展。然而，没有一种组织能尽善尽美地适合所有企业。选择合理的组织结构形式必须从企业的实际出发，考虑企业的生产性质、规模大小、产品种类、生产流程、市场环境等诸多因素。不同的企业需要不同的组织结构形式，即使是同一企业，在其发展的不同时期，也要依据内外条件的变化，采用不同的组织结构形式，切不要生搬硬套。

任务实战：组建虚拟企业

1. **任务名称**：组建虚拟企业
2. **实施步骤**：

①CEO组织本公司全体成员共同讨论，确定公司成立的各项内容（如企业名称、主营业务、品牌Logo、现状、规模、行业地位等）。

②CEO 到台前介绍虚拟公司情况，展示方式可以是 PPT、短视频、动画等形式。
③各公司互评打分。
④教师总结点评。

3. 任务模板

海尔集团简介

海尔集团 1984 年创立于青岛，主要从事冰箱、冷柜、洗衣机、空调、热水器、厨电、小家电等智能家电产品与智慧家庭场景解决方案的研发、生产和销售，通过丰富的产品、品牌、方案组合，创造全场景智能生活体验，满足用户定制美好生活的需求。

海尔集团拥有海尔（Haier）、卡萨帝（Casarte）、统帅（Leader）、GE Appliances、Fisher & Paykel、AQUA、Candy 等七大全球化高端品牌和场景生态品牌"三翼鸟"（THREE WINGED BIRD），三翼鸟是海尔智家旗下全球首个场景品牌，为用户提供阳台、厨房、客厅、卫浴、卧室、全屋空气、全屋用水、视听等智慧家庭全场景生态解决方案；海尔构建了工业互联网平台卡奥斯（COSMOPlat），成功孵化 5 家独角兽企业和 46 家瞪羚企业，在全球布局了 10+N 开放式创新生态体系、28 个工业园、122 个制造中心、108 个营销中心和 24 万个销售网络，深入全球 160 个国家和地区，服务全球 10 亿 + 用户家庭。

2021 年 9 月 23 日，世界品牌实验室在"亚洲品牌大会"上发布了 2021 年"亚洲品牌 500 强"排行榜，海尔连续四年稳居亚洲第四。2021 年 10 月 18 日，全球知名数据洞察和策略咨询机构凯度发布"2021 年 BrandZ 最具价值中国品牌 100 强"，海尔以 264 亿美元的品牌价值连续 11 年入选，品牌价值同比增长 41%。同时，海尔在榜单中连续 3 年蝉联唯一"物联网生态品牌"。

在持续创业创新过程中，海尔坚持"人的价值第一"的发展主线，首创物联网时代的人单合一模式，颠覆西方传统经典管理模式，并以其时代性、普适性和社会性实现跨行业、跨文化的输出和复制。哈佛大学、斯坦福大学等世界一流大学商学院把人单合一模式探索和实践写入教学案例，诺贝尔经济学奖获得者哈特给予高度评价，加里·哈默等管理学家称之为"下一个社会模式"。

课后练习

一、单选题

1. 员工因公出差，必须先由直接主管签字，再由财务主管签字，才能到财务室报账，这属于（　　）管理职能。
    A. 计划　　　　　　B. 组织　　　　　　C. 领导　　　　　　D. 控制
2. 通过管理提高效益需要一个时间过程，这表明管理学是一门（　　）。
    A. 软科学　　　　　B. 硬科学　　　　　C. 应用性学科　　　D. 定量化学科
3. "凡事预则立，不预则废。"这反映了管理的（　　）职能。
    A. 计划　　　　　　B. 控制　　　　　　C. 组织　　　　　　D. 领导
4. 下列（　　）不是直线 – 职能制的优点。
    A. 避免多头领导　　　　　　　　　　B. 横向联系好，便于各部门直接协作
    C. 责任明确、决策迅速　　　　　　　D. 能发挥专家业务管理作用
5. 下列（　　）组织最适宜采用矩阵制组织结构。
    A. 医院　　　　　　　　　　　　　　B. 学校
    C. 电视剧制作中心　　　　　　　　　D. 汽车制造厂

6. 中国古代名相管仲治理齐国时，指令三十户为一邑，每一邑设一司官；十邑为一卒，每卒设一卒帅；十卒为一乡，每乡设一乡帅；十乡为一县，每县设县帅；十县为一属，每属设一大夫；全国共五属，设五大夫，直接归中央指挥。这种组织结构的形式和管理层次为（　　）。

　　A．直线制，管理层次为7　　　　B．直线制，管理层次为8
　　C．直线—职能制，管理层次为7　　D．直线职能制，管理层次为8

二、判断题

1. 管理幅度就是一个领导者所领导的下级人员的数目。（　　）
2. 直线制组织结构中只存在直线关系，没有参谋关系。（　　）
3. 矩阵制组织结构违背了统一指挥原则。（　　）
4. 事业部制组织结构的缺点之一是存在多头领导。（　　）
5. 计划越模糊，给基层的自由度越大，上级的管理幅度也就越大。（　　）

三、简答题

1. 你所在的学校采用的是哪种组织结构类型？为什么要采用这种结构？
2. 现实中计划赶不上变化的情况很多，管理者为什么还要做计划？
3. 组织结构设计的依据是什么？应遵循哪些基本原则？

四、案例分析题

张总的问题是什么？

刘教授到一家国有大型企业去咨询，该企业张总在办公室热情接待了刘教授，并向刘教授介绍企业的总体情况。张总讲了不到15分钟，办公室的门就开了一条缝，有人在外面叫张总出去一下。于是张总就说："对不起，我出去一下。"10分钟后回来继续介绍情况。不到15分钟，办公室的门又开了，又有人叫张总出去一下，这回张总又去了10分钟。在下午3个小时的时间里，张总出去了10次之多，导致企业情况介绍时断时续，刘教授显得很不耐烦。

问题：

1. 这个案例说明了（　　）。
　　A．张总不重视管理咨询
　　B．张总的公司可能这几天正好遇到了紧急情况
　　C．张总可能过于集权
　　D．张总重视民主管理
2. 你做出这个判断的理由是什么？

项目二
制定企业经营决策

企业要在激烈的市场竞争中求生存、谋发展，就必须主动地从实际出发，对企业的未来做出总体运筹和谋划，制定并实施企业的长远规划和发展战略。企业战略是企业最高领导层为企业在未来的环境中生存和发展绘制的一张蓝图。绘制这张蓝图，必须充分分析未来环境的变化趋势和企业自身的实力，并经过一系列的科学决策，集中体现企业经营思想，最终目标是实现企业外部环境、企业自身条件以及企业战略目标这三者之间的动态平衡。

本项目旨在介绍领导者的素质要求在经营决策中的作用、企业战略分析流程和企业经营决策的类型及方法、流程等内容。

学习目标

学习完本项目后，你将能够：
- 了解管理者应具备的素质
- 理解企业战略环境分析的宏观环境因素和企业内部环境因素
- 掌握企业行业环境分析的波特五力模型的分析原理
- 掌握 SWOT 分析法
- 掌握企业经营决策制定的过程
- 掌握企业经营决策制定的方法

素质目标

通过了解管理者应具备的素质，检视自身差距，明确学习和努力的方向；通过学习企业战略环境分析的宏观因素、行业因素、内部因素，培养对外部环境敏锐的观察能力和适应能力，树立竞争意识，提高对核心职业能力在商场、职场竞争中重要性的认知和践行能力；通过学习 SWOT 分析法，能对工作和生活中的事物进行辩证分析，养成全面观察和分析事物的能力。

任务驱动

1. 继续沿用前期确定的虚拟企业组织架构，CEO 对本公司员工的出勤率负责。
2. 由授课讲师介绍企业经营战略决策的具体知识和内容，以及任务实战时制订决策计划的要求。
3. 本项目作为本书中的第二个任务，由 CEO 负责组织本公司内全体成员共同讨论，确定公司未来几年的战略计划及各项经营决策（战略类型、决策方法、SWOT 分析等）后，由 COO 上台汇报和展示成果。

4. 各公司认真倾听、讨论，仍然按照表1-2的形式互相评分。
5. 加总每名学生的汇报得分求平均分，即为该生的期末考核成绩。

任务一　了解企业领导职能

案例导入

李离自刑

春秋时期的晋国有一名叫李离的狱官，他在审理一件案子时，由于听从了下属的一面之词，致使一个人冤死。真相大白后，李离准备以死赎罪。晋文公说：官有贵贱，罚有轻重，况且这件案子主要错在下面的办事人员，又不是你的罪过。李离说："我平常没有跟下面的人说我们一起来当这个官，拿的俸禄也没有与下面的人一起分享。现在犯了错误，如果将责任推到下面的办事人员身上，我又怎么做得出来！"他拒绝听从晋文公的劝说，伏剑而死。

启示：

正人先正己，做事先做人。管理者要想管好下属，必须以身作则。示范的力量是惊人的，不但要像李离那样勇于承担责任，而且要事事为先、严格要求自己，做到"己所不欲，勿施于人"。管理者充分发挥表率作用，会在员工中树立起威望，团队将会上下同心，大大提高整体战斗力。得人心者得天下，做下属敬佩的领导将使管理事半功倍。

在日常经营管理中，健全的管理制度是企业良性运营的保障，而高素质的管理者能够领导和带领全体员工执行管理制度，实现企业的最终目标。

一、领导职能的含义与作用

领导职能是指领导者运用组织赋予的权力，组织、指挥、协调和监督下属人员，完成领导职位的职责和功能。

领导职能包括决策、选人用人、指挥协调、激励和思想政治工作等。

领导职能的"职"代表职责，"能"代表能力。作为一名领导，其主要职责是激发下属人员的潜能，让每一个下属工作人员的潜力都得到充分发挥。领导，是引领指导的意思，不单纯是"管人"这么简单。

领导职能专指其在某一个职位上的能力，所谓在其位，则专其能；不在其位，不谋其政。在某一领导岗位上，拥有驾驭这个岗位的能力并且能够很好地执行相应的权责，对于领导个人及其所领导的团队都有相当重要的意义。

领导职能是实现管理效率和效果的灵魂，是管理过程的核心环节。

领导职能的作用体现在以下三个方面：

①更有效、更协调地实现组织目标。

②调动人的积极性。
③使个人目标与组织目标相结合。

> **读一读**
>
> **领导艺术精髓要义"十六不"**
>
> 正职四不：总揽不独揽，宏观不主观，果断不武断，放手不撒手。
> 副职四不：献策不决策，到位不越位，超前不抢前，出力不出名。
> 相互四不：理解不误解，补台不拆台，分工不分家，交心不存心。
> 对下四不：用人不整人，管事不多事，讲话不多话，严格不严厉。

二、管理者应具备的素质

领导职能主要由各级管理者来体现，因此企业管理者的素质直接决定了企业的管理效率。

企业管理者的素质是企业管理者必须具备的多种条件的综合。素质是一个整体的、综合性的概念，在素质中，各种不同的条件形成了不同的结构。

本文在借鉴前人研究的理论和观点上，将企业管理者素质结构分为基本素质、专业素质和特质性素质三个方面，并同时就三个方面在企业管理者个人身上的具体体现进行论述。

（一）基本素质

基本素质是指企业管理者必须具有的基本要求和条件。基本素质不是对企业管理者的特有要求，但基本素质的高低决定了企业管理者整体素质的高低，影响着企业管理者其他素质的发展和提升。

1. 道德伦理素质

（1）正确的世界观和价值观。作为社会主义企业的管理者，必须树立正确的、科学的马克思主义世界观和人生价值观。企业的目的是赢利，但赢利不等于唯利是图，不等于置国家利益和社会责任于不顾，甚至为了小团体的利益而损害集体的利益、国家的利益。具有正确的世界观和价值观要求企业管理者必须加强理论知识的学习和理论素养的提高，用马克思主义思想去武装自己的头脑。也许有人会说，我们搞经济的、搞企业的，只要不违法，用不着去进行理论学习和理论修养。其实，这种认识是对人生观和价值观的误解。人生观和价值观的重要性体现在管理者对关系到大是大非问题的重大抉择上。近年来，企业高管和部分知名企业家落马，在一定程度上反映出管理者放弃了对价值观和世界观的修养，最后竟沦为"阶下囚"。这种现象值得深思。

（2）高尚的道德情操和修养。道德是为了社会建立良好的伦理秩序而形成的行为规范。孔子教导其弟子颜渊说："非礼勿视，非礼勿听，非礼勿言，非礼勿动。""非礼"者，即不符合社会的道德规范。做企业与道德修养有什么关系呢？其实，这里面也是有学问的。企业管理者是企业的领袖人物，是企业"上行下效"的对象，我们很难想象，一名道德败坏的管理者如何能够管理企业，带领企业发展。近年来，一些迅速发展的民营企业遇到了管理上的瓶颈，在寻找"职业经理人"的过程中，第一个担心的问题就是职业经理人的人品问题，也就是道德问题，这从侧面反映了道德情操与做企业的紧密关系。对民营企业家来讲，道德风险是最大的风险。

（3）良好的职业道德和信誉。职业道德是道德的一部分，其更明确地对企业管理者提出了职业上的要求。企业管理者是企业管理的中坚力量，也是社会的重要阶层，中国社科院发表的《当代中国社会阶层研究报告》专门对经理人，尤其是企业中高层管理人员进行了论述。如果没有职业道德和信誉，企业管理基石将会遭到严重侵蚀，对企业管理者个体来说也将是一条自我毁灭之路。

2. 心理人格素质

（1）宽广的胸怀。企业管理者作为企业的领袖，必须有宽广的胸怀。企业管理者在工作中面临着内外环境方面不同的观点，甚至是批评和压力。企业管理者在面对来自行业、媒体、其他组织的批评与指责时，一定要以"有则改之，无则加勉"的态度来对待，以平常心来处理。对于来自内部不同的观点，企业管理者一定要有海纳百川的气魄，营造一个广进贤言的良好局面。法国社会心理学家 H.M. 托得有一句名言，被称为"托利得定理"：测验一个人的智力是否上乘，只看脑子里能否同时容纳两种相反的思想，而无碍其处世行事。企业管理者正应该达到此境界。

> **读一读**
>
> **用人的三种境界**
>
> 第一种境界：只能用比自己本领小的人（最低）。
> 第二种境界：能用和自己本领相当的人（居中）。
> 第三种境界：能用在某一方面超过自己的人（最高）。

（2）开放的心态。面对不断发展的社会和日新月异的科技，管理者应具有开放的心态，去积极地了解新事物、接纳新事物。不仅要在企业中建立起吐故纳新的机制，管理者个人也应建立起相应的思维习惯、行为习惯，及时跟上外界的变化，与时俱进。开放的心态要求管理者改变故步自封和安于现状的守旧心理，不断实现自我突破和发展。

（3）坚韧的毅力和意志力。企业管理不是坐"顺风船"，能一帆风顺地达到设定的目标。企业的经营存在着各种各样的风险，如商业风险、市场风险、政策风险、信用风险、管理风险等，企业经营本身就是与风险同在。这要求企业管理者必须对风险有清醒的认识，在遭遇风险时必须以坚韧的毅力去对待，积极采取措施解决问题。企业管理者在经营实践中必须锤炼出坚韧不拔的精神，去体会"笑到最后才是胜利者"的境界。

（4）个人的自我控制力。企业管理者是企业和社会的中坚力量，是具有一定社会地位的人。在工作和生活中，企业管理者都会遇见各种诱惑，一定要正确对待，必须有良好的自制力。

3. 基础知识素质

（1）牢固的基础知识。基础知识是指对自然、对社会的基本认知方面的知识。基础知识包括自然科学领域的知识和人文社科领域的知识：自然科学领域的知识包括生物学、化学、物理学、天文学、自然地理学等方面的内容，人文社科领域的知识包括文学、艺术学、哲学、心理学、政治学、历史学、军事学等方面的内容。目前，社会上仍普遍存在重自然科学、轻人文科学的观念，认为自然科学可以认识世界、改造世界，并直接促进社会进步和科技发展，进而提高人民的生活水平。但事实上，我们综观各个领域的杰出人物，不管是科学家、政治家，还是管理大师，他们都具有良好的人文社科知识素养。作为一名在企业中承担着重大决策、协调、管理职能的企业管理者，更应该高度重视包括人文社科知识在内的基础知识。

（2）完善的知识结构。知识结构是指个人拥有的各种知识的组成情况，比如前面所述的自然科学、社会科学的组成情况及它们内部的组成情况。当然，完善的知识结构不是对管理者求全责备，要求其必须成为大学问家，而是要求管理者在知识方面应相对均衡，不能有重大的知识缺陷。

4. 良好的身体素质

这是最简单明了的一点，却又是容易忽略的一点。国内有媒体对企业管理人员做了一次调查，发现在企业管理人员中亚健康现象十分普遍，不少管理人员还患有不同程度的生理和心理方面的疾病，而企业管理者每天都在高压下前行，决不能丢了根本，在这点上不可不慎。

> **读一读**
>
> 某调查公司抽取 35～50 岁的 2 000 位企业家和高管以及 10 000 名员工进行健康检查，结果显示精英人群和企业高管人群中健康透支现象最为严重，体检异常率高达 98.5%，员工体检异常率也达到 97%。其中，衰老调查结果显示，抽样人群均有超出年龄水平的衰老表现；营养素调查结果显示，抽样人群普遍存在营养素偏低现象；体内毒素检查发现，抽样人群有 8～10 项毒素不同程度超标；还有 33% 的人患有慢性疾病。
>
> 体检异常情况顺位排序依次是：超重或肥胖、脂肪肝、血脂异常、血糖异常、血压增高、血常规异常、心电图异常、颈椎片异常。

（二）专业素质

专业素质是指企业管理者实施企业管理行动和活动必备的素质，专业素质是企业管理者履行其职责的基本要求。

1. 对企业管理的专注和热情

对企业管理的专注和热情应该是每一名希望走向成功的管理人员的重要要求。企业管理者只有具有这种精神和态度，才能把自己的精力放在其中，最大限度地发挥其潜力，贡献自己的聪明才智。同样，一名热情洋溢的企业管理者才会感染广大员工，使广大员工用同样的热情去对待工作，只有这样，企业才会充满生机和朝气。如果是一个暮气沉沉、毫无热情的人来领导企业，这个企业的前景就十分堪忧。

2. 扎实的企业管理知识

企业管理者的工作对象就是企业，工作行为就是管理，因此，作为一名合格的企业管理者，必须在企业管理知识方面具有扎实的基础。企业管理是一门综合性的学问，也是一门实践性很强的学问，企业管理者必须不断钻研和了解企业管理知识，为实践打好基础。

3. 娴熟的企业管理技能

企业管理技能指的是企业管理者根据企业所处环境、企业本身的实际情况，为了实现企业管理的目标而使用的各种管理方法、工具及技巧。企业管理者有了管理知识还不够，还必须拥有在企业管理实践中解决问题的技能，做到知行合一，企业管理才能有效。

（三）特质性素质

特质性素质是指除基本素质和专业素质之外，企业管理者在管理实践中形成的具有比较突出的个体性优势的素质。特质性素质是不同的管理者相互区别的重要标志，不同的管理者具有不同的特质性素质，决定了其不同的管理能力优势、管理作风和管理风格。在实际管理工作中，有的管理者擅长战略运作，有的管理者在成本控制方面有独特的管理水平，或者具有精益化生产的独特本领，等等。特质性素质来源于不同的企业管理者不同的生活、工作背景、工作经历和个体差异性。尺有所短，寸有所长，每个人不可能在所有领域都是专家、都有专长。管理者的培养也不可能像制造流水线产品一样，都是同一标准、同等规格。管理者的个体差异就形成了管理者的特质性素质。特质性素质与基本素质和专业素质是不可分离的，并来源于基本素质和专业素质。

（1）建立有利的个人优势是企业管理者的必修课。企业管理者必须对自我有一个清醒和正确的认识，一定不要认为自己是天才或全能冠军。每个人都有自己的长处和优势，相应地，每个人都会有自己的短处和劣势。管理者要发挥自己的长处，在擅长的领域中不断提升自己的能力，不断扩充自己的管理优势，才能充分发挥自己的优势。

（2）优异的管理团队是由具有不同特质的管理者组成的。如果管理团队中每个人的管理水平、管理能力都一样，管理团队可供挖掘的优势就很有限；如果管理团队中的成员具有不同的管理优势和能力结构，那么，这个团队就具有人力资源整合优势。一支由特质不同的管理者合理组合成的团队一定会做出优异的成绩，显示其强大的竞争力，这就是优势互补的效力之所在。

02 任务二　企业战略分析

> **案例导入**

华为公司与美国的第一轮交锋始末

2019年5月15日，美国将华为列入出口管制"实体名单"，禁止美国公司与华为开展业务。媒体报道自5月19日开始，高通、谷歌和英特尔公司相继采取行动遵守规定，关闭华为供应链并禁止其使用美国软件，其他一些美国公司也开始停止对华为的零部件供应。

这意味着华为将失去对谷歌安卓操作系统更新的访问权限。华为下一代智能手机也将不能使用Play Store、Gmail和YouTube等应用程序服务。

在限制软件供应的同时，国际硬件巨头英特尔、高通也宣布：和谷歌一起，加入封杀华为的队伍。三家全球领先的芯片设计商和供应商英特尔、高通、Broadcom切断与华为的交易。

至此，华为四面受敌，智能手机最大的组成部分：硬件和软件，同时遭受巨大威胁。是否能突出重围，还是未知。

但华为概念股此时却以集体涨停开盘！而国外科技公司，却集体暴跌！

原来，华为对今日的困局早有准备。

2004年10月，华为成立了海思半导体有限公司。

多年的技术积累，使海思掌握了先进的IC设计与验证技术，已经成功开发出多款自主知识产权的芯片。

其实，华为海思并不只研发手机芯片。

2019年3月中旬，德国媒体《世界报》发表了一篇对华为消费者业务CEO余承东的专访文章。文中余承东表示："华为确实已经准备了一套自研的操作系统，但这套系统是Plan B，是为了预防未来华为不能使用Android或Windows而做的。"

此外，华为在蓝牙技术领域也早有筹谋。

2019年5月29日，在美国政府的禁令要求下，一些美国公司不得不迫于压力中止对华为的技术授权，甚至个别应该保持中立的协会组织也加入打压华为的行列，如JEDEC、SDA、PCI-SIG、WiFi联盟等，都陆续撤销华为的会员资格。全球最有影响力的蓝牙技术联盟也暂停了华为的会员资格。同年5月31日，华为宣布荣耀20系列手机搭载荣耀自主研发超级蓝牙（X-BT），适配Hi1103芯片，智能判别环境因素和蓝牙信号强度，按需调节手机发射功率，匹配蓝牙设备，如遇到阻碍，蓝牙信号较弱时，便增大手机发射功率，减少阻碍物的影响，在138m无障碍空间距离中实现不卡顿连接。华为的技术更为先进，而且掌握了大量蓝牙和Wi-Fi的技术专利。而撤销华为的会员资格其实对一些协会组织的发展也有非常大的负面影响。

至此，华为在面对美国制裁的第一轮交锋中，因其未雨绸缪提前做好了应对预案而顽强地生存了下来，树立了民族企业自强不息的良好形象。

启示：

人无远虑必有近忧，公司更是如此。华为公司决策层高瞻远瞩、深谋远虑，才能在危机来临的时刻有底气、有方略地沉着应对，化挑战为机遇。做人做事做事业，都应该居安思危、长远规划。

一、企业战略分类与战略管理

随着世界经济全球化和一体化进程的加快，国际竞争日益激烈，企业对战略的要求越来越高。

企业战略是指企业根据环境的变化、本身的资源和实力选择适合的经营领域和产品，形成自己的核心竞争力，并通过差异化在竞争中取胜。

（一）企业战略分类

企业战略是对企业各种战略的统称，包括发展战略、竞争战略、营销战略、品牌战略、融资战略、技术开发战略、人才开发战略、资源开发战略等。企业战略多种多样、层出不穷，但基本属性是相同的，都是对企业的谋略，都是对企业整体性、长期性、基本性问题的谋划。各种企业战略有同也有异，相同的是基本属性，不同的是谋划问题的层次与角度。总之，无论哪个方面的谋划，只要涉及的是企业整体性、长期性、基本性问题，就属于企业战略的范畴。

1. 企业战略的层次

企业战略是一个多层次的体系。就一个现代化大企业而言，企业的战略结构主要分为以下三个层级。

(1) 总体战略。总体战略（也称发展战略）是企业最高层次的战略，是一种有价值取向的概念性的战略。总体战略是从公司全局出发，结合内外环境，对企业重大长远经营问题所做出的总体筹划与安排。总体战略主要解决：

①选择企业所从事的经营范围和领域，即回答经营何种业务的问题。

②在确定经营业务后，决定资源在各事业部门之间的分配问题。

③如何提高企业的投资回报率的问题。

④选择最优企业投资组合与回报问题，这也是总体战略的核心。

(2) 竞争战略。竞争战略属于第二层次的战略，是企业内部某一个事业部或事业领域的战略。竞争战略是在既定行业内，决定如何构建竞争优势的战略。其重点要解决的是：在分析内外部环境的基础上，在选定业务或产品市场内，如何构建超过竞争对手的竞争优势。如：高质量竞争战略、低成本竞争战略、创新竞争战略、差异化竞争战略等。

(3) 职能战略。职能战略属第三层次的战略，是一种作业性的、操作性的策略。职能战略是为了实现竞争战略，结合企业内部的各个职能，分别制定的短期性策略。职能战略一般包括：科技与产品开发策略、市场营销策略、生产与运作策略、财务策略、人力资源开发策略等。

2. 企业发展战略

企业发展战略包括密集型战略、一体化战略和多元化战略三种。

(1) 密集型战略。密集型战略是指企业在现有业务范围内，充分利用在市场和产品方面的优势，进一步挖掘潜力，实现企业长远发展的战略。该战略下，可以采用的战略组合有三类：

一是市场渗透策略，即企业进一步挖掘现有目标市场的消费潜力，提高现有市场的品牌占有率和商品消费量。

二是市场开发策略，即企业为现有产品开辟新市场，扩大企业的市场覆盖范围。

三是产品开发策略，即企业立足现有市场推陈出新，生产出全新产品或部分改进的更新换代产品，满足目标市场的差异化需求，如改变产品的外观、包装、配置等。

(2) 一体化战略。一体化战略是指由相关的经营单位组合形成的经营联合体，以提高企业在市场中的竞争力和抗风险能力。一体化战略有三种选择：

一是后向一体化，即企业收购或兼并上游原材料、半成品、零部件企业，延伸供应链上游掌控能力，实现供产一体化。

二是前向一体化，即企业向市场延伸，掌控下游的经销商、分销商，甚至客户，以增强企业的销售能力、定价能力、服务用户的能力，实现产销一体化。

三是水平一体化，即企业与同行业其他企业通过合并、兼并、收购、控股等形式实现联合经营，扩大生产和经营规模，提高市场竞争力。

(3) 多元化战略。多元化战略是指企业同时生产、经营两种或两种以上不同行业的产品或服务的战略，即跨行业经营战略。多元化战略选择有三种：

一是同心多元化，即企业以原有核心技术、特长、优势产业和经验为发展基础，有计划地开发新的业务，开拓新的市场。

二是水平多元化，即企业针对现有市场，目标客户群体不变，但采用新技术或推出新产品来满足市场多样化需求。

三是综合多元化，即企业开发与现有业务完全不相关的产品，并进入新的市场。

当企业现有产品或现有市场经营缺乏更进一步发展的机会时，可以选择多元化战略。

3. 企业竞争战略

企业在市场中的竞争战略分为以下四种类型。

（1）高质量竞争战略。企业以质量为竞争手段，通过卓越的产品或服务质量领先于竞争对手，获得消费者的青睐。

（2）低成本竞争战略。企业在市场竞争中，通过低于竞争对手的成本和销售价格来吸引消费者，并保证自身利润空间。采用低成本竞争战略的企业往往拥有接近原材料市场或高效的管理运营体系等优势。

（3）创新竞争战略。企业通过不断创新，在推陈出新、生产经营、营销方式、技术应用等方面占据领先地位，先于竞争对手获取市场，进而采用撇脂定价或垄断定价迅速获得利润。

（4）差异化竞争战略。企业将自身产品或服务区别于竞争对手，树立起企业在全行业范围内独一无二的特质，并通过细分市场，推出差异化商品，以更大范围地覆盖市场。

（二）战略管理

1. 战略管理的定义

可以将战略管理定义为：企业确定其使命，根据外部环境和内部条件设定企业的战略目标，为保证目标的正确落实和实现进行谋划，并依靠企业内部能力将这种谋划和决策付诸实施，以及在实施过程中进行控制的一个动态管理过程。

战略管理是一种崭新的管理思想和管理方式。这种管理方式的特点是，指导企业全部活动的是企业战略，全部管理活动的重点在于制定战略和实施战略。而制定战略和实施战略的关键在于对企业外部环境的变化进行分析，对企业的内部条件和素质进行审核，并以此为前提确定企业的战略目标。战略管理的任务，在于通过战略制定、战略实施和日常管理，在保持这种动态平衡的条件下实现企业的战略目标。

2. 战略管理的特征

与传统的生产管理、财务管理、市场营销管理、人力资源管理等职能管理相比较，战略管理具有以下特征：

（1）战略管理具有全局性。企业的战略管理是以企业的全局为对象，根据企业总体发展的需要而制定的。它所管理的是企业的总体活动，所追求的是企业的总体效果。在评价和控制过程中，战略管理重视的不是各个事业部或职能部门自身的表现，而是它们对实现企业使命、目标和战略的贡献大小。这样也就使战略管理具有了综合性和系统性的特点。

（2）战略管理具有长远性。战略管理中的战略决策是对企业未来较长时期（一般为五年以上）内，就企业如何生存和发展等问题进行统筹规划。在迅速变化和竞争性的环境中，企业要取得成功，就必须对未来的变化采取预应性的措施，这就需要企业做出长期性的战略计划。

（3）战略管理具有纲领性。企业战略所确定的战略目标和发展方向，是一种原则性和概括性的规定，是对企业未来的一种粗线条的设计。它为企业指明了未来发展的方向，是企业全体人员行动的纲领。

（4）战略管理具有抗争性。企业战略是企业在竞争中战胜对手，应对外界环境的威胁、压力和挑战的整套行动方案。它是针对竞争对手制定的，具有直接的对抗性。

（5）战略管理的主体是企业的高层管理人员。由于战略决策涉及一个企业活动的各个方面，虽然它也需要企业中、基层管理者和全体员工的参与和支持，但企业的最高层管理人员介入战略决策是必需的。

（6）战略管理涉及企业资源的配置问题。企业的资源包括人力资源、实体财产和资金，这些资源或者在企业内部进行调整，或者从企业外部筹集。为保证战略目标的实现，必须对企业的资源进行统筹规划、合理配置。

（7）战略管理需要考虑企业外部环境中的诸多因素。在未来竞争性的环境中，企业要使自己占据有利地位并取得竞争优势，就必须考虑与自身相关的外部因素，包括竞争者、顾客、资金供给者、政府等，以使企业的行为适应不断变化的外部力量，能够持续生存下去。

（8）战略管理具有一定的风险性。战略管理考虑的是企业的未来，而未来具有不确定性，因此战略管理必然具有一定的风险性。风险并不可怕，就战略决策的本质而言，战略本身就是风险的挑战。

二、战略环境分析

任何企业都是在一定的环境中生存和发展的。环境的发展和变化，给企业的生存和发展提供了机会，也带来了挑战。因此，战略分析的起点，就是对企业的战略环境进行分析。所谓战略环境，是指与企业经营有关的企业内部因素和外部因素的总和。其中，外部因素包括宏观环境要素和企业所在的行业环境、竞争状况等，内部因素包括企业的各种能力、资源等。战略环境分析的目的是确定可以使企业受益的优势、机会和企业应当回避的劣势、威胁。

（一）宏观环境因素分析

宏观环境因素分析的目的是为了了解影响企业的宏观环境由哪些因素组成，这些因素又是如何影响企业战略管理过程的。

企业宏观环境因素分析的主要内容是政治和法律环境、经济环境、社会文化环境、技术环境、人口环境和自然环境。

1. 政治和法律环境因素分析

政治和法律因素是指一个国家或地区的政局稳定状况、政府政策、政府管制、政治力量和立法等因素。这些因素常对企业经营活动具有现实和潜在的制约和影响。国家每出台一项新政策，颁布一条新法令，都会对企业产生或大或小的影响。有些政策、法规可能会给企业提供一些新的经营机会；有些则会限制企业的战略选择，甚至导致企业效率下降，进而影响到企业的生存。

企业遵守、适应政治和法律环境应做到以下几个方面：
①严格遵守所在国家、地区和目标市场的相关法律法规。
②服从所在国家、地区的发展战略和政策要求。

③积极利用国家、地区政策给企业带来的发展机遇。

④充分利用国家、地区的法律法规保护自身合法权益。

2. 经济环境因素分析

企业是一个经济实体，所处的经济环境正发生着巨大的变化，因此在制定经营战略之前，企业应对其所处的经济环境有一个非常清楚的了解和认识，具体包括经济结构、经济发展水平、经济体制和经济政策等。

此外，进入 21 世纪，互联网经济逐渐成为主流，因此企业还应关注目标市场网络经济的规模、效率、潜力等。

3. 社会文化环境因素分析

社会文化环境是指一个国家或地区人们共同的价值观、生活方式、人口状况、文化传统、教育程度、风俗习惯、宗教信仰等各个方面，这些因素是人类在长期的生活和成长过程中逐渐形成的，人们总是自觉或不自觉地接受这些准则作为行动指南。社会文化因素对企业有着多方面的影响，其中有些是直接的，有些是间接的，最主要的是它能够极大地影响社会对产品的需求和消费。特别是外贸出口产品，企业如果对出口国家的社会文化环境了解得不深、不透，就会影响产品的销路。

> **读一读**
>
> **Bing 在中国**
>
> Bing（必应）是微软公司于 2009 年 5 月 28 日推出的全新搜索品牌，集成了搜索首页图片设计、崭新的搜索结果导航模式、创新的分类搜索和相关搜索用户体验模式、视频搜索结果无须点击直接预览播放、图片搜索结果无须翻页等功能。
>
> 根据 StatCounter 2020 年 12 月公布的数据，Bing 的市场份额紧随谷歌之后，位居全球第二，远超百度。但在中国市场，Bing 却远远落后于百度 74.37%、搜狗 13.7%、谷歌 3.66%，市场份额不足 3%。
>
> 原因何在？有一种解释听起来有些可笑，但未必没有影响。"Bing"在中国一直被诟病发音和拼音"病"一样。虽然这种说法听起来有些牵强附会，但社会文化因素的影响有时的确很微妙。在中国文化中，人名、品牌名、招牌名、店名等喜欢图个吉利，讨个好彩头。
>
> 因此，一个品牌的推出，应该充分考虑目标市场的社会文化因素，规避可能产生的不利影响。

4. 科技环境因素分析

科技环境因素主要是指与本企业产品有关的科学技术的现有水平、发展趋势和发展速度。现代企业的发展在很大程度上也受到科学技术的影响，包括新材料、新设备、新工艺等物质化的硬技术，以及体现新技术、新管理的思想、方式、方法等信息化的软技术。科学技术的发展和应用，对于提高生产效率、降低成本及开发新产品、新技术有着十分重要的作用，它能为企业带来新的发展机会和生存空间。那些捷足先登的企业抓住机会，一跃而上，从此成为行业的领袖。而那些因循守旧者，跟不上现代科技发展速度的企业，将在新一轮的竞争中被淘汰。

5. 人口环境因素分析

"人"是企业服务的最终对象，是产品的购买者和消费者。人口规模的大小决定着商品和服务销售的潜力；人口结构影响着消费结构和产品构成；家庭类型及其变化，影响商品的消费结构及其变化。人口环境因素包括人口数量、年龄结构及其变化趋势等。企业在选择和开拓市场之前，应充分了解目标市场的人口数量、结构、文化、偏好等相关因素。

6. 自然环境因素分析

自然环境指一个国家或地区的客观环境因素，包括自然资源、地形地貌、气候、地理位置、交通条件等。对于企业而言，选址地点和目标市场的资源禀赋、交通条件等是至关重要的影响因素。

（二）行业环境因素分析

波特五力模型

行业环境属于外部环境中的微观环境，行业环境分析的内容主要是本行业的企业竞争格局以及本行业与其他行业的关系。行业的结构及其竞争性决定了行业的竞争原则和企业可能采取的战略。

美国哈佛大学的著名战略学家、研究企业竞争战略理论的专家迈克尔·波特教授，为企业分析竞争提供了一条清晰的思路。按照波特教授的观点，一个行业中的竞争，并非仅在原有的竞争对手之间进行，而是存在着五种基本竞争力量，即新加入者的威胁、现有企业的竞争、替代品或服务的威胁、供应商的讨价还价能力和顾客的讨价还价能力，这五种竞争力量相互影响、相互制约，形成了行业中的竞争结构，如图2-1所示。通过行业竞争结构的分析，可以了解本企业在行业中所处的竞争地位、所具有的竞争优劣势等，以便企业制定出战胜各种竞争力量的基本对策。

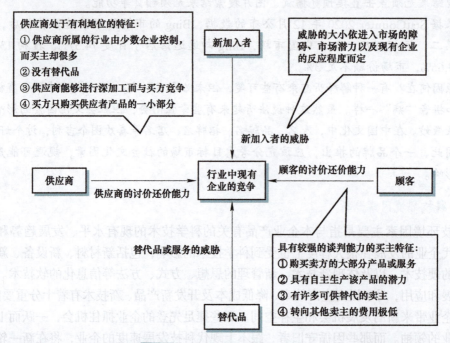

图2-1 波特的五种竞争力模型

（三）企业内部环境分析

企业内部环境分析主要包括企业资源分析和企业能力分析。

1. 企业资源分析

企业的资源是指能够给企业带来竞争优势的任何要素，是企业参与市场竞争的必备条件，包括有形资产、无形资产和人力资源。每个企业都有多种资源，这些资源具有不同的特点和作用。

（1）有形资产。有形资产是比较容易确认和评估的一类资产，它包括财务资源和物质资源，一般可以从企业的财务报表上查到。

企业财务资源可以定义为可用于生产或投资的资金来源。它构成企业最基本的资源之一，包括各种内部及外部融资渠道。例如，未分配利润，股票发行，贷款，租赁，调整应收、应付款项，出售资产等项目。

物质资源是企业从事生产的基础，包括企业所拥有的土地、厂房、机器设备、运输工具、办公设施，还有企业的原材料、产品、库存商品等，是企业的实物资源。

（2）无形资产。资产负债表上标明的有形资产一般可以从市场上直接获得，也可以用货币直接度量，并可以直接转化为货币。相反，无形资产是企业不可能从市场上直接获得，不能用货币直接度量，也不能直接转化为货币的那一类经营资产，包括企业的商誉、技术、文化等。无形资产往往是企业在长期的经营实践中逐步积累起来的，虽然不能直接转化为货币，但却同样能给企业带来效益，因此同样具有价值。

①技术资源。技术资源是重要的无形资产，包括其先进性、独创性和独占性。企业要把适应顾客的需求变化，不断开发和生产新产品及提供服务作为其首要任务。

②商誉资源。商誉是指一家企业由于顾客信任、管理卓越、生产效率高或其他特殊优势而具有的企业形象，它能够给企业带来超过正常收益率水平的获利能力。在产品质量和服务对潜在顾客利益的影响并不明显的行业，企业商誉往往是最重要的资源。一般来说，商誉往往与企业联系在一起，有时也与特定的品牌有关。

③企业文化资源。所谓企业文化是基于共同价值观之上，企业全体员工共同遵循的目标、行为规范和思维方式的总称。当今，企业文化的价值越来越被企业界所重视。人们从海尔等许多大企业成功的范例中发现，这些企业之所以能在快速发展中立于不败之地，是由于它们成功地创造了具有自身特色的企业文化。

（3）人力资源。一个组织最重要的资源是人力资源。大量研究发现，那些能够有效利用自身人力资源的组织总是比那些忽略人力资源的组织发展得更快。人的进取心和掌握的技术创造了企业的繁荣，而不是实物资源和财务资源。在技术飞速发展和信息化加快的知识经济时代，人力资源在组织中的作用也越来越突出。

企业是否能面对错综复杂的内外部环境继续生存和发展，关键在于人力资源的开发与管理，在于企业如何充分利用和发挥自身的人力资源优势，取得更好的经济效益。当一个企业拥有和开发了有价值的、稀缺的、独有的资源的时候，它就创造了竞争优势。我们可以用同样的标准来衡量人力资源的战略性影响。

2. 企业能力分析

企业能力是指将众多资源结合运用来完成一项任务或活动的才能。一般而言,资源本身并不能产生竞争能力和竞争优势,竞争能力和竞争优势源于多种资源的特殊融合。企业能力通常包括营销能力、生产管理能力、财务能力、组织能力、技术创新能力等。

三、SWOT 战略分析

SWOT 分析法就是确认企业所面临的优势（Strength）与劣势（Weaknesses）、机会（Opportunities）与威胁（Threats），并据此确定企业的战略定位,最大限度地利用内部优势和机会,使企业劣势与威胁降至最低限度。常用的方法是详尽地明确行业状况和企业内部战略环境。对所列的因素逐项打分,然后按因素的重要程度加权并计算其代数和,以判断其中的内部优、劣势与外部的机会与威胁。企业 SWOT 分析如图 2-2 所示。

	潜在外部威胁（T）	潜在外部机会（O）
外部环境	● 市场增长较慢 ● 竞争压力增大 ● 不利的政府政策 ● 新的竞争者进入行业 ● 替代产品销售额正在逐步上升 ● 用户讨价还价能力增强 ● 用户需要与爱好逐步转变 ● 通货膨胀递增及其他	● 纵向一体化 ● 市场增长迅速 ● 可以增加互补产品 ● 能争取到新的用户群 ● 有进入新市场的可能 ● 有能力进入更好的企业集团 ● 在行业中竞争业绩优良 ● 扩宽产品线、满足用户需要及其他
	潜在内部优势（S）	潜在内部劣势（W）
内部环境	● 产权优势 ● 成品优势 ● 竞争优势 ● 特殊能力 ● 产品创新 ● 具有规模经济 ● 良好的财务资源 ● 高素质的管理人员 ● 公认的行业领先者 ● 买主的良好印象 ● 适应力强的经营战略 ● 其他	● 竞争劣势 ● 设备老化 ● 战略方向不明 ● 竞争地位恶化 ● 产品线范围太窄 ● 技术开发滞后 ● 营销能力低于同行业其他企业 ● 管理不善 ● 战略实施的历史记录不佳 ● 不明原因导致的利润率下降 ● 资金拮据 ● 相对于竞争对手成本高及其他

图 2-2 企业 SWOT 战略分析

1. 增长型战略（SO）

当企业面临机会较多、优势较大的时候,采取增长型战略。企业应该集中于某单一经营领域,利用自己的优势占领市场。企业可以选用纵向一体化向自己的上游供应商或下游销售商扩展。企业可以开发少量的相关产品进行多样化的经营,同时利用自己的优势开拓市场上的机会。

2. 扭转型战略（WO）

当市场机会多,但是企业处于竞争劣势时,企业需要扭转现状,摆脱自己的劣势竞争地位。推荐企业在某一经营领域制定集中战略,以某一个领域为突破口改变现状。如果条件允许，企业应考虑与同行业的其他企业合并。为了降低风险，企业可以进行多样化经营，如果这一切难以奏效，就放弃这一市场。

3. 防御性战略（WT）

当市场威胁大，企业又没有优势的时候，便只能采取防御性战略。可采用的方法是谋求与竞争对手合作或合并，以加强竞争地位。企业也可以从某一个领域寻求突破，制定集中的战略。企业可以选用纵向一体化和多样化经营。如果难以成功，企业可以将该市场中的业务分离出去，或者收回资源，再用到其他领域。

4. 多样化战略（ST）

当企业有较大的竞争优势，但市场机会不多的时候，企业适合采取多样化经营战略，把企业带向更大发展空间的市场。另一种进入新领域的方法是寻找合作或合资经营的机会。

SWOT分析是战略分析中非常重要的工具，也是一种战略性方法。当然，SWOT分析法的正确使用来源于知识、经验、充分的信息、战略思维和商业直觉，是一个非常综合的思维过程。

任务三　企业经营决策制定

案例导入

"十年死磕"——农夫山泉创新技术破解世界难题

2020年9月8日，农夫山泉上市，农夫山泉股份有限公司董事长兼总经理、养生堂有限公司董事长钟睒睒晋升中国新首富，更多关于农夫山泉的故事进入公众视野。

农夫山泉的发展并不是一帆风顺的，中间也经历了决策失误、企业亏损等困境。

2007年，钟睒睒第一次来到江西赣州，看到漫山遍野的优质纽贺尔脐橙，便认为既然有好橙子，就一定能榨出好橙汁，因此没仔细调研论证就决定在这里建厂。这种冲动的决策方式，让企业付出了巨大代价。

首先是脐橙榨汁问题。

工厂建好投产后才发现，纽贺尔脐橙根本不适合榨汁，因为其中含有大量柠檬苦素前体物质，一旦加工，就会转化成柠檬苦素。柠檬苦素虽然对人体有益，但却有浓重的苦味，大部分消费者不能接受。这是当时全世界农产品加工行业公认的"禁区"，一个无人可解的难题，但农夫山泉此前并不知道。

其次是能源供应问题。

由于对当地能源供应状况缺乏充分调研，农夫山泉将工厂建在了偏远地区，长期饱受水电供应问题困扰，生产期间几乎天天停电，日常供水量不足40吨，难以满足生产需求。

而种植园地的选择也同样出现了失误，又高又陡的丘陵种植园不仅人力和物流成本居高不下，而且果树很容易受到极端低温天气的影响。

此外，农夫山泉花高价采购来的榨汁设备、选育的果树品种都出现了失误，造成工厂设备报废、利用率低下、果质差等诸多问题。

对农产品加工领域的难度估量不足，导致工厂的生产经营一度陷入停滞，年亏损超过 2 000 万元。

错误的决策已经做出了，该及时止损还是死磕到底？怎样避免一个决策失误带来一连串的决策失误？怎样避免形势进一步恶化？怎样尽可能地挽回损失？

钟睒睒选择了死磕到底，十年磨一剑。

遭受多轮打击后，农夫山泉开始探寻科学的农业现代化之路。

农夫山泉精心选择、培育果树品种，运用现代化的土壤与农事管理技术，引入 GPS 定位技术，并制定了国际领先的脐橙筛选标准，提升园地管理的信息化水平，使得橙子的品质逐年提升。

在鲜橙种植取得突破的同时，农夫山泉也从未放弃对脐橙榨汁可行性的研究，经过多年的反复试验研究，终于在 2014 年取得了突破，全世界同行为之震惊——大家公认的"禁区"被攻破了。

2014 年 11 月，农夫山泉推出了名为 17.5° 橙的鲜橙产品，一经面市便受到了消费者的青睐。2015 年，农夫山泉又推出了脐橙汁 NFC 产品。2016 年，常温 NFC 果汁产品问世。农夫山泉将自己积累二十年的无菌灌装技术引入橙汁生产，使 NFC 果汁无须全程冷链，也依然能保持良好的口感与风味，而且大大降低了价格，让更多消费者有机会品尝。

在 2016 年 9 月召开的二十国集团（G20）杭州峰会上，NFC 果汁成为指定果汁饮品，用于招待来自世界各地的国家元首。

至此，农夫山泉的现代农业项目初战告捷。十年的精耕细作，终于迎来了成功的曙光。

启示：

决策正确与否，是关乎企业生死存亡的重要转折点。

农夫山泉能够十年钻研脐橙种植、加工技术并迎来转机，一是依靠"不服输"的精神；二呢？当然是因为有坚强的后盾，因为它还有农夫山泉矿泉水、养生堂系列保健品等盈利能力超强的产品在支撑着。如果没有这些强有力的输血产品做后援，恐怕农夫山泉长达十年的橙汁项目会给整个企业带来灭顶之灾。

一、决策的概念、特征与原则

1. 决策的概念

决策：是决策者为达到某种预定目标，运用科学的理论、方法和手段，制订出若干行动方案，并以此做出一种具有判断性的选择，予以实施，直到目标实现。

简单的定义就是：从两个以上的备选方案中选择一个的过程。

理解决策的定义时，需注意以下几点：

①决策的主体是管理者。

②决策的本质是一个过程，这一过程由多个步骤组成。

③决策的目的是解决问题或利用机会。

2. 决策的特征

①决策是为了达到一个预定的目标。
②决策是为了在某种条件下寻求优化目标和优化达到目标的手段。
③决策是在若干个有价值的方案中选择一个作为行动方案。
④决策是要付诸实施的,准备实施的方案可能出现的几种后果是可以预测或估计的。

决策是管理的核心,管理功能实质上是决策方案实施过程的体现。因此,决策贯穿于管理过程的始终,也是组织各级、各类管理人员的主要工作,只是决策的重要程度或影响范围不同而已。

3. 决策的原则

（1）满意原则。决策遵循的是满意原则,而不是最优原则。对决策者来说,要想使决策达到最优,就必须做到：

①容易获得与决策有关的全部信息。
②真实了解全部信息的价值所在,并据此制订所有可能的方案。
③准确预期每个方案在未来的执行结果。

但在现实中,上述这些条件往往得不到满足。具体来说,组织内外存在的一切对组织的现在和未来都会直接或间接地产生某种程度的影响,但决策者很难收集到反映这一切情况的信息；对于收集到的有限信息,决策者的利用能力也是有限的,从而决策者只能制订数量有限的方案；任何方案都是在未来实施,而人们对未来的认识是不全面的,对未来的影响也是有限的,从而决策时所预测的未来状况可能与实际的未来状况有出入。

现实中的上述状况决定了决策者难以做出最优决策,只能做出相对满意的决策。

（2）系统原则。决策时采用系统决策技术是科学决策的重要特点,也是科学决策的重要保证。系统决策技术是指把决策对象看作一个系统,并以此系统的整体目标为核心,追求整体优化目的的决策。任何系统都具有三个特征：

①集合性：系统均由若干子系统组成。
②相关性：各子系统按一定结合方式组成系统。
③目的性：系统具有特定的功能和目标。

各子系统的特征并不完全一致,但系统原则强调,决策时应将各子系统的特性放到系统的整体中去权衡,用整体系统的特征和总目标去协调各子系统的目标,形成整体优化。因此,决策者要从战略的高度去决策。

（3）信息原则。信息是决策的基础。因为在科学决策中必须掌握大量信息,才能系统地对信息进行归纳整理、比较、选择和加工,才能去伪存真、由表及里地对各种资料进行分析,为决策提供准确、全面、系统、可靠的信息。

管理者在决策时离不开信息。信息的数量和质量直接影响决策水平。这要求管理者在决策之前以及决策过程中尽可能地通过多种渠道收集信息,作为决策的依据。但这并不是说管理者要不计成本地收集各方面的信息。管理者在决定收集什么样的信息、收集多少信息以及从何处收集信息等问题时,要进行成本-收益分析。只有在收集的信息所带来的收益（因决策水平提高而给组织带来的利益）超过因此而付出的成本时，才应该收集信息。因此我们说，适量的信息是决策的依据，信息量过大固然有助于决策水平的提高，但对组织而言可能不经济，而信息量过少则使管理者无从决策或导致决策收不到应有的效果。

（4）预测原则。预测是根据过去和现在估计未来，根据已知推测未知的活动。决策的正确与否，取决于对未来后果所做判断的正确程度，不了解未来的实施后果，常常会造成决策失误。预测原则是指通过科学的预测，对未来事件的发展趋势和状况进行描述和分析，做出有根据的假设和判断，为决策提供科学依据和准则。

（5）比较优选原则。比较是指方案提出过程是经过系统分析和综合，确定多个达到预定目标的方案。优选是指从多个备选方案中选择满意方案的决断过程。由于任何决策的后果均有利和弊，故决策者只能在利弊之间进行合理选择。

（6）反馈原则。由于事物的发展和客观条件变化，或因原来决策考虑不周，可能使实施结果高于/低于预定目标。反馈原则是指根据变化了的情况和实践结果，对初始决策做出相应的调整或改变，使决策趋于合理的原则。反馈原则是实现动态平衡、提高决策质量及实现决策科学化的保证。

二、决策类型

1. 按决策的层次划分

（1）战略性决策。战略性决策是指与发展方向和远景规划等有关的决策，即重大方针，目标为适应环境发展变化所做的高层次决策。通常包括组织目标、方针的确定，组织机构的调整，企业产品的更新换代、技术改造等，这些决策牵涉组织的方方面面，具有长期性和方向性。特点是：影响的时间长、范围广，较多地注意外部环境的影响，如国家有关的政策法令，科学技术的发展，物资供应及市场销售条件等。

（2）管理性决策。管理性决策是在组织内贯彻的决策，属于战略决策执行过程中的具体决策。管理性决策旨在实现组织中各环节的高度协调和资源的合理使用，如企业生产计划和销售计划的制订、设备的更新、新产品的定价和资金的筹措等，都属于管理性决策的范畴。它是执行战略性决策时，在组织和管理上合理选择和使用人力、物力、财力等方面的决策。其特点是：执行性的、影响的时间短、范围小，较多注意内部环境各因素间的关系。如：生产过程的合理选择、设备的合理配置、劳动力的平衡、资源和能源的合理使用等。

（3）业务性决策。业务性决策也称作业决策，是日常工作中为提高生产效率、工作效率而做出的决策，牵涉范围较窄，只对组织产生局部影响。属于业务决策范畴的主要有：工作任务的日常分配和检查、工作日程（生产进度）的安排和监督、岗位责任制的制定和执行、库存的控制以及材料的采购等。

战略性决策属于计划型决策，是主导性决策；管理性决策和业务性决策则属于执行型决策，也可称为战术性决策。

2. 按决策涉及的问题划分

从决策涉及的问题看，可把决策分为程序化决策与非程序化决策。

组织中的问题可被分为两类：一类是例行问题，另一类是例外问题。

（1）例行问题是指那些重复出现的、日常的管理问题，如管理者日常遇到的产品质量、设备故障、现金短缺、供货单位未按时履行合同等问题。

（2）例外问题则是指那些偶然发生的、新颖的、性质和结构不明的、具有重大影响的问题，如组织结构变化、重大投资、开发新产品或开拓新市场、长期存在的产品质量隐患、重要的人事任免，以及重大政策的制定等问题。

程序化决策涉及的是例行问题，而非程序化决策涉及的是例外问题。

3. 按决策的性质划分

（1）确定型决策。确定型决策是指在稳定（可控）条件下进行的决策。在确定型决策中，决策者确切知道自然状态的发生，每个方案只有一个确定的结果，最终选择哪个方案取决于对各个方案结果的直接比较。

（2）风险型决策。风险型决策也称随机决策，在这类决策中，自然状态不止一种，决策者不知道哪种自然状态会发生，但能知道有多少种自然状态以及每种自然状态发生的概率。

（3）不确定性决策。不确定性决策是指在不稳定条件下进行的决策。在不确定性决策中，决策者可能不知道有多少种自然状态，即便知道，也不能知道每种自然状态发生的概率。

4. 按参与决策的人数划分

按参与决策的人数多少可以划分为个人决策和群体决策。

三、决策制定过程

决策制定的过程包括识别机会或诊断问题、确定目标、拟订方案、分析方案、选择方案、实施方案和监督与评估七个步骤，如图2-3所示。

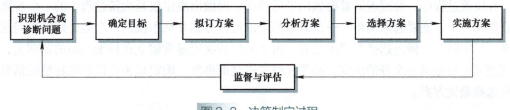

图2-3 决策制定过程

1. 识别机会或诊断问题

管理者通常密切关注与其责任范围有关的数据，这些数据包括外部的信息和报告以及组织内的信息。实际状况和所期望状况的偏差提醒管理者潜在机会或问题的存在。识别机会或诊断问题并不总是简单的，因为要考虑组织中人的行为。有些时候，问题可能根植于个人的过去经验、组织的复杂结构或个人和组织因素的某种混合。因此，管理者必须尽可能精确地评估问题和机会。另一些时候，问题可能简单明了，只要稍加观察就能识别出来。

2. 确定目标

目标体现的是组织想要获得的结果，想要结果的数量和质量都要明确下来，因为目标的这两个方面都最终指导决策者选择合适的行动路线。

目标的衡量方法有很多种，如我们通常用货币单位来衡量利润或成本目标，用每人时的产出数量来衡量生产率目标，用次品率或废品率来衡量质量目标。

根据时间的长短，可把目标分为长期目标、中期目标和短期目标。长期目标通常用来指导组织的战略决策，中期目标通常用来指导组织的战术决策，短期目标通常用来指导组织的业务决策。无论时间长短，目标总是指导着随后的决策过程。

3．拟订方案

一旦机会或问题被正确地识别出来，管理者就要提出实现目标和解决问题的各种方案。这一步骤需要创造力和想象力，在提出备选方案时，管理者必须把其试图达到的目标牢记在心，而且要提出尽可能多的方案。

管理者常常借助其个人经验、经历和对有关情况的把握来提出方案。为了提出更多、更好的方案，需要从多种角度审视问题，这意味着管理者要善于征询他人的意见。

备选方案可以是标准的和简明的，也可以是独特的和富有创造性的。标准方案通常是指组织以前采用过的方案。通过头脑风暴法、名义组织技术和德尔菲技术等，可以提出富有创造性的方案。

4．分析方案

决策过程的第四步是确定所拟订的各种方案的价值或恰当性，即确定最优的方案。为此，管理者起码要具备评价每种方案的价值或相对优势/劣势的能力。在评估过程中，要使用预定的决策标准（如想要的质量）以及每种方案的预期成本、收益、不确定性和风险。最后对各种方案进行排序。例如，管理者会提出以下的问题：该方案会有助于我们质量目标的实现吗？该方案的预期成本是多少？与该方案有关的不确定性和风险有多大？

5．选择方案

在决策过程中，管理者通常要做出最后选择。但做出决定仅是决策过程中的一个步骤。尽管选择一个方案看起来简单——只需考虑全部可行方案并从中挑选一个能最好解决问题的方案。但实际上，做出选择是很困难的。由于最好的决定通常建立在仔细判断的基础上，因此管理者要想做出一个好的决定，必须仔细考察全部事实，确定是否可以获取足够的信息并最终选择最优方案。

6．实施方案

方案的实施是决策过程中至关重要的一步，在方案选定以后，管理者就要制订实施方案的具体措施和步骤。实施过程中通常要注意做好以下工作：

（1）制订相应的具体措施，保证方案的正确实施。

（2）确保与方案有关的各种指令能被所有相关人员充分接受和彻底了解。

（3）应用目标管理方法层层分解决策目标，落实到每一个执行单位和个人。

（4）建立重要的工作报告制度，以便及时了解方案进展情况，及时进行调整。

7．监督与评估

一个方案可能涉及较长的时间，在这段时间，形势可能发生变化，而初步分析建立在对问题或机会的初步估计上，因此，管理者要不断对方案进行修改和完善，以适应变化了的形势。同时，连续性活动因涉及多阶段控制而需要定期进行分析。

由于组织内部条件和外部环境的不断变化，管理者要不断修正方案来减少或消除不确定性，定义新的情况，建立新的分析程序。具体来说，职能部门应对各层次、各岗位履行职责情况进行检查和监督，及时掌握执行进度，检查有无偏离目标，及时将信息反馈给决策者。决策者则根据职能部门反馈的信息，及时追踪方案实施情况，对与既定目标发生部分偏离的，应采取有效措施，以确保既定目标的顺利实现；对客观情况发生重大变化，原先目标确实无法实现的，则要重新寻找问题或机会，确定新的目标，重新拟订可行的方案，并进行评估、选择和实施。

需要说明的是，管理者在以上各个步骤中都要受到个性、态度和行为，伦理和价值，以及文化等诸多因素的影响。

四、决策方法

决策方法分为定性决策方法和定量决策方法两种。

（一）定性决策方法

定性决策方法包括头脑风暴法、名义小组技术和德尔菲技术。

1. 头脑风暴法

头脑风暴法的创始人是英国心理学家奥斯本。该决策方法的四项原则是：各自发表自己的意见，对别人的建议不做评论；建议不必深思熟虑，越多越好；鼓励独立思考、奇思妙想；可以补充完善已有的建议。

头脑风暴法的实施方式是：针对解决的问题，相关专家或人员聚在一起，在轻松的氛围中打开思路，畅所欲言，寻求多种决策思路，倡导创新思维。时间一般在 1～2 小时，参加者以 5～6 人为宜。

2. 名义小组技术

在集体决策中，如果大家对问题性质的了解程度有很大差异，或彼此的意见有较大分歧，直接开会讨论效果并不好，可能争执不下，也可能权威人士发言后大家随声附和。这时，可以采取"名义小组技术"。管理者先选择一些对要解决的问题有研究或有经验的人作为小组成员，并向他们提供与决策问题相关的信息。小组成员各自先不通气，独立地思考，提出决策建议，并尽可能详细地将自己提出的备选方案写成文字资料。然后召集会议，让小组成员陈述自己的方案。在此基础上，小组成员对全部备选方案投票，产生大家最赞同的方案，并形成对其他方案的意见，提交管理者作为决策参考。

3. 德尔菲技术

德尔菲技术是兰德公司提出的，用于听取专家对某一问题的意见。

运用这一方法的步骤是：根据问题的特点，选择和邀请做过相关研究或有相关经验的专家，将与问题有关的信息分别提供给专家，请他们各自独立发表自己的意见，并写成书面材料。管理者收集并综合专家们的意见后，将综合意见反馈给各位专家，请他们再次发表意见。如果分歧很大，可以开会集中讨论；否则，管理者分头与专家联络。如此反复多次，最后形成代表专家组意见的方案。

（二）定量决策方法

随着信息技术的应用与计算机的普及，特别是多种定量方法软件的推广，定量分析方法从专家们的咨询机构走到企业、政府和各种实际应用部门。其主要包括确定型决策方法、不确定型决策方法和风险型决策方法。

1. 确定型决策方法

确定型决策是在未来自然状态为已知条件的决策，即每个行动方案达到的效果可以确切地计算出来，从而可以根据决策目标做出确定抉择的决策。该决策具有反复、经常出现的特点。决策过程和方法常是固定的程序和标准的方法，因此又称作程序化决策。对于这类问题的决策，可以应用线性规划等运筹学方法，或借助电子计算机进行决策。这类决策主要由管理人员来执行。

（1）直观法。用于备选方案的变量很少，计算方法简单，此时将有关资料和数据列表直接对比，选出最佳方案。

（2）比较决策。这是在未来事件自然状态完全确定的情况下，按照一定的数学模型计算后进行比较的方法。例如，经济批量法、盈亏平衡点法、投资回收期法、追加投资回收期法、贴现现金流量法、净现值法等。

（3）数学规划法。获得正确和完整的资料，是成功应用数学规划法的前提条件。数学规划法是在提出决策准则的基础上，通过数学模型解得最优策略。但是，它只能为决策提供数量依据而不能作为决策依据。因为在建立数学规划模型过程中，总会有一些因素不能定量化，尤其是那些重要因素不能定量化时，更不能以此决策，因此这就必然受到一定的限制。

2. 不确定型决策方法

不确定型决策是指未来事件的自然状态是否发生不能确定，而且未来事件发生的概率也是未知情况下的决策，即它是一种没有先例和固定处理程序的决策。

不确定型决策一般要依靠决策者的个人经验、分析判断能力和创造能力，借助于经验方法进行决策。常用的不确定型决策方法有小中取大法，大中取大法和最小最大后悔值法等。

3. 风险型决策方法

风险型决策是指虽然未来事件的自然状态不能确定，但是发生概率为已知的决策，又称随机性决策。判断的特征是：存在明确的决策目标；存在多个备选方案；存在不以决策者意志为转移的多种未来事件的各自然状态；各备选方案在不同自然状态下的损益值可以计算；可推断各自然状态出现的概率。风险型决策方法包含以下三种模式。

（1）最大可能法。在备选方案中选择概率最大的自然状态条件下的收益值最高的方案为最优决策。

应用原则：在一组自然状态中，某个自然状态的概率比其他的概率大得多时，而收益值却相差不大，应用此法比较好。但当发生的概率很小，且又比较接近时，应用此法效果不好，容易做出错误决策。

（2）期望值法。期望值法就是通过计算备选方案的期望值，以期望值的大小进行决策的方法。当损益值为收益值时，要取期望值中最大值作为决策方案；当损益值为损失值时，要取期望值中最小值作为决策方案。

（3）决策树法。决策树法是用树状图来描述各种方案在不同情况（或自然状态）下的收益，据此计算每种方案的期望收益从而做出决策的方法。

任务实战：制定企业发展战略规划

1. **任务名称**：制定企业发展战略规划
2. **实施步骤**：

（1）CEO组织本公司全体成员共同讨论，确定公司运营战略规划的各项内容（如：企业战略规划、经营决策等）。

（2）COO到台前汇报设计成果。

（3）各公司互评打分。

（4）教师总结点评。

3. **任务模板**：

海尔集团战略

名牌战略发展阶段（1984年—1991年）：要么不干，要干就干第一

20世纪80年代，家电供不应求，很多企业努力上规模，只注重产量而不注重质量。海尔抓住改革开放的机遇，从国外引进先进的技术和设备，但没有盲目上产量，而是严抓质量，实施全面质量管理，提出"要么不干，要干就干第一"。当家电市场供大于求时，海尔凭借差异化的质量赢得竞争优势。这一阶段，海尔专心致志做冰箱，在管理、技术、人才、资金、企业文化方面有了可以移植的模式。

多元化战略发展阶段（1991年—1998年）：海尔文化激活"休克鱼"

20世纪90年代，海尔抓住机遇，以"海尔文化激活休克鱼"思路先后兼并了国内18家企业，使自身在多元化经营与规模扩张方面，进入了一个更加广阔的发展空间。当时，家电市场竞争激烈，质量已经成为用户的基本需求。海尔在国内率先推出星级服务体系，当家电企业纷纷打价格战时，海尔凭借差异化的服务赢得了竞争优势。

这一阶段，海尔开始实行OEC（Overall Every Control and Clear）管理法，即每人每天对每件事进行全方位的控制和清理，目的是"日事日毕，日清日高"。这一管理法也成为海尔创新的基石。

国际化战略发展阶段（1998年—2005年）：走出国门，出口创牌

20世纪90年代末，中国加入WTO，海尔抓住机遇走出去，不只为创汇，更重要的是创中国自己的品牌。为此，海尔提出"三步走"战略，即"走出去、走进去、走上去"，以"先难后易"的思路，首先进入发达国家创名牌，再以高屋建瓴之势进入发展中国家，逐渐在海外建立起设计、制造、营销"三位一体"的本土化模式。这一阶段，海尔推行"市场链"管理，以计算机信息系统为基础，以订单信息流为中心，带动物流和资金流的运行，实现业务流程再造。这一管理创新加速了企业内部的信息流通，使员工的价值取向与用户需求相一致。

全球化品牌战略发展阶段（2005年—2012年）：整合全球资源，创全球化品牌

互联网时代带来营销的碎片化，传统企业的"生产—库存—销售"模式不能满足用户个性化的需求，企业必须从"以企业为中心卖产品"转变为"以用户为中心卖服务"，即用户驱动的"即需即供"模式。互联网也带来全球经济的一体化，国际化和全球化之间是逻辑递进关系。"国际化"是以企业自身的资源去创造国际品牌，而"全球化"是将全球的资源为我所用，创造本土化主流品牌，是质的不同。因此，海尔抓住互联网时代的机遇，整合全球的研发、制造、营销资源，创全球化品牌。这一阶段，海尔探索

的互联网时代创造顾客的商业模式就是"人单合一双赢"模式。

网络化战略发展阶段（2012年—2019年）：网络化的市场，网络化的企业

海尔抓住第三次工业革命的机遇，以"没有成功的企业，只有时代的企业"的观念，适应个性化生产的需求，实施网络化战略。其基础和运行体现在网络化上，主要是两部分：网络化的市场和网络化的企业。网络化市场里，用户网络化、营销体系也网络化。网络化的企业可归纳为三个"无"：企业无边界，即平台型团队，按单聚散；管理无领导，即动态优化的人单自推动；供应链无尺度，即大规模定制，按需设计，按需制造，按需配送。

生态品牌战略阶段（2019年后）

海尔集团连续12年稳居欧睿国际世界家电第一品牌，2021年继续蝉联"BrandZ最具价值全球品牌100强"，并获得了BrandZ授予的全球第一个"物联网生态品牌"奖。从最初成立时实施的名牌战略、多元化战略和国际化战略，到21世纪品牌化战略、网络化战略，2019年海尔发布了第6个全新的企业发展战略，即宣告海尔集团进入物联网生态品牌战略阶段。

2020年，国际权威品牌研究机构凯度集团与牛津大学赛德商学院联合海尔集团共同发布了《物联网生态品牌白皮书》，对物联网生态品牌的定义进行了明确阐述：物联网生态品牌是通过与用户、合作伙伴联合共创，不断提供无界且持续迭代的整体价值体验，最终实现终身用户及生态各方共赢共生、为社会创造价值循环的新品牌范式。

课后练习

一、单选题

1. 规定企业使命和目标、企业宗旨，建立和管理好一个高业绩的业务组合并进行资源分配的战略是（　　）。
   A．竞争战略　　　　B．公司战略　　　　C．业务单位战略　　D．职能战略
2. 以下（　　）不是决策的特征。
   A．明确而具体的决策目标　　　　　　B．有两个以上的备选方案
   C．以了解和掌握信息为基础　　　　　D．追求的是最优最好方案
3. 越是组织的高层管理者，所做出的决策越倾向于（　　）。
   A．战略的、程序化的、确定型的决策　　B．战术的、非程序化的、风险型的决策
   C．战略的、非程序化的、风险型的决策　　D．战略的、非程序化的、确定型的决策
4. 日常工作中为提高生产效率、工作效率而做出的决策是（　　）。
   A．战略决策　　　　B．战术决策　　　　C．业务决策　　　　D．管理决策
5. 目的在于创造一种畅所欲言、自由思考的氛围，诱发创造性思维的共振和连锁反应，产生更多的创造性思维的集体决策方法是（　　）。
   A．头脑风暴法　　　B．名义小组技术　　C．德尔菲技术　　　D．政策指导矩阵
6. 在决策过程中，最需要充分发挥创造力和想象力的步骤是（　　）。
   A．识别机会或诊断问题　　　　　　　B．拟订方案
   C．评估备选方案　　　　　　　　　　D．做出决定
7. 决策者的个性对（　　）决策影响最大。
   A．风险型　　　　　B．确定型　　　　　C．不确定型　　　　D．程序化

8. 从决策的基本属性来看，决策是（　　）。
   A. 不以人的意志为转移的活动　　　　B. 以人的意志为转移的活动
   C. 客观规律的真实描述　　　　　　　D. 客观规律的正确反映
9. 张强和王智共同商量解决问题的方法。二人将各自的观点未考虑可行性和可操作性就列出来。他们处于决策制定过程的（　　）阶段。
   A. 开发备选方案　　B. 分析备选方案　　C. 确认决策标准　　D. 选择备选方案
10. 有一种说法认为"管理就是决策"，这实际上意味着（　　）。
    A. 对于管理者来说只要善于决策就一定能够获得成功
    B. 管理的复杂性和挑战性都是由于决策的复杂性而导致的
    C. 决策能力对于管理的成功具有特别重要的作用
    D. 管理首先需要的就是面对复杂的环境做出决策

二、多选题

1. 从环境因素的可控程度看，可把决策分为（　　）。
   A. 确定型决策　　B. 不确定型决策　　C. 程序化决策　　D. 风险型决策
   E. 非程序化决策
2. 计划与决策是相互联系的，这是因为（　　）。
   A. 计划是决策的前提　　　　　　　B. 决策是计划的前提
   C. 计划是决策的逻辑延续　　　　　D. 决策是计划的延续
   E. 决策与计划是相互渗透的

三、简答题

1. 为什么决策遵循的是满意原则，而不是最优原则？
2. 企业的发展战略有哪些？
3. 什么是德尔菲技术？运用这一技术的步骤有哪些？

四、案例分析题

万宝路是世界畅销香烟品牌之一，在欧美有广泛的用户群。万宝路创业初期，生产的是女士烟，其广告口号是：像五月天气一样温和。后来，万宝路香烟的销量越来越差，公司一度陷入困境。一筹莫展的管理层找到了当时非常著名的营销策划人李奥·贝纳，问他如何在现有资源条件下吸引更多的女顾客购买万宝路香烟。

在对香烟市场进行深入的调研分析之后，李奥·贝纳大胆向莫里斯公司提出将万宝路香烟定位为男子汉香烟，口味、包装全都改成男性特色，广告中不再以妇女为主要诉求对象，而是强调万宝路香烟的男子汉气概，以美国西部牛仔策马奔腾的画面来展示粗犷、豪迈、英雄气概的品牌形象，吸引喜爱、欣赏和追求这种气概的男性消费者。

这堪称迄今为止最为成功和伟大的营销决策之一，彻底改变了莫里斯公司的命运，使"万宝路"一跃成为世界著名品牌。

问题：
1. 案例中，万宝路重新定位用户属于哪一个层次的决策？
2. 这个案例给我们带来了哪些启示？

项目三
实施人力资源管理

在知识经济时代，人力资源问题已经成为世界各国发展的战略问题。国内外的历史经验证明：人力资源是一种特殊的资源，是最重要的资源。尤其是在经济发展主要依靠科学技术进步的今天，作为科学技术、知识文化载体的人力资源更是日益显示出其在经济发展中的特殊作用。人力资源管理已经成为企业管理的一项重要任务。

本项目旨在介绍人力资源管理的基本概念、内容，以及人力资源管理的六大模块、经典理论和方法等内容。

学习目标

学习完本项目后，你将能够：
➢ 理解人力资源的内涵
➢ 理解人力资源规划的程序
➢ 掌握人力资源招聘的途径
➢ 掌握人力资源培训与开发的内容
➢ 掌握人力资源绩效考核的方法

素质目标

通过对人力资源相关概念的理解和管理案例的启发，明确当前社会所需要的人才特征，激发学习、奋进的动力；通过对招聘流程、渠道的了解，尽早熟悉应聘流程，并树立正确的就业、择业观；通过完成情商、职业性向等测试，加深自我认知，学会扬长避短，提升人际交往能力和为人处世技巧，培养高情商、强素质、心态平和、注重细节、踏实勤恳等优秀品质。

任务驱动

1. 继续沿用前期确定的虚拟企业组织架构，CEO 对本公司员工的出勤率负责。

2. 由授课讲师介绍关于企业人力资源管理的具体知识和内容以及任务实战时制订人力资源工作计划的要求。

3. 本项目作为本书中的第三个任务，由 CEO 负责组织本公司内全体成员共同讨论，确定公司人力资源管理方案（人力资源规划、招聘计划、培训计划、考核指标等）后，由 CHO 到台前汇报展示成果。

4. 各公司认真倾听、讨论，仍然按照表 1-2 的形式，互相评分。

5. 每名学生的汇报得分求平均分，即为该生的期末考核成绩。

任务一　人力资源管理认知

案例导入

为人才买公司：企业是人才的竞争

福特公司是一家全球知名的跨国汽车制造公司，该公司重视人才的故事流传甚广。

据报道，有一次公司一台电动机坏了，公司内部的工程技术人员都束手无策，只好到外部寻求解决方案，有人推荐了一个名叫斯坦因曼思的技术人员，他是从德国流落到美国的，一家小工厂的老板慧眼识人，雇佣了他。

福特公司把他请来，他在电动机四周认真查看倾听，又爬上爬下地仔细检查，最后在电动机的一个部位画了一道线，说那个位置的线圈多了 16 圈。果然，工作人员把这多余的线圈一去掉，电动机立刻运转正常了。

福特公司创始人亨利·福特非常欣赏这个人，想聘请他到福特公司来工作。

斯坦因曼思却说："我所在的公司对我很好，在我流落街头的时候收留了我，我不能见利忘义，跳槽到福特公司来。"

亨利·福特马上说："那我把你供职的公司买过来，你就可以来工作了。"

福特公司为了得到一个人才，竟然买下了一个公司。

启示：

市场竞争归根结底是人才的竞争，"千军易得，一将难求"，人才意味着高效率、高效益，意味着推动企业向前发展，只有重视人才、尊重人才，才能获得人才、留住人才。

21 世纪，人类进入了一个以知识为主宰的全新经济时代。人才资源成为企业发展的第一资源，人才战略也已经成为企业战略中的一个重要组成部分。

一、人力资源的内涵

人力资源是指在一定期限内，一个国家或地区具有或将具有为社会创造物质和文化财富的、从事体力劳动和智力劳动的人们的总称。

人力资源有广义和狭义之分。广义的人力资源是指以人的生命为载体的社会资源，凡是智力正常的人都是人力资源。狭义的人力资源则是有智力和体力劳动能力的人的总称，包括数量和质量两个指标，也可以理解成为社会创造物质文化的人。

人力资源是与自然资源或物质资源相对应的概念，是与人口资源、劳动力资源和人才资源相关的概念。

（1）人口资源是指在一定时期内一个国家或地区的人口总体。人口资源主要表明的是数量概念，劳动力资源、人力资源、人才资源都以其为基础。

（2）劳动力资源是指在一定时期内一个国家或地区有劳动能力并在劳动年龄范围内（16～60岁）的人口的总和，侧重于劳动者数量。

（3）人才资源是指一个国家或地区具有较强的管理能力、研究能力、创造能力和专门技术能力的人们的总称，是在一定时期内杰出的、优秀的人力资源，着重强调人力资源的质量。它反映了一个民族的素质和发展潜力，是人力资源中最为宝贵和精华的部分。人才资源是企业中优秀的生产、管理、服务人员的总和，即骨干与核心员工。

人口资源、劳动力资源、人力资源、人才资源之间的关系，如图3-1所示。

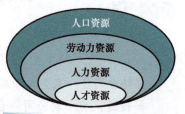

图3-1 人口资源、劳动力资源、人力资源和人才资源之间的关系

我国人口资源、劳动力资源、人力资源丰富，但是人才资源却相当匮乏。尤其是近年来，我国产业结构调整和区域经济转型发展，职场技能门槛高企、经验准入要求提高等市场需求因素的不断变化与就业群体适应这一变化所需的知识技能结构、专业素质素养不匹配，产生了"就业难"和"招聘难"并存的现象。这是我国长期以来只重视人力资源的利用，忽略人力资源的开发和培养造成的。因此，我国必须重视教育和人力资源开发，不断提高人力资源的质量，将我国建设成为人力和人才资源大国。

二、人力资源管理的内容和功能

人力资源管理是一门新兴的学科，问世于20世纪70年代末。人力资源管理的历史虽然不长，但人事管理的思想却源远流长。从时间上看，从18世纪末的工业革命开始，一直到20世纪70年代，这一时期被称为传统的人事管理阶段。从20世纪70年代末以来，人事管理让位于人力资源管理。

人力资源管理是指组织为了实现既定目标，运用现代管理方法和手段，对人力资源的取得、开发、保持和利用等方面所进行的计划、指挥、协调和控制活动。

1. 人力资源管理的内容

（1）工作分析。对企业各个工作职位的性质、结构、责任、流程，以及胜任该职位工作人员的素质、知识、技能等，在调查分析获取相关信息的基础上，编写出职务说明书和岗位规范等人事管理文件。

（2）人力资源规划。把企业人力资源战略转化为中长期目标、计划和政策措施，包括对人力资源现状分析、未来人员供需预测与平衡，确保企业在需要时能获取所需的人力资源。

（3）员工招聘与选拔。根据人力资源规划和工作分析的要求，为企业招聘、选拔所需要的人力资源并录用安排到一定岗位上。

（4）培训与开发。通过培训提高员工个人、群体和整个企业的知识水平、业务能力、工作态度和工作绩效，进一步开发员工的智力潜能，以提升人力资源的贡献率。

（5）业绩考核。对员工在一定时间内对企业的贡献和工作中取得的绩效进行考核与评价，及时做出反馈，以便提高和改善员工的工作绩效，并为员工培训、晋升、计酬等人事决策提供依据。

（6）薪酬管理。薪酬管理包括对基本薪酬、绩效薪酬、奖金、津贴以及福利等薪酬结构的设计与管理，以激励员工更加努力地工作。

（7）员工激励。采用激励理论和方法，对员工的各种需求要予以不同程度的满足或限制，引起员工心理状况的变化，以激发员工向企业所期望的目标努力。

（8）职业生涯管理。鼓励和关心员工的个人发展，帮助员工制订个人发展规划，以进一步激发员工的积极性、创造性。

（9）人力资源会计。与财务部门合作，建立人力资源会计体系，开展人力资源投资成本与产出效益的核算工作，为人力资源管理与决策提供依据。

（10）劳动关系管理。协调与改善企业与员工之间的关系，进行企业文化建设，营造和谐的劳动关系和良好的工作氛围，保障企业经营活动的正常开展。

2. 人力资源管理的功能

（1）获取。根据企业目标确定的所需员工条件，通过规划、招聘、考试、测评、选拔，获取企业所需人员。

（2）整合。通过企业文化、信息沟通、人际关系协调、矛盾冲突的化解等有效整合，使企业内部的个体、群众的目标、行为、态度趋向企业的要求和理念，使之形成高度的合作与协调，发挥集体优势，提高企业的生产能力和效益。

（3）保持。通过薪酬、考核、晋升等一系列管理活动，保持员工的积极性、主动性、创造性，维护劳动者的合法权益，保证员工在工作场所的安全、健康、舒适，以提升员工的满意度，使之安心满意地工作。

（4）评价。对员工工作成果、劳动态度、技能水平以及其他方面做出全面考核、鉴定和评价，为做出相应的奖惩、升降、去留等决策提供依据。

（5）发展。通过员工培训、工作丰富化、职业生涯规划与开发，促进员工知识、技巧和其他方面的素质提高，使其劳动能力得到增强和发挥，最大限度地实现个人价值和对企业的贡献率，达到员工个人和企业共同发展的目的。

三、人力资源管理方法

国外经济学家认为，西方工业化是"三分靠技术，七分靠管理"，尤其是人力资源管理，更是企业发展的巨大动力。

1. "抽屉式"管理

在现代管理中，"抽屉式"管理也叫作"职务分析"。"抽屉式"管理是一种通俗形象的管理术语，它形容在每个管理人员办公室的抽屉里都有一份明确的职务工作规范。在管理工作中，既不能有职无权，更不能有权无责，必须职、责、权、利相互结合。

企业进行"抽屉式"管理有如下五个步骤。

（1）建立一个由企业各个部门组成的职务分析小组。

（2）正确处理企业内部集权与分权关系。

（3）围绕企业的总体目标，层层分解，逐级落实职责权限范围。

（4）编写"职务说明""职务规格"，制定出对每个职务工作的要求准则。

（5）必须考虑到考核制度与奖罚制度相结合。

2．"危机式"管理

美国企业界认为，如果经营者不能很好地与员工沟通，不能向他的员工们表明危机确实存在，那么他很快就会失去信誉，因而也会失去效率和效益。美国技术公司总裁威廉·伟思看到，全世界已变成一个竞争的战场，全球电信业正在变革中发挥重要作用。因此，他启用两名大胆改革的高级管理人员为副董事长，免去五名倾向于循序渐进改革的高级人员职务，在员工中广泛宣传某些企业由于忽视产品质量、成本上升，导致失去用户的危机，他要让全体员工知道，如果技术公司不把产品质量、生产成本及用户时刻放在突出位置，公司的末日就会来临。

3．"一分钟"管理

西方许多企业采用"一分钟"管理法则，并取得了显著的成效。具体内容：一分钟目标、一分钟赞美及一分钟惩罚。

"一分钟目标"，就是企业中的每个人都将自己的主要目标和职责明确地记在一张纸上。每一个目标及其检验标准，应该在250个字内表达清楚，一个人在一分钟内能读完。这样便于每个人明确自己为何而干、如何去干，并且据此定期检查自己的工作。

"一分钟赞美"，就是人力资源激励。具体做法是企业的经理花费不长的时间，在职员所做的事情中，挑出正确的部分加以赞美。这样可以促使每位员工明确自己所做的事情，更加努力地工作，使自己的行为不断向完美的方向发展。

"一分钟惩罚"，是指某件事应该做好，但却没有做好，对有关的人员首先进行及时批评，指出其错误，然后提醒他你是如何器重他，不满的是他此时此地的工作。这样，可使做错事的人乐于接受批评，感到愧疚，并注意避免同样错误的发生。

"一分钟"管理法则妙就妙在大大缩短了管理过程，有立竿见影的效果。

4．"和拢式"管理

"和拢"表示管理必须强调个人和整体的配合，创造整体和个体的高度和谐。

具体特点是：

（1）既有整体性，又有个体性。企业每个成员对公司产生使命感，"我就是公司"是"和拢式"管理中的一句响亮口号。

（2）自我组织性。放手让下级做决策，自己管理自己。

（3）波动性。现代管理必须实行灵活的经营策略，在波动中产生进步和革新。

（4）相辅相成。要促使不同的看法、做法相互补充交流，使一种情况下的缺点变成另一种情况下的优点。

（5）个体分散和整体协调性。一个组织中，单位、小组、个人都是整体中的个体，个体都有分散性、独创性，通过协调形成整体的形象。

（6）韵律性。企业与个人之间达成一种融洽、和谐、充满活力的气氛，激发人们的内驱力和自豪感。

5．"走动式"管理

"走动式"管理主要指企业主管体察民意，了解实情，与部属打成一片，共创业绩。它的优势在于：

（1）主管动部属也跟着动。

（2）投资小，收益大。走动管理并不需要太多的资金和技术，就可能提高企业的生产力。

（3）看得见的管理。最高主管能够到达生产第一线，与工人见面、交谈，希望员工能够对他提意见，能够认识他，甚至与他争辩是非。

（4）现场管理。

（5）"得人心者昌"。

以上五种方法在国外非常盛行，我国的企业经营管理者可以结合我国国情和企业及管理者自身特点，从中有所借鉴和创新。

读一读

刘备的管理之道

《三国演义》的故事大家耳熟能详。

东汉末年，军阀混战，群雄并起，但最终只有曹操、刘备和孙权三人成就霸业，形成三国鼎立之势。

曹操有杰出的政治军事才能，孙权子承父业，只有刘备是从一介编席贩履之辈成为建功立业的一代枭雄，成功的原因主要在于他深谙管理之道。

刘备管理之道一：草根逆袭，亲民路线，广结路人缘。

刘备白手起家的经历，使他能赢得社会各界，尤其是底层民众的广泛同情与支持。曹操大军压境时，刘备从新野、樊城败退，两县之民都愿与刘备同生共死，"我等虽死，亦愿随使君"，举家一起随刘备渡江。众人扶老携幼行进缓慢，追兵渐近，众将劝刘备弃百姓先行撤退，刘备言："举大事者以人为本。今人归我，奈何弃之？"刘备正是以亲民路线为自己树立了深厚的群众口碑和政治声望，为图霸天下积累了政治资本。

刘备的管理之道二：凝聚人心，团队互补，打造共同体。

只有优秀的团队没有优秀的个人，要想成就大业，必须有一个强大团队。刘备到底有什么本事让手下这些赫赫有名的人物，对他忠心耿耿、不计生死？

首先，真心换真心。桃园三结义让"刘关张"三人凝聚成一体，长坂坡大战摔阿斗让赵云死心塌地，刘备善于用情感人、以情留人。

其次，慧眼识英雄。他三顾茅庐请诸葛亮出山，力排众议重用行伍出身的魏延，赵云还是一名小小将员的时候就被刘备一眼看中，分别时让赵云"屈身事之，相见有日"……这都体现了刘备过人的眼光和胸怀。

刘备的管理之道三：用人不疑，信任授权，高效能管理。

刘备自得诸葛亮后，便对他言听计从，称帝后更是任命诸葛亮为丞相，给他以充分的信任和授权，成就了诸葛亮"扶汉祚于三分天下，卧龙不亏宗臣"的一段佳话。至白帝城托孤，诸葛亮泣不成声，立誓"竭股肱之力，效忠贞之节，继之以死"。当阳长坂坡，刘军被曹军击溃，赵云只身单骑奔往曹营，众将皆说赵云从此投曹操、奔富贵而去，唯有刘备坚信"子龙从我于患难，心如铁石，非富贵所能动摇也"。结果赵云此去果然是豁出性命救出了阿斗。

> **刘备管理之道四：身处草莽，心怀大志，且坚定不移。**
>
> 　　刘备起兵之初，连战不利，仓皇如丧家之犬，但仍坚守不兴无义之兵，不缴无义之利，恪守规则，治军严明。尽管多次生死一线，但志向不灭，名重天下，百姓皆知其仁而爱人，走当阳，十万黔首。取荆州，名士景从。投靠刘表后，刘表待之甚厚，久无战事，生活安逸，一日与刘表共语时起身如厕，见自己因久不骑马奔驰疆场，身上长了肥肉，不觉潸然流涕，入席后刘表问其故，长叹曰："备往常身不离鞍，髀肉皆散，今久不骑，髀里肉生。日月蹉跎，老将至矣，而功业不建，是以悲耳！"安逸的生活没有消磨他的斗志，也没有使他乐而忘返，反而是对目标追求的延误，不由悲从心来。
>
> 　　刘备品德高尚，仁义自居，世人称之；刘备胸怀大志，一生进取，世人仰之；刘备重视人才，知人善用，世人从之；刘备信任下属，用人不疑，世人赞之。正因如此，刘备成功了，刘备的管理之道成就了别人，更成就了自己。

任务二　人力资源管理的六大模块训练

案例导入

团队配合，互相成就

　　《西游记》的故事长幼皆喜阅读，唐僧、孙悟空、猪八戒、沙和尚这几个主要角色的形象更是深深地烙印在了读者心中。

　　近年来，管理学家们也喜欢把西天取经的故事当作企业创业经营的案例来分析。

1. 唐僧

　　唐僧是创业团队的CEO，他把西天取经作为理想追求，一路面对无数艰难险阻和各种各样的诱惑，却依然不忘初心，始终保持坚定信念。

　　他是这个团队的核心和灵魂，负责进行团队分工和把控前进的方向。

2. 孙悟空

　　孙悟空是团队中的业务骨干。他会七十二变，他有火眼金睛，一路斩妖除魔、所向披靡，负责保证整个团队的KPI。但是，他的脾气比较暴躁、情绪容易激动、思考问题不够全面，这些是他的缺点。

3. 猪八戒

　　猪八戒能力比孙悟空差一些，人也懒一些，意志也不够坚定，但猪八戒的情商很高，是整个团队的开心果、黏合剂，能够有效活跃团队气氛，负责协调团队成员关系。

4. 沙和尚

　　沙和尚是团队中最为低调、务实、靠谱的，他的业务能力与孙悟空和猪八戒相比有所欠缺，但是他的耐心和认真是其他人所不能比的，沙和尚是一名实干员工。

启示：

　　每个人都有自己的特长和优势，相互配合，把合适的人放在合适的岗位上，就能达到事半功倍的效果，最终实现整个团队的目标。

人力资源管理工作有六大主要模块：人力资源规划、招聘、培训、绩效考核、薪酬管理、员工关系管理。

一、人力资源规划

中国有句俗话："凡事预则立，不预则废。"意思是说只有事先计划才有成功的可能性。人力资源规划是人力资源管理的重要部分，属于整个人力资源管理统筹性的工作。它是一个积极主动的过程，它努力计划和预见组织内部和外部环境各个领域中可能发生的事件，并在这些事件发生之前制订计划以适应可能的人员需求。在人力资源管理的系统中，人力资源规划为其他人力资源管理活动制定目标、原则和方法。人力资源规划的实施，对于组织的良性发展以及人力资源管理系统的有效运转、保证组织目标的完成、适应环境变化的需要、提高人力资源管理效率等都具有非常重要的作用。

（一）人力资源规划的内容

1. 总体规划

总体规划是指根据企业总体战略，确定在规划的时间内人力资源管理的总目标、配套政策、实施步骤及总预算支出的安排。

2. 业务规划

业务规划主要包括：人员编制规划，人员补充规划，人员使用规划，人员培训开发规划，员工职业发展规划，薪酬福利规划，劳动关系规划，人力资源费用预算等内容。

（二）人力资源规划制订的影响因素

影响人力资源规划制订的因素包括外部环境因素和内部环境因素。

1. 外部环境因素

（1）经济因素。市场的繁荣与萧条对人力资源规划会产生显著影响。经济增长、利率调整、通货膨胀等因素决定了人力资源的可获性，对工资高低，加班以及雇佣、裁员等决策都有直接的影响。例如，在有着2%失业率的劳动力市场和有着8%失业率的劳动力市场招聘员工的难度是绝对不同的。在有着2%失业率的市场中进行招聘，很难为每一个岗位聘用到合适的员工，因为文化水平高、技能比较高，或者愿意工作的人大都已找到合适的位置。只有当失业率上升时，寻找工作的具备相当水平的人员数量才会增加，企业的招聘工作相对才能容易些。

（2）政府影响因素。政府部门是影响劳动力供给的主要因素之一。例如，政府的贸易政策及限制、税收水平、社会保障法案等都将影响到组织所雇佣劳动力的来源、员工的薪酬结构等。因此，在制订人力资源规划时必须对法律、政府政策、规章等详加考虑。

（3）地理环境和竞争因素。地区的净人口流入、当地其他企业的雇佣需求、竞争对手的招聘策略、该地区受国际竞争的影响程度等，这些因素对人力资源规划都将产生影响。

（4）人口统计趋势。人口统计因素的不断变化已经形成了具有差别性的劳动力群体。例如，在当今美国，1/3的从业人员是兼职者、临时工或自由职业者，这些发展趋势对员工的招募、选拔、培训、薪酬与激励政策及实践都将产生影响。

> **想一想**
>
> **2020 年全国各城市常住人口净流入排名一览**
>
> 人是具有活力的资源,城市竞争力很大程度体现在人口和人才的吸引力,人多城市经济就发展快。但目前南北经济的天平已经越来越倾向南方,更多资源流向南方的速度超出人们想象。
>
> 根据国家统计局公布的相关数据以及部分城市的统计公报,2020 年人口净流入最多的 10 个城市全部来自三个经济圈,其中珠三角 4 个、长三角 4 个、京津冀 2 个?分别是上海、深圳、北京、东莞、广州、天津、佛山、苏州、宁波和杭州。
>
> **1. 上海**
>
> 上海人口净流入总量位居全国第一,达到了 958.84 万人。上海的经济体量大、薪酬水平高,这成为人才流入的主要原因。此外,上海拥有大量的跨国企业,以及上交所等金融机构,总部经济、研发创新等十分突出。
>
> **2. 深圳**
>
> 深圳净流入人口 793.17 万,位居第二。深圳是一个移民城市,原有的"土著"占比很低。另外,深圳的落户门槛相比京沪要低很多,而且近年来大幅放开,因此深圳的户籍人口增长较快。在这部分户籍人口中,很大一部分也是工作后才落户深圳的毕业生。
>
> **3. 北京**
>
> 北京净流入总量位居第三,达到 756 万人。北京提出人口控制和疏解的政策,这也使得近几年北京的常住外来人口有所下降。
>
> 在人口净流入前五名的城市中,深圳、东莞和广州来自珠三角地区。此外,珠江西岸的佛山位居全国第七,净流入人口也超过了 350 万人,可见珠三角对外来人口的吸引力。
>
> 思考:
> 1. 各城市净流入的人口群体具备哪些共同特征?
> 2. 分析珠三角地区人口净流入量领先的原因。

2. 内部环境因素

(1)技术与设备条件。企业生产技术水平的提高、设备的更新,一方面会使企业所需要的人员数量减少;另一方面,对人员的知识、技术与技能的要求也随之提高。

(2)企业规模。企业规模的变化表现为两个方面:一是在原有业务范围内扩大或压缩规模;二是增加新的业务或放弃旧的业务。这两方面的变化对人力资源的增减都会产生影响。

(3)企业经营方向。企业经营方向的调整,有时并不一定导致企业规模的变化,但对人力资源的需求却会产生改变。例如,军工企业转产民用物品,就必须增加市场分析人员和销售人员,否则将无法适应多变的民用物品市场。

(4)企业文化。文化审核可以帮助企业了解员工的态度与行为,发现组织中的亚群体和非正式群体,这对于人力资源各项规划的制订都具有重要的意义。

(三)人力资源规划的程序

(1)组织目标与战略分析。组织的战略规划先于人力资源规划,人力资源规划应该与企业的组织战略相吻合，按照战略规划的要求，转化为定量和定性的人力资源规划。没有确定发展战略的组织不可能确定人力资源规划。

（2）收集和整理人力资源相关信息。任何一项规划要想做好，都必须充分地占有相关的信息。信息的质量决定着人力资源规划的质量。由于影响组织人力资源供给和需求的因素很多，为了能够比较准确地做出预测，就需要通过环境分析系统和员工信息系统收集和调查与之有关的各种信息。组织的人力资源系统包括的内容很多，主要有：人员调整状况；人员的经验、能力、知识、技能的要求；工资名单上的人员情况；员工的培训、教育等情况。这些信息一方面来源于组织的人力资源信息系统，另一方面来源于职务分析工作。

（3）人力资源预测。人力资源规划好比是一座桥梁，连接着企业目前的状况与未来的发展。这座桥梁不是对未来发展一厢情愿的设计，而是顺应与尊重现实的因势利导。在人力资源规划中最关键的一环是对人力资源需求与供给的预测，预测的质量决定着人力资源规划的价值。应根据企业战略规划和内外条件，对人力需求结构和数量进行预测，了解企业对各类人力资源的需求情况，以及可以满足上述需求的内部和外部的人力资源的供给情况，并对其进行分析。

> **读一读**
>
> **人力资源需求预测的方法**
>
> **1. 德尔菲法**
>
> 德尔菲法是一种进行人力资源需求预测的方法，是有关专家对企业组织某一方面的发展观点达成一致的结构性方法。使用该方法的目的是通过综合专家们各自的意见来预测某一方面的发展。德尔菲法的特征是：吸收专家参与预测，充分利用专家的经验、学识；采用匿名或"背靠背"的方式，能使每一位专家独自自由地做出自己的判断；预测过程经过几轮反馈，使专家的意见逐渐趋同。
>
> 德尔菲法具有可操作性，且可以综合考虑社会环境、企业战略和人员流动三大因素对企业人力资源规划的影响，因而运用比较普遍。但其预测结果具有强烈的主观性和模糊性，无法为企业提供详细可靠的数据信息。
>
> **2. 经验预测法**
>
> 经验预测法，顾名思义就是用以往的经验来推测未来的人员需要。它是人力资源预测中最简单的方法，适合于较稳定的小型企业。不同管理者的预测可能有所偏差。可以通过多人综合预测或查阅历史记录等方法提高预测的准确度。要注意的是，经验预测法只适合于一定时期内企业发展状况没有发生方向性变化的情况；对于新的职务，或者工作的方式发生了大的变化的职务，则不适合使用经验预测法。
>
> **3. 现状规划法**
>
> 现状规划法是假定当前的职务设置和人员配置是恰当的，并且没有职务空缺，因此不存在人员总数的扩充。人员的需求完全取决于人员的退休、离职等情况的发生。因此，人力资源需求预测就相当于对人员退休、离职等情况的预测。人员的退休是可以准确预测的；人员的离职包括人员的辞职、辞退、重病（无法工作）等情况，是无法准确预测的。通过对历史资料的统计和比例分析，可以更为准确地预测离职人数。现状规划法适合于中短期的人力资源预测。

4．趋势分析法

趋势分析法的基本思路是：确定组织中哪一种因素与人力资源数量和结构的关系最大，然后找出这一因素随雇佣人数的变化趋势，由此推测出将来的趋势，从而得到将来的人力资源需求。在运用趋势分析法时，可以完全根据经验进行估计，也可以利用计算机软件做出预测。

（4）制订人力资源规划。根据供求关系以及人员净需求量，制订出相应的规划，以确保企业发展的各时点上人员供需的平衡。

（5）执行与控制人力资源规划。在确定相应的人力资源规划后，应采取各种具体行动，如开始招聘、培训、调任、提拔，以及重新培训等，从而将方案转化为具体计划、目标日期、实践进度安排和资源投入等可操作的项目，并具体实施计划，同时对计划实施情况进行监控。

（6）人力资源规划的评价与反馈。人力资源规划是一个动态的开放系统，对其过程及结果必须进行监督、评价，重视信息反馈，予以调整完善，使其更加切合实际，更好地实现企业目标。

二、招聘

人员招聘是指组织及时寻找、吸引并鼓励符合要求的人，到本组织中任职和工作的过程。

组织需要招聘员工可能基于以下几种情况：新设立一个组织，组织扩张，调整不合理的人员结构，填补员工因故离职而出现的职位空缺，等等。

人员的招聘是人力资源管理中最关键的一个步骤，因为这一工作的好坏，不仅直接影响到人员配备的其他方面，而且对整个管理过程的进行乃至整个组织的活动，也有着极其重要和深远的影响。"得人者昌，失人者亡"，这是古今中外都公认的一条组织成功的要诀。

（一）人员招聘的依据

1．职位的要求

通常组织结构设计中的职位说明书，对各职位已有了明确的规定。在人员招聘时，可以通过职务分析来确定某一职务的具体要求。职务分析的主要内容有：这个职务是做什么的？应该怎样做？需要一些什么知识和技能才能胜任？有没有别的方法实现目标？如果有，那么新的要求又是什么？

2．人员的素质和能力

个人的素质与能力，是人员选聘时重点考虑的另一重要标准。应根据不同职位对人员素质的不同要求，来评价和选聘员工。例如，主管人员，其个人素质应包括以下几个方面：

（1）身体：健康、精力旺盛、行动敏捷。

（2）智力：理解和学习的能力、判断力、记忆力、头脑灵活、思维敏捷、专注。

（3）道德：有毅力、坚强、勇于负责任、有首创精神、忠诚、有自知之明、自尊。

（4）一般文化：具有不限于从事职能范围的各方面知识、能写会算。

（5）专业知识：具有技术或商务、财务、管理等专业的职能知识。

（6）经验：从业务实践中获得的知识。

除以上 6 个方面之外，还有一个重要的方面，就是从事管理工作的欲望，或称管理欲望，即人们希望从事管理的主观要求。

> **读一读**
>
> 位列世界 500 强的杜邦公司在一次招聘面试的时候遇到过这样一个年轻人：他在争取一个进入杜邦工作的机会时通过了层层考核，可是在最后一轮面试的时候遗憾地被淘汰了。小伙子心里十分难受。
>
> 当他起身离开的时候，椅子上一个突出的钉子把他的裤子划了一道小口子，面试官并没有发现，可是年轻人在征得面试官允许后拿起桌上的镇尺，把突出的钉子给钉了回去，然后给面试官鞠了一躬，转身离开。可是此时，面试官却叫住了他，问："为什么你都已经知道自己被淘汰了，却还会在意椅子上一颗小小的钉子？"年轻人笑着说："这和面试毫无关系，我只不过是不想让后来坐这把椅子的人和我一样把裤子划破了。"面试官握着年轻人的手说："恭喜你，你被录取了！"年轻人十分惊愕。面试官解释说："专业知识的欠缺并不可怕，可以通过努力来弥补，可是职业道德却是一个员工最宝贵的素质，这才是我们最需要的。"

（二）人员招聘的途径

1. 外部招聘

外部招聘就是组织根据制定的标准和程序，从组织外部选拔符合空缺职位要求的员工。

外部招聘的主要来源包括：猎头公司、专业人才服务机构、院校招聘、人才市场和招聘会等。

外部招聘具有以下优点：

（1）具备难得的"外部竞争优势"。

（2）有利于平息和缓和内部竞争者之间的紧张关系。

（3）能够为组织输送新鲜血液。

外部招聘也会有很多的局限性，主要表现在：外聘者对组织缺乏深入了解；组织对外聘者缺乏了解；对内部员工的积极性造成打击，等等。

2. 内部提升

内部提升是指组织内部成员的能力和素质得到充分确认之后，被委以比原来责任更大、职位更高的职务，以填补组织中由于发展或其他原因而空缺了的管理职务。

内部提升的主要方式包括：主管推荐、内部张榜公告、员工举荐、人才储备等。

内部提升制度具有以下优点：

（1）有利于调动员工的工作积极性。

（2）有利于吸引内部人才。

（3）有利于保证选聘工作的正确性。

（4）有利于被聘者迅速开展工作。

当然，内部提升制度也会带来一些弊端：可能会导致组织内部"近亲繁殖"现象发生，也可能会引起同事之间的矛盾等。

3．其他渠道

对于专业人才，特别是外部市场供给量较少的人才，企业可以采用行业专家推荐的方法解决。

（三）人员招聘的程序和方法

1．制订并落实招聘计划

当组织中出现需要填补的工作职位时，有必要根据职位的类型、数量、时间等要求确定招聘计划，同时成立相应的选聘工作委员会或小组。选聘工作机构可以是组织中现有的人事部门，也可以是代表所有者利益的董事会，或由各方利益代表组成的临时性机构。选聘工作机构要以相应的方式，通过适当的媒介，公布待聘职务的数量、类型以及对候选人的具体要求等信息，向组织内外公开"招聘"，鼓励那些符合条件的候选人积极应聘。

2．对应聘者进行初选

当应聘者数量很多时，选聘小组需要对每一位应聘者进行初步筛选。内部候选人的初选可以根据以往的人事考评记录来进行；对外部应聘者则需要通过简短的初步面谈，尽可能多地了解每个申请人的工作及其他情况，观察他们的兴趣、观点、见解、独创性等，及时排除那些明显不符合基本要求的人。

3．对初选合格者进行知识与能力的考核

在初选的基础上，需要对余下的应聘者进行材料审查和背景调查，并在确认之后进行细致的测试与评估，其内容如下。

（1）智力测试。智力测试是对人的一般认知能力进行测量的一种方法。测试结果常用一个商数，即智商（IQ）来表示。智力测试的目的是通过候选人对某些问题的回答，测试其思维能力、记忆能力、应变能力和观察分析复杂事物的能力等。

（2）能力测试。能力测试用来衡量一个人学习及完成一项工作的能力。能力测试是要了解候选人是否具备待聘职务所要求的基本技术能力和管理能力，缺乏这些基本能力，候选人将无法进行正常工作。

（3）人格测试。人格测试，也称个性测试，是指一个人所具有的独特的、稳定的对现实的态度和行为方式。人格是一个人能否施展才能、有效完成工作的基础，某人的人格缺陷会使其所拥有的才能和能力大打折扣。人格可以包括性格、兴趣、爱好、气质、价值观等。

> **做一做**
>
> 国际标准情商测试
>
> 这是一组欧洲流行的测试题。可口可乐公司、麦当劳公司、诺基亚公司等世界500强众多企业，曾以此为员工EQ测试的模板，帮助员工了解自己的EQ状况。共33题，测试时间25分钟，最大EQ为174分。假如你已经预备就绪，请开始计时。
>
> 第1～9题：请从下面的问题中，选择一个和自己最贴切的答案。
>
> 1．我有能力克服各种困难。（　　）
>   A．是的　　　　　　　B．不一定　　　　　　　C．不是的

2. 如果我能到一个新的环境,我要把生活安排得。(　　)
   A. 和从前相仿　　　　　B. 不一定　　　　　　　C. 和从前不一样
3. 一生中,我觉得自己能达到我所预想的目标。(　　)
   A. 是的　　　　　　　　B. 不一定　　　　　　　C. 不是的
4. 不知为什么,有些人总是回避或冷淡我。(　　)
   A. 不是的　　　　　　　B. 不一定　　　　　　　C. 是的
5. 在大街上,我常常避开我不愿打招呼的人。(　　)
   A. 从未如此　　　　　　B. 偶尔如此　　　　　　C. 经常如此
6. 当我集中精力工作时,假使有人在旁边高谈阔论(　　)。
   A. 我仍能用心工作　　　　　　　　　　　　　　B. 介于A、C之间
   C. 我不能专心且感到愤怒
7. 我不论到什么地方,都能清晰地辨别方向。(　　)
   A. 是的　　　　　　　　B. 不一定　　　　　　　C. 不是的
8. 我热爱所学的专业和所从事的工作。(　　)
   A. 是的　　　　　　　　B. 不一定　　　　　　　C. 不是的
9. 气候的变化不会影响我的情绪。(　　)
   A. 是的　　　　　　　　B. 介于A、C之间　　　　C. 不是的

第10～16题:请如实选答下列问题,将答案填入右边括号内。

10. 我从不因流言蜚语而生气。(　　)
    A. 是的　　　　　　　　B. 介于A、C之间　　　　C. 不是的
11. 我善于控制自己的面部表情。(　　)
    A. 是的　　　　　　　　B. 不太确定　　　　　　C. 不是
12. 在就寝时,我常常(　　)。
    A. 极易入睡　　　　　　B. 介于A、C之间　　　　C. 不易入睡
13. 有人侵扰我时,我(　　)。
    A. 不露声色　　　　　　B. 介于A、C之间　　　　C. 大声抗议,以泄己愤
14. 在和人争辩或工作出现失误后,我常常感到震颤,精疲力竭,而不能继续安心工作(　　)。
    A. 不是的　　　　　　　B. 介于A、C之间　　　　C. 是的
15. 我常常被一些无谓的小事困扰。(　　)
    A. 不是的　　　　　　　B. 介于A、C之间　　　　C. 是的
16. 我宁愿住在僻静的郊区,也不愿住在嘈杂的市区。(　　)
    A. 不是的　　　　　　　B. 不太确定　　　　　　C. 是的

第17～25题:在下面问题中,每一题请选择一个和自己最切合的答案。

17. 我被朋友、同事起过绰号、讥讽过。(　　)
    A. 从来没有　　　　　　B. 偶尔有过　　　　　　C. 这是常有的事
18. 有一种食物使我吃后呕吐。(　　)
    A. 没有　　　　　　　　B. 记不清　　　　　　　C. 有

19. 除去看见的世界外，我的心中没有另外的世界。（　　）
    A. 没有　　　　　　　B. 说不清　　　　　　　C. 有
20. 我会想到若干年后有什么使自己极为不安的事。（　　）
    A. 从来没有想过　　　B. 偶尔想到过　　　　　C. 经常想到
21. 我常常觉得自己的家人对自己不好，但是我又确切地知道他们的确对我好。（　　）
    A. 否　　　　　　　　B. 说不清楚　　　　　　C. 是
22. 每天我一回家就马上把门关上。（　　）
    A. 否　　　　　　　　B. 不清楚　　　　　　　C. 是
23. 我坐在小房间里把门关上，但我仍觉得心里不安。（　　）
    A. 否　　　　　　　　B. 偶尔是　　　　　　　C. 是
24. 当一件事需要我做决定时，我常觉得很难。（　　）
    A. 否　　　　　　　　B. 偶尔是　　　　　　　C. 是
25. 我常常用抛硬币、翻纸、抽签之类的游戏来猜测凶吉。（　　）
    A. 否　　　　　　　　B. 偶尔是　　　　　　　C. 是

第26～29题：下面各题，请按实际情况如实回答，仅须回答"是"或"否"即可，在你选择的答案后面打"√"。

26. 为了工作或学习我早出晚归，早晨起床我常常感到疲劳不堪。
    是＿＿＿＿＿＿＿否＿＿＿＿＿＿＿
27. 在某种心境下我会因为困惑陷入空想而将工作搁置下来。
    是＿＿＿＿＿＿＿否＿＿＿＿＿＿＿
28. 我的神经脆弱，稍有刺激就会使我战栗。
    是＿＿＿＿＿＿＿否＿＿＿＿＿＿＿
29. 睡梦中我常常被噩梦惊醒。
    是＿＿＿＿＿＿＿否＿＿＿＿＿＿＿

第30～33题：本组测试共4题，每题有5种答案，请选择与自己最切合的答案，在你选择的答案下打"√"。

答案标准如下：

1	2	3	4	5
从不	几乎不	一半时间	大多数时间	总是

30. 工作中我愿意挑战艰巨的任务。1　2　3　4　5
31. 我常发现别人好的意愿。1　2　3　4　5
32. 能听取不同的意见，包括对自己的批评。1　2　3　4　5
33. 我时常勉励自己，对未来充满希望。1　2　3　4　5

参考答案及计分评估：

计分时请按照计分标准，先算出各部分得分，最后将几部分得分相加，得到的那一分值即为你的最终得分。

第1～9题，每回答一个A得6分，回答一个B得3分，回答一个C得0分。计＿＿＿分。

> 第10～25题，每回答一个A得5分，回答一个B得2分，回答一个C得0分。计____分。
> 第26～29题，每回答一个"是"得0分，回答一个"否"得5分。计____分。
> 第30～33题，选几就得几分。计____分。
> 总计为_____分。
>
> **结果分析：**
>
> 测试后如果你的得分在90分以下，说明你的EQ较低，你常常不能控制自己，你极易被自己的情绪所影响。很多时候，你轻易被激怒、动火、发脾气，这是非常危险的信号——你的事业可能会毁于你的暴躁。对此最好的解决办法是能够给不好的东西一个好的解释，保持头脑冷静，使自己心情开朗，正如富兰克林所说："任何人生都是有理的，但很少有令人信服的理由。"
>
> 如果你的得分在90～129分，说明你的EQ一般，对于一件事，你不同时候的表现可能不一，这与你的意识有关，你比前者更具有EQ意识，但这种意识不是常常都有，因此需要你多加注意、时时提醒。
>
> 如果你的得分在130～149分，说明你的EQ较高，你是一个快乐的人，不易恐惧担忧，对于工作你热情投入、敢于负责，你为人更是正义正直、同情关怀，这是你的长处，应该努力保持。
>
> 如果你的EQ在150分以上，那你就是个EQ高手，你的情绪智慧不但不会成为你事业的阻碍，更是你事业有成的一个重要前提条件。

（4）职业倾向测试。职业倾向测试的目的在于揭示人们想做什么及喜欢做什么。应聘者的职业兴趣态度在很大程度上影响工作绩效和职业忠诚度。在招聘选拔中最常用的是霍兰德的职业倾向测试。霍兰德将人们的职业兴趣分为6种类型：现实型、研究型、艺术型、社会型、企业型和常规型。

（5）竞聘演讲与答辩。这是对知识与智力测试的一种补充。测试可能不足以完全反映一个人的素质全貌，不能完全表明一个人运用知识和智力的综合能力。发表竞聘演讲，介绍自己任职后的计划和远景，并就选聘工作人员的提问进行答辩，可以为候选人提供充分展示才华、自我表现的机会。

（6）情景模拟。在竞聘演说与答辩以后，还需要对每个候选人的实际操作能力进行分析。测试和评估候选人分析问题和解决问题的能力，可借助"情景模拟"或称"案例分析"的方法。这种方法是将候选人置于一个模拟的工作情境中，运用各种评价技术来观测、考察其工作能力和应变能力，以此判断其是否符合某项工作的要求。

4. 选定录用员工

在上述各项工作完成的基础上，需要利用加权的方法，算出每个候选人知识、智力和能力的综合得分，并根据待聘职务的类型和具体要求决定取舍。对于决定录用的人员，应考虑由主管再一次进行亲自面试，并根据工作的实际与聘用者再做一次双向选择，最后决定选用与否。

招聘经理的工作流程

三、培训

员工培训是指一定组织为开展业务及培育人才的需要，采用各种方式对员工进行有目的、有计划的培养和训练的管理活动，其目标是使员工不断地更新知识、开拓技能，改进员工的动机、态度和行为，更好地胜任现职工作或担负更高级别的职务，使企业适应新的要求，从而促进组织效率的提高和组织目标的实现。

（一）培训的作用

有效的企业培训，是提升企业综合竞争力的过程。有效的培训有以下作用：

（1）培训能增强员工对企业的归属感和主人翁责任感。就企业而言，对员工培训得越充分，对员工越具有吸引力，就越能发挥人力资源的高增值性，从而为企业创造更多的效益。

（2）培训能促进企业与员工、管理层与员工层的双向沟通，增强企业向心力和凝聚力，塑造优秀的企业文化。

（3）培训能提高员工综合素质，提高生产效率和服务水平，树立企业良好形象，增强企业的盈利能力。

（4）适应市场变化，增强竞争优势，培养企业的后备力量，保持企业永继经营的生命力。企业竞争说穿了是人才的竞争。明智的企业家越来越清醒地认识到培训是企业发展不可忽视的"人本投资"，是提高企业"造血功能"的根本途径。

（5）有效的培训能够使员工掌握工作中所需要的知识，包括企业和部门的组织结构、经营目标、策略、制度、程序、工作技术和标准、沟通技巧，以及人际关系等知识，提高工作绩效。

（二）培训的内容

1. 知识培训

这是员工持续提高和发展的基础，员工只有具备相应的知识，才能为其在各个领域的进一步发展提供坚实的支撑。

2. 技能培训

知识只有转化为技能，才能真正产生价值。员工的工作技能，是企业生产高质量的产品和提供优质服务的重要条件。因此，技能培训也是企业培训中的重点环节。

3. 态度培训

即使员工具备了扎实的理论知识和过硬的业务技能，但如果没有正确的价值观、积极的工作态度和良好的思维习惯，那么，他们给企业带来的也很可能不是财富而是损失。对态度培训，企业必须持之以恒，不间断地进行。

（三）培训的方式

1. 岗前培训

这主要是针对新员工而言，一是向他们介绍有关企业的企业精神、行为要求、生产与产品等；二是组织他们参观企业，使他们进一步熟悉和了解企业情况；三是进行业务知识、操作规程的学习。

2. 在职培训

这主要是指不离开岗位进行的培训,可以利用工余时间、晚上和双休日或利用少部分工作日进行培训。培训内容可以是文化知识普及和提高等,也可以是针对某一专门技术的培训。

3. 脱产培训

这是指离开工作岗位专门学习培训,又分短期和长期两种。短期培训是指 3 个月以内的培训;长期培训是指 3 个月以上的学习培训,如大学深造、出国进修等,这种形式对培养年轻有为的技术人员和高层管理人员较为有效。

(四)培训的工作流程

1. 培训需求分析阶段

在培训活动中,培训的组织者应该考虑到受训者的培训需求,需求分析关系到培训的质量。一般来说,培训需求分析包括 3 项内容:组织分析、任务分析和人员分析。

2. 培训计划阶段

培训计划一般包括以下几个方面:培训目标、受训者的意愿和准备、学习原则,其中培训目标是关键。培训需求确定了,就应据此确定培训目标,培训目标可以指导培训内容、培训方法和评价方法的开发。

3. 培训实施阶段

在确定培训内容后,应选择适当的培训方法。采用"请进来,走出去"的方法,不断加大培训力度,培养企业人才。企业一般采用的培训方法有:授课、学徒制、讨论会、工作轮换、视频教学、模拟、案例分析、内部网培训、远程教育和自学等。

4. 培训评估阶段

从员工学习反应、学习效果、行为和结果等方面对培训进行评估。学习反应可以用问卷来衡量具体做法是在培训结束时请受训者填写一份简短的问卷。在问卷中,可以要求受训者对培训科目、教员、自己收获的大小等方面做出评价。学习效果即考察受训者对培训内容的掌握程度,这可以用培训前和培训后所举行的书面考试或操作测试来衡量。行为即考察受训者接受培训后在工作行为上的变化,由受训者自己或上司、同事等进行评定。结果,即培训带来的企业产出的变化,如主管参加培训后,其所负责的团队生产效率的变化。

5. 培训反馈阶段

培训结束后,应对培训工作进行总结,吸取经验和教训并反馈给有关部门,以利于给下次培训工作的开展积累经验。

四、绩效考核

绩效考核也称成绩或成果测评,是企业为了实现生产经营目的,运用特定的标准和指标,采取科学的方法,对承担生产经营过程及结果的各级管理人员完成指定任务的工作实绩和由此带来的诸多效果做出价值判断的过程。

绩效考核是企业人力资源管理的重要内容，目的是通过考核提高每个个体的效率，最终实现企业的目标。

（一）绩效考核的内容

绩效考核包括两大部分：

1. KPI 业绩考核

企业关键业绩指标（Key Process Indication，KPI）是通过对组织内部某一流程的输入端、输出端的关键参数进行设置、取样、计算、分析，衡量流程绩效的一种目标式量化管理指标，是把企业的战略目标分解为可运作的远景目标的工具，是企业绩效管理系统的基础。KPI 可以使部门主管明确部门的主要责任，并以此为基础，明确部门人员的业绩衡量指标。建立明确的、切实可行的 KPI 体系是做好绩效管理的关键。

2. 日常工作考核

除关键工作外的其他考核，如工作能力、态度、业绩等。

（二）绩效考核的程序

1. 制定绩效考核标准

绩效考核要有合理的绩效标准。制定标准时，应以职务规范和职务说明为依据，做到管理者与被考核者沟通，得到考核者和被考核者的共同认可，标准的内容必须准确、具体、定量和公开。

读一读

标　准

有一个小和尚担任撞钟一职，半年下来，觉得无聊至极，"做一天和尚撞一天钟"而已。有一天，主持宣布调他到后院劈柴挑水，原因是他不能胜任撞钟一职。小和尚很不服气地问："我撞的钟难道不准时、不响亮？"老主持耐心地告诉他："你撞的钟虽然很准时，也很响亮，但钟声空泛、疲软、没有感召力。钟声是要唤醒沉迷的众生，因此，撞出的钟声不仅要洪亮，而且要圆润、浑厚、深沉、悠远。"

本故事中的主持犯了一个常识性管理错误，小和尚"做一天和尚撞一天钟"是由于主持没有提前公布工作标准造成的。如果小和尚进入寺院的当天就明白撞钟的标准和重要性，可能他也不会因怠工而被撤职。工作标准是员工的行为指南和考核依据。缺乏工作标准，往往导致员工的努力方向与公司整体发展方向不统一，造成大量的人力和物力资源浪费。因为缺乏参照物，时间久了员工容易形成自满情绪，导致工作懈怠。制定工作标准应尽量做到量化，要与考核联系起来，注意可操作性。

---

2. 评定绩效

将员工实际工作绩效与企业期望进行对比和衡量，然后依据对比的结果来评定员工的工作绩效。表 3-1 是某企业人力资源部门制定的制造部门主管绩效考核表。

表 3-1 2021 年 1 月份绩效考核表

部门：   姓名：

类别	考核项目	当月目标	权重	考核办法	自评	考核评价	考核部门
业绩 KPI	成本（元/支）	20	25	单支成本每低于目标值 0.1 元加 1 分，单支成本每高于目标值 0.1 元减 2 分			财务部
	废品率	1%	5	达成每降低 0.1% 加 0.5 分，每增加 0.1% 减 1 分			财务部
	工艺制度执行	100%	5	出现一个 A 类问题扣 0.5 分，当月无问题加 1 分			质量部
	人均效率（支/人/天）	80	10	达成率 = 实际达成 / 目标 ×100% 考核办法：得分 = 达成率 × 权重			人力资源部
	客诉率（PPM）	7	10	每升高 / 降低 5PPM，加减 0.5 分			质量部
战略管理 KPI	设备改造（台/月）	10	10	每延迟节点一天扣 2 分，扣完为止			设备处
	主动服务	100%	20	各部门主动沟通、配合、解决问题，根据各部门解决问题，绩效考核处组织各部门进行互评，得分 = 达成 × 权重			营销中心
上级评价		100%	15	主管根据当月实际工作情况给予综合打分	上级主管评分：		
否决项	体系正规运行率			运行低于 90 分，否决部门主管奖金 10%；低于 80 分，否决部门主管奖金 20%			
	文化贯彻执行率			运行低于 90 分，否决部门主管奖金 10%；低于 80 分，否决部门主管奖金 20%			
	部门重点工作			依据集团战略及集团周会、高层临时指令进行稽核，指标未达成否决主管及相关责任人 2%～30% 奖金			
综合得分				考核得分 =Σ（达成率 × 权重）× 上级评价 ×（1- 否决系数）	人力资源部评分：		

3. 绩效考核反馈

将考核结果反馈给被考核者。首先，考核者将书面的考核意见反馈给被考核者，由被考核者予以同意认可。其次，通过绩效考核的反馈面谈，考核者与被考核者之间可以就考核结果、考核过程的不明确或不理解之处进行解释，这样有助于被考核者接受考核结果。同时，通过反馈，可以共同探讨对工作的最佳改进方案。

4. 考核结果的运用

绩效考核的一个重要任务就是分析绩效形成的原因，把握其内在规律，寻找提高绩效的方法，从而使工作得以改进。对管理者而言，考核结果可以作为对员工进行选拔任用的依据，作为"升""降""去""留"的重要参照。对于员工个人而言，考核结果是自身工作成效的评价结果，是员工绩效津贴发放及下一轮岗位聘任的重要依据。

（三）绩效考核的方法

1. 排序法

排序法是根据某一考核指标（如销售回款率），将全体考核对象的绩效从最好到最差依次进行排列的一种方法。这种考核方法花费时间短、成本少、简单易行,一般适合于员工数量较少的评价。

2. 小组评价法

小组评价法是指有两名以上熟悉被评价员工工作的经理,组成小组进行绩效考核的方法。小组评价法的优点是操作简单、省时省力,缺点是评价标准模糊、主观性强。为了提高小组评价的可靠性,在进行小组评价之前,应该向员工公布考核的内容、依据和标准。在评价结束后,要向员工讲明评价的结果。在使用小组评价法时,最好和员工个人评价结合进行。当小组评价和个人评价结果差距较大时,为了防止考核偏差,评价小组成员应该首先了解员工的具体工作表现和工作业绩后再做出评价决定。

3. 等级评价法

等级评价法是根据工作分析,将被考核岗位的工作内容划分为相互独立的几个模块,在每个模块中用明确的语言描述完成该模块工作需要达到的工作标准。同时,将标准分成几个等级选项,如优、良、合格、不合格等,考核者根据被考核者的实际工作表现,对每个模块的完成情况进行评估。等级评价法的优点是考核内容全面、实用,并且开发成本小;缺点在于考核者的主观影响因素较大。

4. 目标考核法

目标考核法是根据被考核者完成工作目标的情况来进行考核的一种方式。在开始工作之前,考核者和被考核者应对需要完成的工作内容、期限、考核的标准达成一致。到期时,考核者根据被考核者的工作状况及先前制定的考核标准来进行考核。目标考核法适合企业中实行目标管理的项目。

五、薪酬管理

广义的薪酬是员工为企业付出劳动的回报,是对员工为企业所做的贡献给予的答谢,这实质上是一种公平的交易或交换,也是对员工某种程度的补偿。员工在企业中所得到的回报包括企业支付给员工的工资和所有其他形式的奖励,其内容非常复杂,既包括以货币收入形式表现的外在报酬,也包括以非货币收入形式表现的内在报酬。在内在报酬中,包括工作保障、身份标志、给员工更富有挑战的工作内容、晋升、对突出工作者成绩的承认、培训机会、弹性工作时间和优越的办公条件等。

在人力资源管理中,通常意义上的薪酬指的是外在薪酬,也就是狭义上的薪酬。

(一)薪酬内容

薪酬是把双刃剑:一方面,薪酬是激励员工卓有成效地工作、达到企业目标的主要手段;另一方面,薪酬又是企业运作的主要成本之一,一旦运用不当,后果极严重。因此,薪酬管理是企业人力资源管理中重要的一环。企业的外在薪酬主要表现在以下几个方面。

1. 工资

工资是指根据劳动者所提供的劳动数量和质量,按照事先规定的标准付给劳动者的劳动报酬,也就是劳动的价格。

(1)基本工资。基本工资是指员工只要仍在企业中工作，就能定期拿到的一个固定数额的劳动报酬。基本工资又分为基础工资、工龄工资、职位工资等。

(2)激励工资。这是指工资中随着员工的工作努力程度和劳动成果的变化而变化的部分。激励工资有类似奖金的性质，可以分为两种形式：投入激励工资，即随着员工的工作努力程度变化而变化的工资；产出激励工资，即随着员工劳动产出的变化而变化的工资，如销售提成。激励工资是一次性与员工现在的表现和成就挂钩的。

(3)成就工资。当员工工作卓有成效，为企业做出突出贡献后，企业以提高基本工资的形式付给员工的薪酬。成就工资是对员工过去较长一段时间内取得成绩的追认，是永久性增加的工资。

2. 奖金

奖金是指对员工超额劳动的报酬，企业中常见的奖金有全勤奖金、生产奖金、年终奖金、效益奖金等。

3. 津贴与补贴

津贴与补贴是对员工在特殊条件和工作环境中的额外劳动消耗和生活费用的额外支出的补偿。通常把对工作的补偿称为津贴，把与生活联系的补偿称为补贴，如岗位津贴、加班津贴、高温补贴等。依据我国《劳动法》规定，一般每日加班不得超过1小时，特殊原因也不得超过3小时，并支付不低于工资150%的加班津贴；双休日加班支付不低于工资200%的加班津贴；法定节假日支付不低于工资300%的加班津贴。

4. 股权

股权即股票持有者所具有的与其持有股票比例相应的权益及承担一定责任的权力。

5. 福利

福利即指间接薪酬，是企业为员工提供的除工资、奖金、津贴之外的一切物质待遇。例如，建立食堂、浴室、托儿所、图书馆、俱乐部、运动场、疗养院等集体福利设施，也包括员工个人生活困难补助、养老金、住房津贴、交通费、免费工作餐等个人福利。

6. 社会保险

社会保险是指为暂时或永久丧失劳动能力的员工给予生活上的物质保障的一种社会和经济制度，如医疗保险、失业保险、养老保险、伤残保险等。目前，我国大部分保险基金是由国家、企业和员工共同筹集的。

（二）影响企业薪酬的因素

1. 内部因素

(1)企业规模、实力与经营状况。企业规模、实力与经营状况是薪酬体系设计和变动时的硬性约束，它决定了企业用于薪酬分配，特别是货币性薪酬的总体水平，决定了员工薪酬的构成及其水平的变动区间。

(2)工作状况。主要是通过工作要求、工作责任、工作条件和工作类别的差异体现薪酬差别。工作责任重大、工作活动对企业的生存和发展有重大影响的，一般薪酬水平较高；

对技能和任职资格有特殊要求的岗位，薪酬水平也较高；工作条件差、比较危险的岗位薪酬水平也较高。

（3）员工特征。员工特征决定了各个不同员工的薪酬水平和薪酬体系的构成。这些个人因素主要有：教育程度、年龄构成、资历因素、发展潜力、特定人力资源的稀缺性等。例如，处于不同年龄层次的员工对薪酬的需求也是不同的，青年员工比较关注货币收入，以满足生活消费的需要；中年员工则比较重视晋升发展的机会和内在的非货币薪酬，以满足地位和成就的需要；老年员工相对而言更多地考虑间接薪酬。

2. 外部因素

（1）国家法规。国家法规影响企业薪酬的合法性。企业薪酬的制定必须符合政策、法规的规定，如对员工最低工资的规定、对最长工作时间的规定、对特殊工种的从业人员的规定等。

（2）区域经济发展水平。区域经济发展水平及其发展趋势会影响企业的薪酬水平。一般来说，经济发展水平较高的区域，员工薪酬水平也会相应较高。

（3）行业薪酬水平。行业薪酬水平受历史原因和现实需要的影响，不同行业之间存在着薪酬差异。

（4）市场人力资源供求状况。市场人力资源供求状况成为影响薪酬标准的重要因素。当人力资源丰富时，薪酬相应会降低；反之，则会提高。企业付给员工的薪酬数额应根据人才市场价格来决定，同一行业、同一地区或同等规模的不同企业中类似岗位的薪酬水平定在竞争对手之上，就能增强企业在吸引员工方面的竞争能力。一个企业，不论其财务状况如何，如果低于市场平均薪酬水平，就必然导致重要人才的流失，继而丧失继续发展的能力。

（三）薪酬管理的基本原则

（1）补偿性原则。要求补偿员工恢复工作精力所必要的衣、食、住、行费用，补偿员工为获得工作能力以及身体发育所先行付出的费用。

（2）公平性原则。要求薪酬分配要全面考虑员工的绩效、能力及劳动强度、责任等因素，考虑外部竞争性、内部一致性要求，达到薪酬的内部公平、外部公平和个人公平。

（3）透明性原则。要求薪酬方案公开。

（4）激励性原则。要求薪酬与员工的贡献挂钩。

（5）竞争性原则。要求薪酬有利于吸引和留住人才。

（6）经济性原则。要求比较投入与产出效益。

（7）合法性原则。要求薪酬制度不违反国家法律、行政法规。

（8）方便性原则。要求内容结构简明、计算方法简单和管理手续简单。

六、员工关系管理

员工关系管理是人力资源管理中的一个重要内容。

1. 员工关系管理的内涵

从广义上讲，员工关系管理是在企业人力资源体系中，各级管理人员和人力资源职能管理人员，通过拟订和实施各项人力资源政策，采取管理行为及其他的管理沟通手段调节企业和员工、员工与员工之间的相互联系和影响，从而实现组织的目标并确保为员工、社会增值。

从狭义上讲，员工关系管理就是企业和员工的沟通管理，这种沟通更多采用柔性的、激励性的、非强制的手段，从而提高员工满意度，支持组织其他管理目标的实现。其主要职责是：协调员工与管理者、员工与员工之间的关系，引导建立积极向上的工作环境。

从广义的概念上看，员工关系管理的内容涉及企业文化和人力资源管理体系的构建。从企业愿景和价值观确立、内部沟通渠道的建设和应用、组织的设计和调整，到人力资源政策的制定和实施等，所有涉及企业与员工、员工与员工之间的联系和影响的方面，都是员工关系管理体系的内容。

2. 员工关系管理的内容

从管理职责来看，员工关系管理主要有九个方面。

（1）劳动关系管理。劳动争议处理，员工上岗、离岗面谈及手续办理，处理员工申诉、人事纠纷和意外事件。

（2）员工纪律管理。引导员工遵守公司的各项规章制度、劳动纪律，提高员工的组织纪律性，在某种程度上对员工行为规范起约束作用。

（3）员工人际关系管理。引导员工建立良好的工作关系，创建有利于员工建立正式人际关系的环境。

（4）沟通管理。保证沟通渠道的畅通，引导公司上下及时进行双向沟通，完善员工建议制度。

（5）员工绩效管理。制定科学的考评标准和体系，执行合理的考评程序，考评工作既能真实反映员工的工作成绩，又能促进员工工作积极性的发挥。

（6）员工情况管理。组织员工心态、满意度调查，预防、检测及处理谣言、怠工情况，解决员工关心的问题。

（7）企业文化建设。建设积极有效、健康向上的企业文化，引导员工形成正确的价值观，维护公司的良好形象。

（8）服务与支持。为员工提供有关国家法律、法规、公司政策、个人身心等方面的咨询服务，协助员工平衡工作与生活。

（9）员工关系管理培训。组织员工进行人际交往、沟通技巧等方面的培训。

任务实战：制订企业人力资源管理方案

1. **任务名称**：制订企业人力资源管理方案
2. **实施步骤**：

（1）CEO组织本公司全体成员共同讨论，确定公司人力资源管理方案（人力资源规划、招聘计划、培训计划、考核指标等）。

（2）CHO到台前汇报设计成果。
（3）各公司互评打分。
（4）教师总结点评。

3. 任务模板

海尔集团的人力资源管理策略（节选）

一、海尔人才观——人人是人才，赛马不相马

你能够翻多大的跟头，给你搭建多大的舞台。海尔的人才理念包含三条原则：

（1）公平竞争，任人唯贤。
（2）职适其能，人尽其才。
（3）合理流动，动态管理。

二、海尔培训

1. 职业发展

每位秉承"创造资源、美誉全球"的海尔精神和"人单合一，速决速胜"的海尔作风的海尔人，都渴望将自己的事业抱负和海尔的目标愿景结合起来，实现其在海尔的职业发展。

海尔为每位员工提供一个平等的职业发展舞台。通过"能者上，平者让，庸者下""自主发展"的职业发展模式给予每位员工自主发展的权利，让合适的人在合适的岗位上，充分发挥人的主观能动性，给能者以"上"的空间，让其展示才能，在为用户创造价值的过程中实现自身价值。

2. 学习发展

海尔大学规划了随需而变的学习体系，包含三类经营体聚焦专业能力、三级经营体聚焦领导能力、自主经营能力（包括新员工入职培训）三大部分，每一部分都由专门的团队负责设计和制订每年的培训方案。

三、海尔薪酬福利

为了吸引、激励和保留优秀人才，实现企业与员工的双赢，公司为员工提供全面的、有竞争力的薪酬福利体系。

1. 具有竞争力的薪酬

海尔提供具有外部竞争力和内部公平性的薪酬激励，以短期、中期和长期激励组合实现个人价值和企业价值的统一，并通过人单合一机制实现企业与员工的双赢。

2. 完善的福利

海尔提供由五项保险和住房公积金构成的法定福利，同时为员工提供企业年金计划，除此之外，海尔还为员工提供丰富的企业福利和弹性福利。

3. 乐活计划

为保证员工在海尔能够快乐工作、幸福生活，除具有竞争力的薪酬之外，海尔还为员工提供由丰富的特色项目组成的"乐活计划"，如：员工健康管理、子女教育讲座、个人成长讲座、流行时尚讲座、图书阅览室等。

4. 员工关怀

员工关怀包括新员工关怀和在职员工关怀。

5. 生活平衡计划

为平衡员工工作和生活的关系，集团除为员工提供带薪休假外，还为员工提供与职业生涯相关的各种培训，以及丰富生活的沙龙项目。

| 课后练习 |

一、单选题

1. 影响人力资源规划制定的因素包括外部环境因素和内部环境因素，其中企业规模属于（　　）。
   A．内部环境因素　　B．外部环境因素　　C．行业环境因素　　D．宏观环境因素
2. 企业文化培训属于（　　）。
   A．知识培训　　　　B．技能培训　　　　C．态度培训　　　　D．竞争力培训

二、多选题

1. 影响人力资源规划制定的外部环境因素包括（　　）。
   A．经济因素　　　　　　　　　　　　B．政府影响因素
   C．地理环境和竞争因素　　　　　　　D．企业经营方向
2. 外部招聘的优点有（　　）。
   A．具备难得的"外部竞争优势"
   B．有利于平息和缓和内部竞争者之间的紧张关系
   C．能够为组织输送新鲜血液
   D．有利于调动员工的工作积极性
3. 内部提升的优点有（　　）。
   A．有利于调动员工的工作积极性　　　B．有利于吸引内部人才
   C．有利于保证招聘工作的正确性　　　D．有利于被聘者迅速开展工作

三、简答题

1. 内部招聘的局限性有哪些？
2. 外部招聘的局限性有哪些？

四、案例分析题

李厂长的困境

老李原是 S 集团一名绩效显著的中层主管，最近集团对他委以重任，调他到问题较多的 A 分厂主持工作。

到任不久，李厂长就发现 A 分厂的现行厂纪厂规中有不少不合理之处，需要改革。但他觉得要先找到一个突破口，只有改得公平合理、令人信服，才能树立规矩和威信。

他终于选中了一条。原来厂里规定，本厂干部和员工，凡上班迟到、早退者一律扣当月奖金 1 元。由于处罚力度小，全厂干部和员工迟到早退的情况十分严重。

李厂长斟酌再三，既考虑人性化又兼顾规则意识，制定了一条新厂规：迟到不扣奖金，是因为迟到必有客观原因；但早退不可原谅，因为责任在自己，理应重罚。因此，凡未到规定时间而提前洗澡者，要扣半年奖金。

如此规定的原因是，A 分厂生产线上粉尘较多，员工下班都需要先洗澡再回家。就在这条新厂规颁布后不久，发现有 7 名女工提前 2～3 分钟去洗澡。人事科请示怎么办，李厂长

坚定地说道："严格按照厂规扣她们半年奖金！"处分的告示贴出来后，被处罚的女工说："厂长，您是否了解女澡堂是啥样子？您制定规矩前实地调查了吗？"

当天下午，趁澡堂还没开放，李厂长跟总务科长和工会主席一起去看了一下女澡堂。原来女澡堂低矮狭小，破旧阴暗，一共设有12个淋浴喷头，其中还有3个不太好用。李厂长想，全厂194名女工，分两班，每班有近百人，淋浴一次要排多久？下了夜班洗完澡，到家该几点了？明早还有家务活要干呢！看来她们对早退受重罚不服，是有原因的。制定这条厂规时，的确对这些情况调查了解不到位。

下一步怎么办？处分布告已经公布了，难道又收回不成？厂长到任后制定的第一条新厂规，马上就取消或更改，就等于厂长公开认错，以后还有啥威信？私下悄悄撤销对她们的处分，这条厂规就此不了了之？

李厂长不由地皱起了眉头。

问题：

1. 李厂长制定的这条看似兼顾人性化与规则意识的厂规为什么执行不下去？
2. 如果你是李厂长，你准备怎样修改这条厂规？
3. 在今后的工作中，你将采用怎样的激励手段和管理方式？

项目四
实施市场营销管理

21世纪各行各业的竞争都日趋激烈，企业要想在激烈的市场竞争中生存并站稳脚跟，首先要有质量精良的产品，但这还远远不够，现在已不是"酒香不怕巷子深"的时代，营销的重要性日益凸显，企业对营销工作的需求也更加迫切。

本项目旨在介绍市场营销的内涵、观念变迁、市场调研方法、市场开拓策略、产品策略、品牌策略、促销策略、新媒体营销策略等内容。

学习目标

学习完本项目后，你将能够：
- 了解市场营销的概念和营销观念
- 理解市场调研的内容、方法和步骤
- 掌握市场细分、目标市场选择及市场定位
- 掌握产品组合策略
- 掌握品牌命名的方法
- 掌握定价策略
- 掌握促销的方式
- 掌握新媒体文案的创作要素

素质目标

通过学习市场调研相关知识，提升在信息时代高效获取资讯的能力，并提升信息保密意识和信息安全意识；通过学习市场细分、市场定位等知识，充分了解消费者心理，提高营销推广能力；通过学习营销组合策略，树立大局观、全局观，学会统筹资源配置与利用以达成目标；通过学习新媒体营销的类型、关键因素等知识，适应时代发展，积极投身于互联网+时代，利用新媒体开启创新创业旅程。

任务驱动

1. 继续沿用前期确定的虚拟企业组织架构，CEO对本公司员工的出勤率负责。
2. 由授课讲师介绍关于企业市场营销管理的具体知识和内容以及任务实战时制定市场营销策略的要求。
3. 本项目作为本课程中的第四个任务，由CEO负责组织本公司内全体成员共同讨论，确定公司市场营销策略（市场调查问卷、市场策略、产品策略、价格策略、渠道策略、促销策略等）后，由CMO到台前汇报展示成果。

4. 各公司认真倾听、讨论，仍然按照表 1-2 的形式互相评分。

5. 每名学生的汇报得分求平均分，即为该生的期末考核成绩。

任务一　市场营销认知

> 案例导入

宝洁公司的营销策略

宝洁是全球 500 强企业之一，其产品线非常宽泛，包括洗发产品、护发产品、护肤用品、化妆品、婴儿护理产品、妇女卫生用品、医药、食品、饮料、织物、家居护理、个人清洁用品及电池等。宝洁公司作为全球知名的日化用品公司，其营销和品牌战略都被写入了各种教科书，究其成功之处，主要表现在如下方面：

一、培育和引导消费

成功的产品要满足客户需求，卓越的产品要引导和培育需求，甚至创造需求。如宝洁洗发水的一系列文案："你洗头了吗？——我来帮你洗。" "你会洗头吗？——我来教你洗。" "你洗得好吗？——我告诉你怎样洗得更好。"

二、多品牌策略

宝洁公司的产品种类十分丰富，同一类产品也会采取多个品牌组合共同覆盖市场的策略，如洗发水系列就有飘柔、潘婷、海飞丝、沙宣、伊卡璐等。同时，宝洁公司对品牌的命名也非常讲究，它深谙一个贴切而绝妙的品牌命名，能激发顾客的美好联想，增进顾客对产品的亲和力和信赖感，并可大大节省产品营销推广费用。宝洁公司擅长通过对英文名字（单词）的精确选择或组合来给产品品牌命名，使中文名字与英文能在意义和发音上更加协调、贴切，如帮宝适、佳洁士、舒肤佳、海飞丝等，这些命名既准确地体现了产品的特点，同时又给消费者带来了美好的想象，提升了产品形象。宝洁公司的营销推广力度也非常大，多年来一直保持年度广告宣传费用占全年销售总额 1/8 左右的比例，一方面，在互联网、新媒体、电视、杂志等渠道投放大量广告；另一方面，在全国范围内聘请形象代言人、在高校设立奖学金、与国家相关部门搞公益活动等来提高品牌的认知度和美誉度。

三、知识营销

知识营销是通过有效的知识传播方法和途径，将企业所拥有的对用户有价值的知识（包括产品知识、专业研究成果、经营理念、管理思想以及优秀的企业文化等）传递给潜在用户，使其逐渐形成对企业品牌和产品的认知。宝洁公司利用知识营销，在推广过程中打造了一系列的概念，尤其在洗发、护发类产品中，这一营销理念被应用得淋漓尽致。宝洁为每个品牌都赋予了一定的知识，同时赋予了个性。例如，"飘柔"的个性是柔顺，"潘婷"的个性是滋养，"海飞丝"的个性是去屑，"沙宣"的个性是美发沙龙般的感受，"润妍"的个性是"东方黑发美"。

四、公益营销

企业除了商业目的，还应担负起自己的社会责任，尤其是大型企业。热衷公益的企业形象总是更能赢得消费者的好感。宝洁进入中国市场以来通过公益活动、事件营销等，在不断努力提高企业经济效益的同时，还坚持履行相应的社会责任，树立企业公民的良好形象，进而获得更高的美誉度和知名度。

总之，成功的企业都有自己的核心竞争能力，作为生产日化用品的知名企业，宝洁通过创新本土化营销策略，塑造卓越的形象和引导培育市场需求，在中国获得了快速的发展。

启示：

营销不再仅仅是买卖双方的活动，因此不能只关注买方卖方的利益。成功的营销通常都是消费者、生产者、社会公众全面参与的结果。多角度、多部门、多种形式的营销组合策略实施起来往往更有效。

在市场经济条件下，企业追求的是以市场为中心的经济运行质量和效益，研究市场营销管理将有助于企业树立正确的经营指导思想，掌握科学的市场营销方法，制定有效的市场营销战略。

但是提到市场营销，还有不少人把它等同于推销或销售，我国不少企业的营销部的任务也只是将企业已经生产出来的产品销售出去，而不能对企业的全部经营活动发挥主导作用。站在企业的角度，我们认为，所谓市场营销就是企业在不断变化的市场环境中，为了满足并引导消费者的需求，所进行的市场选择、产品开发、产品定价、分销、促销和提供服务等一系列的企业活动，其目的是完成交换并实现企业的目标。

市场营销工作的内容在不断丰富和扩大，主要包括以下方面：市场调研、目标市场选择、产品开发策略、产品定价策略、分销渠道策略、产品促销策略等。

一、市场营销观念的改变

市场营销理念是开展市场营销的指导思想，是进行市场营销运作的经营哲学。纵观市场营销的发展历程，主要有以下市场营销理念。

（一）传统营销阶段——卖方导向理念

在市场营销发展过程的中早期，统治市场营销的是一种卖方导向的理念，即传统的营销观念。由于生产力还不够发达，物资短缺，产品供不应求；市场经济还不够成熟，市场意识不强，市场机制还不完善。这样一来，在市场上起主导作用的只能是企业，即是由卖方主导的，而顾客被明显忽视，必然在市场营销中形成卖方导向的理念。卖方导向的理念在演变中可划分为以下三个观念。

1. 生产观念

生产观念是指企业的经营中只重视生产而轻视市场的观念。生产观念认为，"皇帝的女儿不愁嫁"，只要生产好的产品，顾客就一定购买。因此，企业要集中精力与资源，提高生产率，扩大生产，降低成本，市场便"不攻自得"，市场与顾客的需求被明显地忽视了。

在资本主义工业化的初期和以后的很长一段时间中,以及我国计划经济时期,各项生产基本上是由生产观念支配的。

2. 产品观念

随着生产力与市场经济的发展,消费者的需求受到重视,企业逐渐注重受顾客欢迎的产品。因此,企业将关注的重点放在如何开发与生产容易销售的产品,但仍然不注重对顾客需求的研究与满足。这种产品观念比生产观念有所进步,开始关注顾客的"需求物"了,但仍忽视对顾客本身的需求与整个市场的研究,仍属于卖方主导的理念。

3. 推销观念

随着生产力与市场经济的进一步发展,产品市场开始由卖方市场向买方市场转化,时间大致为20世纪20~40年代。由于产品开始出现供过于求,企业把关注点投向市场,将强化推销作为经营的重点。推销观念认为,顾客一般存在购买惰性与抗衡心理,企业只有大力推销,刺激顾客大量购买,才能取得经营的成功。推销观念的进步在于重视了市场,以及对顾客的能动作用,但它仍然忽视顾客本身的需求与主导地位,因此仍属于卖方导向。

(二)市场营销阶段——买方导向理念

1. 市场营销观念的含义

市场营销观念是指企业在经营的过程中高度关注顾客的需求,以满足顾客的需求为核心和目标组织营销活动。市场营销观念认为:

(1)营销是企业经营的关键环节,直接决定企业的绩效与经营的成败。

(2)有效的营销是市场营销,即必须按市场机制运作企业的营销。

(3)市场营销必须以满足顾客的需求为核心与目标。"顾客至上""顾客第一",企业的市场营销以及一切的经营活动都是为顾客创造价值,这是市场营销观念的灵魂。

(4)决定企业经营的最终力量是顾客的需求,市场营销观念属于买方导向。

2. 市场营销观念与传统营销观念的比较

市场营销观念与传统营销观念主要有以下区别:

(1)市场营销观念是以买方的需求为出发点的,目标是满足顾客的需求;而传统营销观念是以卖方的需求为出发点的,目标是获得最大的利润。

(2)市场营销观念对营销过程关注的重点是如何实现顾客价值的最大化;而传统营销观念对营销过程关注的重点则是营销的最大化,即如何把产品卖出去,换成尽可能多的现金。

(3)市场营销观念属于买方导向,而传统营销观念则属于卖方导向,可见市场营销观念是对传统营销观念的巨大改进。

(三)社会营销阶段——社会导向理念

1. 社会营销观念的内涵

社会营销观念是指企业经营要兼顾企业、顾客和社会三方的利益,按照追求企业利润,满足顾客需要,有利于环保与福利相统一原则运筹与组织市场营销。社会营销观念认为:

(1)市场营销首先是一种社会行为,应与社会整体利益相一致,而不能仅仅局限于消费者的自身需求。

（2）追求企业利润是企业经营的直接目标，并且是企业生存发展的先决条件；重视顾客需要，满足顾客需求永远是企业经营的核心职能；实行绿色营销，使企业的营销有利于环境保护、有利于社会的整体利益，是现代营销的本质特征，必须实现三者的统一与协调。

（3）社会营销是一种以社会利益为核心、兼顾各种利益、协调统一的现代大营销观念，属于社会导向的营销观念。

2. 社会营销观念是对市场营销观念的修改与补充

"顾客总是对的"，这既反映了市场营销观念以满足顾客的需求为核心的思想，又暴露了其中的缺陷。而社会营销对市场营销观念的科学内涵与合理部分做了保留，对过分强调顾客的需求，而忽视社会利益的缺陷做了调整与补充，使市场营销的观念更加科学与完善。

二、市场营销方法

当前广泛传播并应用的市场营销方法主要有整合营销、数据库营销、网络营销、直复营销、关系营销、绿色营销、社会营销、病毒式营销等。

1. 整合营销

整合营销是指将一个企业的各种传播方式加以综合集成，其中包括一般的广告、与客户的直接沟通、促销、公关等，对分散的传播信息进行无缝接合，从而使得企业及其产品和服务的总体传播效果达到明确、连续、一致和提升。

2. 数据库营销

数据库营销是以特定的方式在网络上（资料库或社区）或是实体收集消费者的消费行为资讯、厂商的销售资讯，并将这些资讯以固定格式累积在数据库当中，在适当的营销时机，凭此数据库进行统计分析的营销行为。

3. 网络营销

网络营销是企业整体营销战略的一个组成部分，是为实现企业总体经营目标所进行的，以互联网为基本手段营造网上经营环境的各种活动。网络营销的职能包括网站推广、网络品牌、信息发布、在线调研、顾客关系、顾客服务、销售渠道、销售促进八个方面。

4. 直复营销

直复营销是在没有中间商的情况下，利用消费者直接渠道来接触及传送货品和服务给客户。其最大特色为"直接与消费者沟通或不经过分销商而进行的销售活动"，是一种可以衡量回应或交易结果的营销模式。

5. 关系营销

在很多情况下，公司并不能寻求即时的交易，因此会与长期供应商建立顾客关系。公司想要展现给客户公司的是卓越的服务能力，而客户公司多是大型且全球性的，它们偏好可以提供不同地区配套产品或服务的供应商，且可以快速解决各地的问题。当客户关系管理计划被执行时，组织就必须同时注重客户和产品管理。同时，公司必须明白，虽然关系营销很重要，但并不是在任何情况下都有效。因此，公司必须评估哪一个部门与哪一类特定的客户采用关系营销最有利。

6. 绿色营销

绿色营销是指企业为了迎合消费者绿色环保的消费习惯，将绿色环保主义作为企业生产产品的价值观导向，以绿色文化为其生产理念，力求满足消费者对绿色产品的需求所做的营销活动。

7. 社会营销

社会营销是基于人具有"经济人"和"社会人"的双重特性，运用类似商业上的营销手段达到社会公益的目的；或者运用社会公益价值推广其商品或商业服务的一种手段。

与一般营销一样，社会营销的目的也是有意识地改变目标人群（消费者）行为。但是，与一般商业营销模式不同的是，社会营销中所追求的行为改变动力更多来自非商业动力，或者将非商业行为模拟出商业性卖点。

8. 病毒式营销

病毒式营销是一种信息传递策略，通过部分公众廉价复制信息来告诉给其他受众，从而迅速扩大自己的影响。和传统营销相比，受众自愿接受的特点使得病毒式营销的成本更低，收益更多且更明显。

企业在进行营销活动时，往往将多种营销方法综合利用，以达到预期销售目标。

任务二　制定市场营销策略

如今，由于信息科学技术高速发展，消费方式发生巨大的变化，现代市场行情变得更为错综复杂，市场竞争异常激烈。任何企业要想成功进入、占领、巩固和扩展市场，采用正确的营销策略便显得尤为重要。

市场营销策略是企业以顾客需要为出发点，根据市场调研结果和以往经验获得顾客需求量以及购买力的信息、商业界的期望值，有计划地组织各项经营活动，通过相互协调一致的产品策略、价格策略、渠道策略和促销策略，为顾客提供满意的商品和服务而实现企业目标的过程。

一、市场调研方案

> **案例导入**
>
> **"可口可乐"新口味饮料的市场调研案例分析**
>
> 20世纪80年代初，虽然可口可乐在美国软饮料市场上仍处于领先地位，但百事可乐作为后起之秀，通过多年的营销积累和口味试饮等活动，获知消费者更喜欢口味较甜的百事可乐，不断侵吞着可口可乐的市场。为此，可口可乐公司想通过研发推出新口味的可乐来应对百事可乐的挑战，于是耗时两年多，前后投入了400多万美元，最终开发出了新口味配方。

在新口味可乐配方研发过程中，可口可乐公司进行了近20万人的口味试饮，仅最终配方就进行了3万人的试饮。在试饮过程中，调研人员在不加任何标识的情况下，对新老口味可口可乐和百事可乐进行了比较试验，结果是：在新老口味可口可乐之间，60%的人选择新口味可口可乐；在新口味可口可乐和百事可乐之间，52%的人选择新口味可口可乐。从试验结果看，新口味可口可乐应该会成为一个成功的产品。

试验结束后，可口可乐公司将口味较甜的新可乐投放市场，同时放弃了原配方的可口可乐。在新可乐上市初期，市场销售数据不错，但不久就开始下滑，并且公司每天都会从愤怒的消费者那里接到投诉电话和信件，甚至一个自称"老口味可乐饮用者"的组织还举行了抗议活动，并威胁除非恢复老口味的可口可乐或将配方公之于众，否则将提出集体诉讼。迫于老口味可口可乐消费者的压力，在新可乐推出的两个月后，可口可乐公司恢复了老口味的可乐，在市场上同时投放新口味可口可乐与老口味可口可乐，但老口味可口可乐的销售量远大于新口味的销售量。

启示：

充分而准确的市场调研能帮助企业做出正确的决策。反之，如果市场调研得到的数据不充分、不准确，就会将企业推上错误的道路。

市场营销调研是企业收集、整理和分析各种营销信息，为企业经营管理活动提供决策依据的一种活动。

（一）市场调研的内容

市场调研的主要内容包括市场需求调研、用户及消费者购买行为调研、营销因素调研、市场营销环境调研和竞争对手调研。

1. 市场需求调研

（1）现有市场对某种产品的需求量和销售量。

（2）市场潜在需求量有多大。

（3）不同的市场对某种产品的需求情况，以及各个市场的饱和点及潜在的能力。

（4）本企业的产品在整个市场的占有率，以及在各细分市场的占有率。

（5）分析研究市场的进入策略和时间策略，从中选择和掌握最有利的市场机会。

（6）分析研究国内外市场的变化动态及未来的发展趋势，便于企业制订长期规划等。

2. 用户及消费者购买行为调研

（1）用户的家庭、地区、经济等基本情况，以及他们变动情况和发展趋势。

（2）社会的政治、经济、文化教育等发展情况。

（3）不同地区、民族的用户，他们的生活习惯和生活方式有何不同，有哪些不同需要。

（4）了解消费者的购买动机，包括理智动机、感情动机和偏爱动机。

（5）研究用户对特定的商标或特定的商店产生偏爱的原因。

（6）具体分析谁是购买商品的决定者、使用者和具体执行者。

（7）了解消费者喜欢在何时、何地购买，他们的购买习惯和方式。

（8）了解用户对某种产品的使用次数、每次购买的单位数量及对该产品的态度。

（9）调查某新产品进入市场，哪些用户最先购买，其原因和反应情况。

（10）对潜在的用户的调查和发现等。

3. 营销因素调研

（1）产品调研：产品生命周期的哪个阶段、产品的设计和包装、产品应采用的原料和制造技巧，以及产品的保养和售后服务等。

（2）价格调研：有哪些因素会影响产品价格、企业产品的价格策略是否合理、产品的价格是否为广大消费者所接受，以及价格弹性系数如何等。

（3）分销渠道调研：现有的销售渠道是否合理，如何正确地选择和扩大销售渠道，减少中间环节，以利于扩大销售，提高经济效益等。

（4）广告策略调研：选择广告媒介，制定广告预算，确定今后的广告策略等。

（5）促销策略调研：如何正确地运用促销手段来刺激消费、创造需求，吸引用户竞相购买；对企业促销的目标市场进行选择研究；企业促销策略是否合理、效果如何，是否为广大用户接受等。

4. 市场营销环境调研

（1）宏观市场环境调研，包括人口、经济、自然地理、科学技术、政治、法律、社会文化等因素。

（2）微观市场环境调研，包括企业、供应商、营销中介、顾客、竞争者和公众。

5. 竞争对手调研

（1）市场上的主要竞争对手及其市场占有率情况。

（2）竞争对手在经营、产品技术等方面的特点。

（3）竞争对手的产品、新产品水平及其发展情况。

（4）竞争者的分销渠道、产品的价格策略、广告策略、销售推广策略。

（5）竞争者的服务水平等。

（二）市场调研的方法

市场调研方法分为直接调查法和间接调查法。

1. 直接调查法

直接调查法是通过实地调查收集一手资料的调研方法，包括访问法、观察法和实验法。

（1）访问法。访问法是被广泛采用的一种直接调查方法。它通过询问的方式向被调查者了解、收集市场资料，可以在准备有问卷的情况下进行，也可以在没有调查问卷的情况下进行。具体包括面谈调查法、邮寄调查法、电话调查法、留置调查法和网上调查法。

①面谈调查法。这是调查人员通过与被调查者直接面谈询问有关问题的调查方法。在实践中，只有当需要通过深入面谈才能了解到消费者的需求，或者调查询问的内容多而复杂时，才适合采取面谈调查的方法。

②邮寄调查法。这是将事先拟定好的调查问卷寄给被调查者，由被调查者根据要求填写后寄回的一种调查方法。采取邮寄调查法，要特别注意调查问卷的设计。

③电话调查法。这是调查人员借助电话工具向被调查者询问、了解意见和看法的一种调查方法。电话调查因通话时间不能太长，所以询问时大都采用两项选择法。此外，要注意电话礼仪，包括：积极的态度；语气要对主题充满兴趣；说话速度不可太快；要有礼貌；依问卷进行；不可抢答或不容被调查者作答等。

④留置调查法。这是调查人员将调查问卷当面交给被调查者，说明填写要求，并留下问卷，让被调查者自行填写，再由调查人员定期收回的一种市场调查方法。

⑤网上调查法。这是借助互联网络、计算机通信技术等实现调查研究的一种调查方法。

（2）观察法。这是通过观察被调查者的活动取得第一手资料的一种调查方法。在这种方法下，调查人员和被调查者不发生接触，由调查人员直接或借助仪器把被调查者的活动按实际情况记录下来，被调查者往往是在不知情的情况下参与调查的，处于一种自然状态，因而更能反映实际，也不受调查人员等外界因素的影响。有时被调查者不愿意用语言表达的，也可以通过实际行为展现出来。当然，现场观察、记录的往往只限于表面的东西，消费者的动机、态度等是无法通过观察而获得的。在某些情况下，当被调查者意识到自己被观察时，可能会有不真实的表现，从而导致调查结果的失真。如果对一些不常发生的行为或持续时间较长的事物进行观察，花费时间较长、成本很高，而且调查人员需要身临其境进行观察，这就要求观察人员具有良好的记忆力、敏锐的观察力、判断能力和丰富的经验。

（3）实验法。这是通过实验对比来取得市场第一手资料的调查方法。实验法通常是由市场调查人员在给定的条件下，对市场经济活动的某些内容和变化加以实际验证，以此衡量影响效果。例如，为了验证改变产品包装的经济效果，就可以运用实验法，在选定地区和时间内进行小规模的实验性改革和销售，以测试、了解市场反应情况，然后根据测试的初步结果再考虑是否进行推广以及推广的规模要多大。这样做有利于提高工作的预见性，减少盲目性，比较清楚地了解事物发展的因果关系，这是访问法和观察法不易做到的。因此，在条件允许的情况下，企业改变产品包装、改变产品品质、调整产品价格、推出新产品、改变广告形式和广告内容时，都可以采用这种方法。

2. 间接调查法

这是从各种文献资料中收集信息资料的方法，因此也称文案调查法。一般来说，企业进行的大量调研都可以首先运用间接调查法来满足对信息的需求。在间接调查方式下，调查人员只需花费较少的时间和费用就可以获得有用的信息资料；不受时间和空间的限制，通过对文献资料的搜集和分析，就可以获得有价值的历史资料，搜集资料的范围广；不受调查人员和被调查者主观因素的干扰，反映的信息内容更为真实、客观。

目前最常用的间接调查法是利用搜索引擎查找信息。使用搜索引擎查找信息时应掌握以下技巧：

首先，确定关键词。关键词是搜索的开始，如果关键词选取偏离方向，是很难获取正确信息结果的。

其次，细化搜索条件。搜索条件越具体，搜索到的结果也就越精确。搜索引擎支持多个关键词搜索和附加逻辑命令的搜索，使用者应合理利用这些搜索规则。

再次，使用特殊搜索命令。搜索引擎提供了特殊搜索命令，比如标题搜索、网站搜索等，使用者可以根据需要来使用。

间接信息的来源一般包括两个方面：企业内部信息源和企业外部信息源。

企业内部信息源一般指企业自己收集整理的市场信息、产品销售记录、客户信息、档案材料、历史资料、财务信息等。

企业外部信息源范围极广，数据比较权威的主要有政府机构、国际组织、大型金融机构、图书馆、商情调研机构等。

间接资料是历史的记载，随着时间的推移和环境的变化，这些数据资料难免会过时；文献档案中所记载的内容，大多数情况下很难与调查人员从事的调查活动一致，需要进一步加工处理，这限制了它的利用率。因此，对文献资料的搜集必须根据调研目的，从繁杂的文献档案中识别、归纳出有价值的信息资料，减少资料搜集的盲目性。

（三）市场调研的步骤

市场调研工作必须有计划、有步骤地进行，以防止调查的盲目性。一般说来，市场调研可分为四个阶段：调研前的准备阶段、正式调研阶段、综合分析整理资料阶段和撰写调研报告阶段。

1. 调研前的准备阶段

对企业提供的资料进行初步的分析，找出问题存在的征兆，明确调研课题的关键和范围，以选择最主要也是最需要的调研目标，制订出市场调研的方案。

调研前的准备工作主要包括：明确市场调研的内容、方法、步骤，问卷设计，评估调查计划的可行性，经费预算，确定调查时间等。

读一读

（一）问卷结构设计

1. 卷首语

问卷前面应有一个说明。这个说明可以是一封写给调查对象的信，也可以是指导语，说明这个调查的目的、意义、主要内容、调查的组织单位、调查结果的使用者、保密措施等。其目的在于引起受访者对填答问卷的重视和兴趣，使其对调查给予积极支持和合作。

2. 主体

这是研究主题的具体化，是问卷的核心部分。问题和答案是问卷的主体。从形式上看，问题可分为开放式和封闭式两种。从内容上看，可以分为事实性问题、意见性问题、断定性问题、假设性问题和敏感性问题等。

3. 结束语

为了表示对调查对象真诚合作的谢意，研究者应当在问卷的结尾写上感谢的话，如果前面的说明已经有表示感谢的内容，结尾不必重复感谢。

（二）问卷设计原则

（1）有明确的主题。根据主题，从实际出发拟题，问题目的明确，重点突出，没有可有可无的问题。

（2）结构合理、逻辑性强。问题的排列应有一定的逻辑顺序，符合应答者的思维程序。一般是先易后难、先简后繁、先具体后抽象。

（3）通俗易懂。问卷应使应答者一目了然，并愿意如实回答。问卷中语气要亲切，符合应答者的理解能力和认识能力，避免使用专业术语。对敏感性问题采取一定的技巧调查，使问卷具有合理性和可答性，避免主观性和暗示性，以免答案失真。

　　（4）控制问卷的长度。回答问卷的时间控制在20分钟左右，问卷中既不浪费一个问句，也不遗漏一个问句。

　　（5）便于资料的校验、整理和统计。

2．正式调研阶段

市场调研的内容和方法很多，因企业和经营情况而异。

前面已经介绍过市场调研的主要内容包括市场需求调研、用户及消费者购买行为调研、营销因素调研、市场营销环境调研和竞争对手调研。

市场调研方法分为直接调查法和间接调查法。

3．综合分析整理资料阶段

当统计分析研究和现场直接调查完成后，市场调查人员拥有大量的一手资料。对这些资料首先要编辑，选取一切有关的、重要的资料，剔除没有参考价值的资料。然后对这些资料进行编组或分类，使之成为某种可供备用的形式。最后把有关资料用适当的表格形式展示出来，以便说明问题或从中发现某种典型的模式。

4．撰写调研报告阶段

经过对调查材料的综合分析整理，便可根据调查目的写出一份调查报告，得出调查结论。值得注意的是，调查人员不应当把调查报告看作是市场调查的结束，而应继续注意市场情况变化，以检验调查结果的准确程度，并发现市场新的趋势，为改进以后的调查打好基础。

读一读

调查报告一般由标题和正文两部分组成。

（一）标题

标题可以有两种写法。一种是规范化的标题格式，即"发文主题"加"文种"，基本格式为"××关于××××的调查报告""关于××××的调查报告""××××调查"等。另一种是自由式标题，包括陈述式、提问式和正副题结合使用三种。

（二）正文

正文一般分前言、主体、结尾三部分。

1．前言

前言有几种写法：第一种是写明调查的起因或目的、时间和地点、对象或范围、经过与方法，以及人员组成等调查本身的情况，从中引出中心问题或基本结论；第二种是写明调查对象的历史背景、大致发展经过、现实状况、主要成绩、突出问题等基本情况，进而提出中心问题或主要观点；第三种是开门见山，直接概括出调查的结果，如肯定做法、指出问题、提示影响、说明中心内容等。前言起到画龙点睛的作用，要精练概括，直切主题。

2．主体

这是调查报告最主要的部分，这部分详述调查研究的基本情况、做法、经验，以及分析调查研究所得材料中得出的各种具体认识、观点和基本结论。

3. 结尾

结尾的写法也比较多，可以提出解决问题的方法、对策或下一步改进工作的建议；或总结全文的主要观点，进一步深化主题；或提出问题，引发人们的进一步思考；或展望前景，发出鼓舞和号召。

二、市场策略

案例导入

清扬的市场细分策略

洗发水市场是一个拥有广泛使用人群和巨大销售规模的成熟市场，在这个市场中，品牌、功能众多，竞争十分激烈。但是提到去屑洗发水，消费者脑海中通常会浮现出两大品牌：海飞丝和清扬。

清扬是联合利华公司旗下的一款洗发水品牌，作为后来者，能够和资历老、背景强的海飞丝相提并论，最大的成功之处在于其精准的市场细分。在进入洗发水市场时，联合利华大胆地为清扬选择了以性别细分市场的策略，成功地吸引了消费者的好奇心，迅速在日化市场中站稳脚跟。

清扬诞生之初，正是"海飞丝"在去屑洗发水市场上一枝独秀的时候，要想顺利进入这个市场，并且从强大的竞争对手手中抢夺市场份额，需要找到一个新鲜且合适的切入点。

传统洗发水市场细分常常以功能为标准进行，如去屑、滋养、柔顺、防脱发、黑发、染发专用等。因此，要想出奇制胜，仅仅采用这些传统意义上的细分是远远不够的。于是，清扬通过精准的市场分析和数据调研，摒弃高度同质化的细分概念，创新地提出了性别区分的概念，推出男士专用去屑产品、女士专用去屑产品和通用去屑产品，成为国内首款专为男士设计的洗发水品牌。在宣传推广过程中，清扬采用知识营销，不断地向消费者灌输"洗发水男女混用、重冲洗轻滋养、头皮营养失衡、洗发护发习惯不良"这四个洗发误区，这对于越来越注重生活品质的消费者来说耳目一新，是乐于接受和易于接受的。

成功的市场细分，让清扬迅速扩大市场份额，在中国市场上刮起了一股强劲的"清扬"风。

启示：

去屑洗发水是一个发展成熟的品类，竞争越来越激烈，更多的公司靠的是低成本战略，利润越来越小。"清扬"洗发水通过市场细分，为自己找到了准确的切入点，带来了新的利润增长点。由此可见，创新永远是企业发展的不二法门。

企业完成市场调研后，应根据调研结果进行市场细分、确定目标市场，并在目标市场中进行准确定位。

（一）市场细分

无论企业规模大小，都不可能向市场提供能够满足一切需求的产品和服务。为了应对竞争，企业必须进行市场细分，选择最有利可图的目标细分市场，集中企业的资源，制定有效的竞争策略，以取得和增加竞争优势。

通常把市场细分的标准归为以下四类。

1. 按地理因素细分市场

地理细分是将市场划分为不同的地理单位，如南方和北方、城市和农村等。企业可以选择一个或几个地理区域开展业务，也可以选择所有地区，但要注意各地区在需求和偏好方面的差异。

2. 按人口因素细分市场

这是按人口统计变量，如年龄、性别、家庭生命周期、收入、职业、教育、宗教等因素划分不同群体，从而对市场进行细分。

3. 按心理因素细分市场

常用的心理细分因素包括社会阶层、生活方式、人格特征和对促销因素的灵敏度。例如，不同社会阶层的消费者常常具有不同的个人偏好，这一因素往往是许多企业经常运用的细分标准：一些消费者比较偏爱名贵而且稀有的名牌产品，另一些消费者则更看好经济实惠、品质相宜的产品；社会阶层的不同也导致了消费者个人偏好的差异，从而造成消费者在产品使用、店铺挑选、媒体接触以及广告信息的接受等方面也极为不同。

4. 按行为因素细分市场

这是指根据消费者不同的购买行为，如追求的利益、购买时机、使用频率和品牌忠诚度等细分变量进行细分。

（二）目标市场选择与营销策略

1. 目标市场选择

通过前期的市场细分后，整个大市场已经被划分为无数个小市场，企业可以从中选择一个或几个作为目标市场。目前关于目标市场的选择，通常有以下五种模式。

（1）市场集中化。企业选择一个细分市场，集中力量为之服务。较小的企业一般这样专门填补市场的某一部分。集中营销使企业深刻了解该细分市场的需求特点，采用针对性的产品、价格、渠道和促销策略，从而获得强有力的市场地位和良好的声誉，但隐含较大的经营风险。

（2）产品专门化。企业集中生产一种产品，并向所有顾客销售这种产品。例如，服装厂商向青年、中年和老年消费者销售高档服装，企业为不同的顾客提供不同种类的高档服装产品和服务，而不生产消费者需要的其他档次的服装。这样，企业在高档服装产品方面树立很高的声誉，但一旦出现其他品牌的替代品或消费者流行的偏好转移，企业将面临巨大的威胁。

（3）市场专门化。企业专门服务于某一特定顾客群，尽力满足他们的各种需求。例如，企业专门为老年消费者提供各种档次的服装。企业专门为这个顾客群服务，能建立良好的声誉。但一旦这个顾客群的需求量和特点发生变化，企业便要承担较大风险。

（4）选择专门化。企业选择几个细分市场，每一个细分市场对企业的目标和资源利用都有一定的吸引力。但各细分市场彼此之间很少或根本没有任何联系。这种策略能分散企业经营风险，即使其中某个细分市场失去了吸引力，企业还是能在其他细分市场盈利。

（5）完全覆盖化。企业力图用各种产品满足各种顾客群体的需求，即以所有的细分市场作为目标市场，例如上例中的服装厂商为不同年龄层次的顾客提供各种档次的服装。一般只有实力强大的大企业才能采用这种策略。例如，可口可乐公司在饮料市场开发众多的产品，满足各种消费需求。

2. 目标市场营销策略

在选定的不同目标市场中，可以实施相同或不同的营销策略。

（1）无差异市场营销策略。企业经过细分后，权衡利弊得失，考虑各细分市场的共性推出一种产品，采用一种市场营销组合策略，试图在市场上满足尽可能多的消费者需求，集中力量为之服务的策略，就是无差异市场营销策略。

无差异营销一般用于细分后的市场消费群体，这些消费群体虽有差别，但共性明显是根本性的。企业的基本营销策略可以求同存异，兼顾不同的细分市场。

该策略的优点是：产品可以大量生产、大量运输与储存，成本大大降低；企业深入了解细分市场的需求特点，能采用针对性的产品、价格、促销和渠道策略，从而获得强有力的市场地位和良好的信誉。

该策略的缺点是：由于现实消费需求与欲望的多种多样，消费者的某些特殊需要得不到满足；当行业竞争十分激烈时，企业难以获得较好的利润；容易导致竞争激烈和市场饱和。

采用这种策略受到一些客观条件的限制，以下几种情况可以采用无差异市场营销策略：第一，挑选性不大、需求弹性小的基本生活资料和主要工业原料，如棉花、粮食、煤炭等；第二，经营的企业不够、竞争性不强的产品，如石油等。

（2）差异性市场营销策略。选择若干个细分市场作为目标市场，以不同的营销策略适应不同的目标市场，这是差异性营销的战略思路。

该策略的优点是：会使产品的适销性较强，目标市场越多，消费者的需求越大，销量也就越大，利润也就越丰厚。

该策略的缺点是：企业生产的产品多，就会增加设备、工人、研究费用等，生产成本相应增加；经营的产品多，企业的销售费用、广告费用、储存费用等都会大幅度增加，销售成本会相应增加，产品的总成本自然提高，消费者能否接受是企业应当慎重考虑的。

（3）集中性市场营销策略。在细分市场的基础上，选择一个或有限的几个细分市场作为目标市场，集中企业资源，以相对统一的营销策略开拓市场，这种战略思路被称为集中性营销。

该策略的优点是：可以照顾个别市场的特殊性，在个别市场占有优势地位，提高企业的市场占有率和知名度；由于采用针对性强的营销组合，节约了成本和营销费用，因此，中小企业较适合运用集中性市场营销策略，大企业在拓展某一区域或国别市场的初期也可借鉴这种战略思路。

该策略的缺点是：企业的目标市场比较狭小，产品过于专业化，一旦经营市场发生变化，就会面临较大的经营风险。

（三）市场定位

市场定位是指树立企业及其产品在消费者心目中特定的形象和地位。

1. 市场定位的步骤

市场定位的关键是企业要设法在自己的产品上找出比竞争者更具有优势的特性。

竞争优势一般有两种基本类型：一是价格竞争优势，就是在同样的条件下比竞争者定出更低的价格。这要求企业尽一切努力降低产品的单位成本；二是偏好竞争优势，即能提供确定的特色来满足顾客的特定偏好，这要求企业尽一切努力在产品特色上下功夫。因此，企业市场定位的全过程可以通过以下3个步骤来完成。

（1）分析目标市场的现状，确认本企业潜在的竞争优势。这一步骤的中心任务是要回答以下三个问题：一是竞争对手的产品定位如何，二是目标市场上顾客欲望满足程度如何，三是确定还需要什么。要回答这三个问题，企业市场营销人员必须通过一切调研手段，系统地设计、搜索、分析并报告有关上述问题的资料和研究结果。

通过回答上述三个问题，企业就可以从中把握和确定自己的潜在竞争优势在哪里。

（2）准确选择竞争优势，对目标市场初步定位。竞争优势表明企业拥有胜过竞争对手的能力，这种能力既可以是现有的，也可以是潜在的。选择竞争优势实际上就是一个企业与竞争者各方面实力上相比较的过程。比较的指标应该是一个完整的体系，只有这样，才能准确地选择相对竞争优势。通常的方法是：分析、比较企业与竞争者在经营管理、技术开发、采购、生产、市场营销、财务和产品等7个方面究竟哪些是强项，哪些是弱项，在此基础上选出最合适本企业的优秀项目，以初步确定企业在目标市场上所处的位置。

（3）显示独特的竞争优势和重新定位。这一步骤的主要任务是：企业首先要通过一系列的宣传促销活动，将其独特的竞争优势准确地传播给潜在的消费者，并在消费者心目中留下深刻的印象。为此，企业首先应使目标消费者了解、知道、认同、喜欢和偏爱本企业的市场定位，在消费者心目中建立与该定位一致的形象。其次，企业通过各种努力强化和保持目标消费者的形象，保持目标消费者知情，稳定目标消费者的态度和加深目标消费者的感情来巩固与市场定位一致的形象。最后，企业应注意目标消费者对其市场定位理解出现的偏差或由于企业市场定位宣传的失误而造成的目标消费者模糊、混乱和误会。

企业的产品在市场上定位即使很恰当，在下列情况下也应考虑重新定位。

① 竞争者推出的新产品定位于本企业产品附近，占领了本企业产品的部分市场，使本企业产品的市场占有率低。

② 消费者的需求或偏好发生了变化，使得本企业产品的销量骤减。

2. 市场定位的方法

企业要在市场中树立特有的形象和地位，最重要的工作就是寻求独特卖点和突出自身的差异化。

（1）产品差异化。在产品质量、价格、用途、产品特色以及目标用户类型等方面创造差异，从而区别于竞争者。

> **读一读**
>
> 豪华车的代名词——劳斯莱斯
>
> 劳斯莱斯一直是豪华车的代名词，无论多少人吐槽劳斯莱斯款式老旧、造价高昂，都无法撼动它高高在上的市场地位。

> 与其他汽车品牌相比，劳斯莱斯的最稀缺之处在于它仍然大量使用手工劳动，在人工费相当高昂的英国，必然会导致生产成本的居高不下，这也是劳斯莱斯价格惊人的原因之一。直到今天，劳斯莱斯的发动机仍完全用手工制造。更令人称奇的是，劳斯莱斯车头散热器的格栅完全是由熟练工人手眼配合打造完成的，不用任何丈量工具，但其精准程度不亚于自动化设备。
>
> 大量手工劳动依赖熟练工人，而熟练工人培养周期缓慢，因此劳斯莱斯汽车的年产量只有几千辆，物以稀为贵，价格自然惊人。劳斯莱斯品牌的成功得益于它一直秉承英国传统的造车艺术：精练、恒久、巨细无遗。
>
> 除了制造汽车，劳斯莱斯还涉足飞机发动机制造领域，是世界上最优秀的发动机制造者之一，知名的波音客机用的就是劳斯莱斯的发动机。

（2）品牌差异化。品牌的功能在于把不同企业之间的同类产品区别开来，给消费者留下一个深刻的印象。例如，全球头号零售品牌"沃尔玛"最初的定位就是"平价"，明显区别于其最大的竞争对手"希尔斯"，从而赢得了消费者。

（3）服务差异化。在获得竞争优势的过程中，服务差异化是不可忽略的重要一环，因为在生产差异与品牌差异难以让消费者取舍时，消费者往往会根据预期享受到的服务作为选购的标准。这种服务差异可以体现在以下几个方面：产品提供给消费者的利益；安装、维修服务；咨询与服务；特色服务。

（4）人员差异化。企业可以通过聘用和培养比竞争者更好的人员来获得更强的竞争优势，尤其是随着市场竞争的加剧，人员素质不断提高，对扩大企业差异化的质量起着越来越重要的作用。如当年上海航空在国内率先招聘空嫂取代空姐进行服务，获得了不错的口碑和上座率。

（5）形象差异化。企业形象不同，会给购买者带来不同的认识。企业可以通过建立自己独特的形象来区别于竞争对手。

应该指出的是，上述差异化选择并不是绝对分开的，在市场定位时，也不是将它们完全与竞争者的产品区分开，应当是在某些方面相同，而在其他方面不同。

三、产品策略

案例导入

从"金狮"到"金利来"

金利来品牌发端于中国香港，从领带起步，五十年来不懈追求，一步步将自己打造成高品位的形象。

金利来商标是公司创始人曾宪梓先生 1970 年亲自设计的，它包括商标图案、品牌名英文 goldlion、中文金利来，三者构成了一个整体。goldlion 的中文译意为"金狮"，是喜庆吉祥的象征；同时，狮为百兽之王，也显示了金利来要在服饰行业里成为王者的雄心壮志。

而之所以取名"金利来"，还有个小故事。曾宪梓最初起的商标名称英汉含义是统一的，都是"金狮"。当他有次兴致勃勃地将两条"金狮"领带送给他的一位亲戚时，没有想到这位亲戚断然拒绝，并且抱怨"尽输、尽输，都输光了"！原来，在粤语中，"狮"与"输"

发音相近，香港人喜欢好口彩，爱讨个吉利，对"输"字很忌讳。当晚，曾宪梓彻夜未眠，绞尽脑汁改"金狮"的名字，最后终于想出个好办法："GOLD"仍译为"金"，而"LION"（狮）取音译，为"利来"。金利来，"金"与"利"一起来，在很讲吉利和彩头的香港非常适合。另外，"goldlion"是曾宪梓亲自用毛笔书写的，当年最经典的一句广告词"金利来，男人的世界"，也是曾宪梓所创。

借助好的品牌以及营销活动的不断深入，金利来男装逐渐成为我国家喻户晓的名牌。

启示：

产品策略是虚与实结合的策略，高质量的产品、响亮的品牌、有效的营销推广三者缺一不可。

（一）产品内涵

从营销角度来看，产品不仅是指商品的实物形态和功能，还包括带给人们直接的或间接的、有形的或无形的利益和满足感。

一般来说，营销领域的产品包括以下 5 个层次。

1．核心产品

核心产品是消费者购买产品或服务所要真正获得的利益和服务。

2．形式产品

形式产品是核心产品得以实现的方式。形式产品有五大特征或者说是五大功能，包括品质水平、特色、样式、商标及包装，服务产品也同样具有类似的特征。

3．期望产品

期望产品是指消费者购买产品或服务时期望得到和默认的一系列基本属性和条件。

4．延伸产品

延伸产品是指提供产品或服务时增加的附加服务与保障，也是消费者购买产品或服务时希望得到的附加服务与利益。

5．潜在产品

潜在产品是指现有产品可能发展的前景，包括现有产品的所有延伸和演进部分，最终可能发展成为未来产品潜在状态的产品，如彩色电视机可能发展为录放机或计算机终端机等。

（二）产品组合策略

企业在营销中往往都是以多种产品组合的形式参与市场竞争。

1．产品组合的长度、宽度、深度和关联度

通常，一个企业的产品组合是通过产品组合的长度、宽度、深度和关联度来反映的。

（1）产品组合的宽度。产品组合的宽度是一个企业产品组合中所拥有的产品线的总数。

（2）产品组合的长度。产品组合的长度是一个企业产品项目的总数，即产品线中产品项目之和。

（3）产品组合的深度。产品线的深度是指一条产品线内有多少不同的产品项目。项目越多，产品线就越长，产品的品种就越多，对于满足同一目标市场消费者的多样化需求和降低产品的成本起着重要的作用。产品组合的深度是指全部产品线的平均深度。

（4）产品组合的关联度。产品组合的关联度是指各产品线在最终用途、生产技术、销售渠道以及其他方面相关联的程度。产品线间联系越紧密，产品组合的关联度就越大，就越有利于企业的经营管理；反之，管理难度增大。

2. 产品组合策略

（1）扩大产品组合策略。它既可以是产品组合长度和宽度的扩大，如一家原来经营空调系列的销售商在冬季来临时增加了取暖器材的销售；也可以是产品组合深度和关联度的扩展，如索尼当年为它的随身听产品线增加了太阳能、防水随身听以及在慢跑、骑车、打网球和进行其他运动时可以绑在吸汗带上的超轻型随身听。

（2）缩减产品组合策略。当企业的产品线中出现衰退产品，以至于影响到整条产品线的利润时，企业就要考虑删减那些利润不高或接近亏损的项目。

（3）产品延伸策略。这是指全部或部分改变企业原有产业的市场定位。

①向下延伸，是指在高档产品线中增加低档产品线。许多企业最初定位于市场的较高端，随后将其产品线向下延伸，其原因或者是企业发现市场低端的增长率较快；或者是想通过增加低端产品来堵住市场的漏洞，以防止其他新的竞争者有隙可乘；或者用来抵挡竞争对手在较高端市场的进攻。

②向上延伸，是指在原有的产品线内增加高档产品项目。这是指市场较低端的企业向上延伸产品线，或者是被较高端的快速增长率和高利润所吸引，或者想成为全线制造商；或者是为了增加企业现有的产品信誉。采用这一策略要承担一定的风险，因为要改变产品在顾客心目中的地位是相当困难的，一旦处理不慎，就会影响原有产品的市场声誉。

③双向延伸，是指原来定位于中档产品市场的企业，掌握了市场优势以后，向产品的上下两个方向延伸。

3. 产品生命周期与波士顿矩阵

波士顿矩阵

1970年，美国的波士顿咨询集团在为企业提供咨询服务的时候，发明了"波士顿矩阵"。"波士顿矩阵"又称 BCG 矩阵、市场增长率－相对市场份额矩阵、波士顿咨询集团法、四象限分析法、产品系列结构管理法等，本质是希望通过模型分析，将业务现状通过市场占有率和市场增长率进行优化组合，评估目前的产业结构，最终帮助企业实现产品优化和收益平衡。

波士顿矩阵以"相对市场增长率"和"相对市场占有率"这两个维度，把公司的所有产品分成四种：明星、金牛、瘦狗和问号。

以销售额（或销售量）的变化来衡量，一个典型的产品生命周期一般可以分为4个阶段：导入期、成长期、成熟期及衰退期。

（1）导入期（问号）。导入期是指产品从设计投产直到投入市场进入试销阶段。此时产品品种少，顾客对产品还不了解，除少数追求新奇的顾客外，几乎无人实际购买该产品。生产者为了扩大销路，不得不投入大量的促销费用对产品进行宣传推广。该阶段由于销量的限制，产品生产批量小，制造成本高，广告费用大，产品销售价格偏高，企业通常不能获利，反而可能亏损。这些条件在波士顿矩阵中，符合"问号产品"的特点。对"问号产品"应采取发展眼光＋选择性投资战略，需要重点关注产品的长期计划，以引导其往"明星产品"方向发展，否则可能会沦为"瘦狗产品"。

（2）成长期（明星）。当产品试销取得成功之后，便进入了成长期。成长期是指产品试销效果良好，购买者逐渐接受该产品，产品在市场上站住脚并且打开了销路。这是需求增长阶段，需求量和销售额迅速上升。生产成本大幅度下降，利润迅速增长。与此同时，竞争者看到有利可图，将纷纷进入市场参与竞争，使同类产品供给量增加，价格随之下降，企业利润增长速度逐步减慢。尤其是导入期投入成本较大，因此成长期很可能是一个弥补前期成本的阶段。这一阶段的产品在波士顿矩阵中被称为"明星产品"。这类产品可能成为企业的"金牛产品"，需要加大投资以支持其迅速发展。对"明星产品"应积极扩大经济规模和市场机会，加强市场和运营人员投入，以长远利益为目标，提高市场占有率，巩固竞争地位。

（3）成熟期（金牛）。成熟期指产品开始大批量生产并稳定地进入市场销售，经过成长期之后，前期投入的成本已经收回，而且经历了导入期和成长期，产品在市场的知名度已经打开，不再需要大量的广告宣传、优惠促销等费用，因此成熟期应该是产品生命周期中成本最低、净利润最高的阶段。但是，随着购买产品的人数增多，市场需求趋于饱和，销售增长速度缓慢直至转而下降；加之同行竞争的加剧，导致同类产品生产企业之间不得不在产品质量、花色、规格、包装、服务等方面加大投入，在一定程度上增加了成本。这一阶段的产品在波士顿矩阵中被称为"金牛产品"，又称厚利产品。成熟期的产品应进一步对现有市场做细分，尽量延缓增长率的下降，维持稳定的盈利。对于一个企业来说，应尽可能保持多个金牛业务，以应对快速的市场环境变化，避免金牛成为瘦狗。

（4）衰退期（瘦狗）。衰退期是指产品进入了淘汰阶段。随着科技的发展以及消费习惯的改变，产品的销售量和利润持续下降，产品在市场上已经老化，不能适应市场需求，市场上已经有其他性能更好、价格更低的新产品，足以满足消费者的需求。此时，成本较高的企业就会由于无利可图而陆续停止生产，该类型产品的生命周期也就陆续结束，以致最后完全撤出市场。这一阶段的产品在波士顿矩阵中被称为"瘦狗产品"，也称衰退类产品。对这类产品，建议采用撤退战略，通过分析市占率和增长率数据，将数据指标比较差的产品启动淘汰退市，其他瘦狗产品依次退市，同时需要寻求新产品和新方向，创造新一轮的"问号产品"，寻找机会。

（三）品牌策略

品牌是一种名称、属性、标记、符号或设计，或是它们的组合运用，其目的是借以辨认某个销售者、某群销售者的产品或服务，并使之同竞争对手的产品和服务区别开来。

1. 品牌命名的方法

（1）企业命名法。企业命名法是指公司名称与产品品牌名称一致的品牌命名方法。

企业命名法一般分两种，一种是指企业创造出了名牌产品以后，再用自己的产品品牌名作为公司名称的起名方法。如凤凰自行车公司就是以自己的品牌产品"凤凰"来取企业名的，国外著名的日本索尼公司、美国可口可乐公司、德国大众汽车公司等也是用这种方法起名的。

另一种情况是品牌名和企业名一致。这样做有很大的好处，花一笔广告宣传费用就可以既宣传了公司形象，又树立了品牌形象，同时可以节省起名过程中的费用。这种方法命名的世界品牌名有：三洋电器、IBM、海尔、美的等。

（2）效用命名法。效用命名是指直接以产品的主要性能和效用命名，能使消费者望名知意，迅速理解商品的功效，有利于联想与记忆。如"克咳""感冒清""康齿灵牙膏"等。

（3）人物命名法。人物命名法是指直接以人物姓名作为品牌名称的命名方法。所使用的姓名可分为创业者、设计者、古代名人或有纪念意义的人物姓名。人物品牌的好处是借助知名人物的原有声誉影响现在的产品知名度。在当今品牌中，人物命名的品牌占了很大的比重，几乎涉及各种产品。如奔驰、戴尔、福特、丰田等世界知名企业，都是以创始人的名字命名品牌的。

（4）动物命名法。动物命名法就是指用某种动物的名称作为品牌名称。

动物品牌可以使人产生活泼生动的形象感，给顾客留下深刻的印象，创立地区性品牌较为有效。例如，海螺牌衬衫、雪豹皮衣、鹿王羊绒衫、报喜鸟西服等，这些以动物命名的服装都有必须遵循的一个原则，这种动物必须与其服装有一定的结合点。有的服装本身就是用动物的某一部分制作的，如鳄鱼皮带，但大部分还都是以动物的形象特征夸张地为服装命名的。

（5）植物命名法。植物名称法是指用大千世界中的植物作为品牌名称。

使用植物命名，一可以激发客户联想，如"芳草"牙膏，使人联想到牙膏的芳香。另外，由于花木的生长有地域性的特点，所以选用商品产地有代表性的花木入名，可以联想商品的间接信息，例如云南是茶花之乡，当地产品则多以"茶花"为商标。二可以着眼于花木的象征意义，唤起消费者的情感认同。如"万年青"表示友谊长存，"百合花"表示万事如意，"玫瑰"表示爱情。

（6）地名命名法。地名命名法是指借用地名作为公司品牌的命名方法。一般提起某个地方的名字，人们往往能联想到此地的历史、文化、风景、物产等丰富的内涵。因而除作为一地之称外，地名还具有广泛而深刻的语意内容。正因如此，地名成为人们选择商标名称时所经常考虑的素材。如贵州茅台、泰山香烟等。

（7）数字命名法。数字命名法是指数字进行组合，品牌名称本身没有任何意义，但数字命名最大的优点是简单易记。如999感冒灵、555香烟等。

（8）字母命名法。以字母命名，识别程度高，容易被记住，如 Haier、Sony、HP、Cocacola 等。

（9）情感命名法。所谓情感命名法，是指将一种公众情感隐含在名称中，以求达到共鸣，如爱妻号、贝亲等。

（10）谐音命名法。谐音命名法是指利用与吉祥词汇或有意义词汇相近似的读音来起名的方法。运用这种方法起名，看似偶然巧合，实则别具匠心，让人读来颇有趣味。如著名的奔驰汽车，英文 Benz，中文名采用谐音"奔驰"，可谓珠联璧合。

> **读一读**
>
> **SONY 品牌的由来**
>
> SONY 创业之初有一个不太吸引人的名称——东京通信工业株式会社，创始人盛田昭夫与井深大有感于 RCA 与 AT&T 这样的名字简短有力，于是决定将公司名字改成四五个英文字母拼成的名字。因为这个名字要用作公司名称与产品品名，所以一定要令人印象深刻。
>
> 经过长期的研究，盛田昭夫与井深大觉得拉丁文 SOUNDS（表示声音之意）还不错，与公司产品性质相符合，于是将其英语化，同时盛田昭夫最喜欢的歌是《阳光男孩》（Sunny Boy），二者结合，便得到 Sonny 这个单词，其中也有可爱之意。但是日文发音的 Sonny 意思是"赔钱"，显然不适合，于是，他们决定把第二个"n"去掉，SONY 的大名由此诞生，念起来像英文但又不是英文。这个组合拼凑的词在英文字典里找不到，却误打误撞成了经典。

2. 品牌策略

（1）统一品牌策略。统一品牌策略是指企业生产的所有产品都使用同一种品牌进入市场。如娃哈哈集团的产品，无论是营养口服液、果奶、营养八宝粥、纯净水还是童装都冠以"娃哈哈"这一品牌。采用这种策略，有利于建立一整套企业识别系统和企业统一的品牌商标，广泛传播企业精神和特点，让产品具有强烈的识别性，提高企业的声誉和知名度；可以利用市场上已知名的品牌推出新产品，有利于节省商标设计费用和促销费用，提高广告效果。

（2）多品牌策略。多品牌策略是指企业按产品的品种、用途和质量，分别采用不同的品牌。如宝洁公司生产的洗发水，采用海飞丝、潘婷、飘柔、沙宣等不同品牌。采用这种策略，能够严格区分不同产品的质量、档次，反映不同的产品特色，以满足不同消费者的需求，扩大市场容量，取得规模效益；企业承担的风险较小，即使一两种品牌产品不受市场欢迎，也不会影响其他品牌产品的销售，不会对企业整体形象造成不良影响。当然，企业要为每一个产品设计品牌，为每一个品牌做广告宣传，费用高，消费者也不易记住，不利于树立企业的整体市场形象。

（3）品牌结合策略。结合前两种策略的优点，也有的企业采用了折中的策略，即企业名称与个别品牌并行制策略，在不同的产品上使用不同的品牌，但每一品牌之前冠以企业的品牌。

四、价格策略

案例导入

提价的绿宝石

美国亚利桑那州的一家珠宝店采购到一批漂亮的绿宝石，由于数量较大，店主担心短时间销售不出去，影响资金周转，便决心只求微利，以低价销售。他本以为会一抢而光，结果却事与愿违，几天过去，仅销出很少一部分。后来店老板急着要去外地谈生意，便在临走前匆匆留下一张纸条：我走后若仍销售不出，可按原价 1/2 的价格卖掉。几天后老板返回，见绿宝石销售一空，一问价格，却喜出望外，原来店员把店老板的留言误读成"按 1～2 倍的价格出售"，他们觉得不可思议但又要遵从老板的指令，于是试探着将价格提升了一倍，没想到绿宝石销售一空了。

启示：

物美价廉未必适合所有商品。对于宝石这样的奢侈品，消费者在购买时不会将价格作为主要因素来衡量，低价反而让人怀疑商品的品质。人们买奢侈品是希望通过一定的价格来显示自己的社会地位，满足自己求美、求荣的心理需求，因此价格要高，低价反而不利于销售。

价格策略是指企业通过对顾客需求的估量和成本分析，选择一种能吸引顾客、实现市场营销组合的策略。

（一）新产品定价策略

1. 高价"撇脂"策略

这是指新产品价格定得较高，以便在短期内取得丰厚的利润，尽快回收投资。采取这种策略必须具备以下几个条件。

（1）消费者主观认为某些商品具有很高的价值。

（2）市场有数量足够的消费者，需求缺乏弹性。

（3）高价能带来一定的利润。

（4）独家经营，无竞争者。

这种策略由于价格高，限制了消费者的购买，不利于开拓市场；由于高价带来的高利润富有吸引力，因此使竞争者迅速介入。

2. 低价"渗透"策略

这是指企业为了将新产品尽快投入和占领市场，将产品的价格定得比较低，以求获得长期利益。在这种情况下，由于低价可以吸引消费者，因此企业可以迅速占领市场，利润低也能有效地限制竞争者进入市场。当然，这种策略的投资回收期较长，以后降低价格的回旋余地较小。

采用这种策略要具备以下几个条件：

（1）市场需求对价格极为敏感，低价会刺激市场需求迅速增长。

（2）生产成本和经营费用会随着产量的增大和生产经营经验的增加而下降。

（3）低价不会引起实际和潜在的竞争。

（二）老产品价格调整策略

产品的销售价格很难保持长期不变，必须及时地进行调整。价格调整包括两种可能情况：一种是根据市场条件的变化主动进行调整，称为主动变价；另一种是针对竞争对手的价格变动进行调价，称为应对变价。

（三）心理定价策略

这是指企业根据消费者的心理特点而采用的灵活定价策略。

1. 声望定价策略

声望定价策略是指企业利用消费者崇尚名牌产品的心理，给产品制定一个较高的价格。一些消费者往往以价格判断质量，认为价格较高的产品还能显示其身份、地位或经济实力。企业利用消费者的这种心理给产品定高价，能够获得超额利润。

除了名牌产品外，一些艺术品、礼品或某些"炫耀性"产品的定价也必须保持一定的高价，定价太低反而销售不出去，当然如果高得过分，也会让消费者接受不了。

2. 尾数定价策略

企业根据消费者对数字认识的某种心理，把本来可以定为整数的价格改定为一个带有零头的价格。如一杯果汁是 2.95 元，而不是 3 元。这种定价给消费者一种价格低，及企业是经过认真、准确计算的感觉，增强消费者的信任感。

3. 招徕定价策略

这是指企业有意将少数几种产品的价格降至市场价格以下，甚至低于成本，以招徕顾客，增加其他产品的连带购买，达到扩大销售的目的。采用这种策略用来招徕顾客的特价品应是消费者所熟悉的、质量得到一致公认的，或容易鉴别的日常用品或生活用品，这样才能使消费者知道该产品的价格的确低于市价，从而吸引很多顾客。当然，采用这种策略需要注意的是特价品的数量必须有一定的限额，数量过多将影响企业利润，数量过少则会使顾客因购买不到而失望，甚至起到相反作用。

4. 折扣定价策略

这是企业根据不同情况，通过让利，鼓励顾客及早付清货款、大量购买产品以及配合促销活动的定价策略。常见的折扣定价策略包括以下几种。

（1）数量折扣。数量折扣也称为批量折价，是企业根据顾客购买数量的不同给予相应的价格折扣。通常是购买量越多，折扣越大，以鼓励顾客增加购买量，加速企业资金周转，减少收账费用和坏账的可能。

（2）现金折扣。现金折扣是指企业根据顾客支付货款的期限给予一定的价格折扣的策略。其主要目的是鼓励顾客在规定的期限内早日付清货款以加快企业的资金周转，减少利率变化给企业带来的风险。现金折扣一般在制造商与中间商间使用，折扣的大小根据付款期间的利息和风险成本等因素确定。

（3）功能折扣。功能折扣又称为交易折扣，是企业根据中间商在产品销售过程中所承担的功能、责任和风险，对不同的中间商给予不同的折扣。其目的是一方面鼓励中间商大批量订货，扩大销售，争取顾客，并与企业建立长期、稳定、良好的合作关系；另一方面，对中间商经营有关产品的成本和费用进行补偿，让中间商有一定盈利，以促使中间商愿意执行某些营销功能。

（4）季节折扣。这是指对一些季节性较强的产品，给予在淡季购买的顾客一定的价格折扣。这种折扣可以降低仓储费用，减少资金占用，加速资金周转，调节淡旺季间的销售不均衡。

许多产品的消费都有季节性，如服装生产企业，对不合时令的服装给予季节折扣，以鼓励顾客购买。企业在确定季节折扣时，应考虑成本、仓储费用和资金利息等因素。

五、渠道策略

案例导入

农夫山泉的渠道全面覆盖策略

农夫山泉股份有限公司是中国饮料行业20强之一，专注于研发、推广饮用天然水、果蔬汁饮料、特殊用途饮料和茶饮料等各类软饮料。

除"农夫山泉"品牌之外，该公司还先后创立了"农夫果园""尖叫""水溶C100""力量帝""东方树叶"等品牌，获得了消费者的广泛认同。

2020年中国瓶装水品牌力指数排行榜显示，农夫山泉的品牌力位居榜首。

农夫山泉取得的成绩得益于其全面细致的销售渠道。

①传统食品零售渠道，如食品店、食品商场、副食品商场等。

②超级市场渠道，包括独立超级市场、连锁超级市场、酒店和商场内的超级市场、批发式超级市场、自选商场、仓储式超级市场等。

③平价商场渠道，经营方式与超级市场基本相同，但区别在于经营规模较大，而毛利更低。平价商场通过大客流量、高销售额来获得利润，因此在饮料经营中往往采用鼓励整箱购买、价格更低的策略。

④食杂店渠道，通常设在居民区内，利用民居或临时性建筑和售货亭来经营食品、饮料、烟酒、调味品等生活必需品，如便利店、便民店、烟杂店、小卖部等。这些渠道分布面广、营业时间较长。

⑤百货商店渠道，即以经营多种日用品为主的综合性零售商店。内部除设有食品超市、食品柜台外，还多附设快餐厅、休息冷饮厅、咖啡厅或冷食柜台。

⑥购物及服务渠道，即以经营非饮料类商品为主的各类专业及服务行业，经常必须代售这种饮料。

⑦餐馆酒楼渠道，即各种档次的饭店、餐馆、酒楼，以及咖啡厅、酒吧、冷饮店等。

⑧快餐渠道，快餐店往往价格较低，客流量大，用餐时间较短，销量较大。

⑨街道摊贩渠道，即没有固定房屋、在街道边临时占地设摊、设备相对简陋、出售食品和烟酒的摊点，主要面向行人提供产品和服务，以即饮为主要消费方式。

⑩校园渠道，即教育场所内的小卖部、食堂、咖啡冷饮店、自动柜员机，主要面向在校学生和教师提供饮料和食品服务。

⑪运动健身渠道，指设立在运动健身场所的出售饮料、食品、烟酒的柜台，主要向健身人士提供产品和服务；或指设立在竞赛场馆中的食品饮料柜台，主要向观众提供产品和服务。

⑫娱乐场所渠道，指设立在娱乐场所内（如电影院、音乐厅、歌舞厅、游乐场等）的食品饮料柜台，主要向娱乐人士提供饮料服务。

⑬交通窗口渠道，即机场、火车站、码头、汽车站等场所的小卖部以及火车、飞机、

轮船上提供饮料服务的场所。

⑭ 旅游景点渠道，即设立在旅游景点（如公园、自然景观、人文景观、城市景观、历史景观及各种文化场馆等）向旅游和参观者提供服务的食品饮料售卖点。一般场所固定，采用柜台式交易，销量较大，价格偏高。

⑮ 第三方消费渠道，即批发商、批发市场、批发中心、商品交易所等以批发为主要业务形式的饮料销售渠道。该渠道不面向消费者，只是商品流通的中间环节。

⑯ 电商渠道，即网络销售渠道，如天猫、京东、淘宝等 B2C、C2C 电商平台。随着网购的普及化，电商渠道所占的销售比重越来越大。

⑰ 其他渠道，指各种商品展销会、食品博览会、集贸市场、各种促销活动等其他销售饮料的形式和场所。

启示：

作为快消品，让消费者触手可及是一项必备技能。借助强大覆盖能力的销售渠道，农夫山泉让消费者实现了购物的方便快捷，同时助推了自身的快速发展。

销售渠道是产品从生产者向消费者转移的过程中各种组织和机构联结起来的通道。

（一）销售渠道的选择

1. 确定渠道长度

渠道长度有直销、一级渠道、二级渠道、三级渠道等不同模式，如图 4-1 所示。

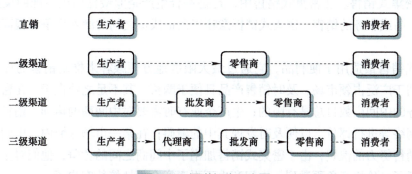

图 4-1　渠道长度示意图

与渠道长度有关的一个主要问题是渠道控制与资源运用的关系。长渠道要求企业只支付有限的财务资源就可以，但在销售过程中，对渠道的控制能力却非常弱。

短渠道虽然耗费企业更多的资源，但却实现了对渠道的高度控制。如何协调二者的关系，应考虑以下因素的影响：

（1）产品因素。这里是指产品的体积和重量、单位价值、产品的标准化、技术特性对渠道选择的影响。如果产品的单价低，销售渠道就可以长些；如果产品的单价高，渠道销售就应该短些。

日用百货一般要经过一个以上的批发商，以便通过大量销售和广阔的市场覆盖使企业有利可图，就是考虑日用百货的单价比较低，因而选择了长渠道。

（2）市场因素。

①市场容量。如果市场容量大而顾客单次购买的数量少，就宜采用长渠道；如果市场容量大而顾客单次购买的数量也大，就宜采用短渠道，以减少环节和费用，提高企业的效益。

②市场密集程度。在顾客密度高的地区，应采用较短的渠道，以减少流通环节的费用；而在分散性市场，则应采用长渠道，借助中间商进行产品的销售。

③市场成熟度。在导入期，为加快消费者对产品的认识，有些企业会投入大量的人力、物力、财力，组成强大的销售队伍向消费者销售产品，而有些企业因自身营销实力较单薄，主要依靠中间商打开市场，但销售渠道都较短；进入成长期、成熟期后，产品大量生产就要大量销售，因此应选取较长的销售渠道，将产品全面铺向市场，以取得规模效益。

（3）制造商因素。

①制造商规模。较大的企业在渠道设计上有较大的选择范围，因为这类企业有较强的财务能力和管理能力，所以，大企业都倾向于直接销售；小企业一般选择中间商销售，而且往往选择长渠道，使企业更快地从渠道成员那里取得货款，减少在仓储、运输、零售设施建设等方面的投资。

②制造商产品组合。产品相似，特别是关联度较大的产品，可以通过相同或类似的渠道销售，大大降低成本。

2. 确定渠道宽度

渠道宽度有密集式销售、选择性销售和独家销售三种。

（1）密集式销售。在密集式销售中，凡是符合生产企业最低信用标准的渠道成员都可以参与其产品或服务的销售。密集式销售意味着渠道成员之间的激烈竞争和很高的产品市场覆盖率。

密集式销售最适用于便利品，它通过最大限度地方便顾客来推动销售的提升。采用这种策略有利于广泛占领市场、及时销售产品且便于购买。其不足之处在于，在密集销售中能够提供服务的中间商数目总是有限的；生产企业有时需要对中间商的培训、销售支持系统、交易沟通网络等进行评价，以便及时发现其中的障碍；在某一市场区域内，中间商之间的竞争会造成销售努力的浪费；由于密集式销售加剧了中间商之间的竞争，他们对生产企业的忠诚度便降低了，价格竞争更激烈，中间商也不再愿意合理地接待客户了。

（2）选择性销售。生产企业在特定的市场选择一部分中间商来推销本企业的产品。采用这种策略时，生产企业不必花太多的精力联系为数众多的中间商，便于和中间商建立良好的合作关系，可以使生产企业获得适当的市场覆盖面。与密集销售策略相比，采用这种策略具有较强的控制力，成本也较低。

选择性销售中常见的问题是如何确定中间商区域重叠的程度。在选择销售中重叠的量决定着在某一给定区域内选择销售和密集销售所接近的程度。虽然市场高重叠率会方便顾客选购，但也会在中间商之间造成一些冲突。低重叠率会提升中间商的忠诚度，但也会降低顾客的购买方便性。

（3）独家销售。生产企业在一定地区、一定时间只选择一家中间商销售自己的产品。独家销售的特点是竞争程度低。一般情况下，只有当生产企业想要与中间商建立长久而密切的关系时，才会使用独家销售。它比较适用于服务要求较高的专业产品。

对中间商而言，独家销售使中间商得到庇护，即避免了与其他竞争对手作战的风险；独家销售还可以使中间商无所顾忌地增加销售开支和人员，以扩大自己的业务，不必担心生产企业转向其他中间商。

对生产企业而言，采用这种策略，能在中间商的销售价格、促销活动、信用和各种服务方面有较强的控制力，并通过这种形式取得中间商强有力的销售支持。

独家销售的不足之处主要是：由于缺乏竞争会导致中间商力量减弱，因为在市场中他们占据了垄断性位置，独家销售会使中间商认为自己可以支配顾客；对顾客来说，独家销售可能会使他们在购买地点的选择上感到不方便。

采用独家销售时，通常要生产企业和中间商签订协议，在一定的地区、时间内，规定中间商不得再经销其他竞争者的产品；生产企业也不得再找其他中间商经销该产品。

（二）销售渠道的管理

1. 激励渠道成员

如何处理好产销矛盾是一个普遍存在的问题，因此，生产企业必须通过对中间商的经常监督和激励来及时消除这些矛盾。激励中间商的主要方法有以下几种。

（1）做必要的让步。了解中间商的经营目标和需要，在必要的时候可以做出一些让步，来满足中间商的要求，如放宽信用条件，以激励中间商积极销售产品。

（2）提供优质产品。提供适销对路的优质产品，这是对中间商最好的激励，即生产企业应该把中间商视为顾客的总代表，只有这样，企业的产品才能顺利地进入最终的市场。

（3）给予各种权利。给中间商适当的盈利、独家经营权利或者其他一些特许权，对中间商来说也是一种很好的激励方法，这样也可以进一步调动其销售的积极性。

（4）进行广告宣传。当生产企业进入一个新市场或者是推出一种新产品时，它的品牌知名度和产品的性能、特点对当地的公众来说都是陌生的，中间商不愿为此花很大的力气进行宣传。因此，生产企业应该提供强有力的广告宣传支持，或者增加广告投入，以提高其产品的知名度。另外，生产企业在必要的时候，应该向中间商提供销售以及维修人员的培训、商业咨询服务等，这不仅可以促进生产企业与中间商的合作关系，还可以大大提高中间环节的工作效率和服务水平。

2. 评估渠道成员

企业除了选择和激励渠道成员之外，还应该定期对这些成员进行检查和评估。如果某一个渠道成员的绩效大大低于既定标准，就必须找出主要原因，并且采取一些可能的补救措施；对一些工作业绩欠佳的中间商，应要求其限期完成任务、改进工作，否则就取消合作；在渠道管理过程中，由于情况总在变化，因此需要增加或减少渠道成员，局部修正某些渠道或者全面修整销售渠道系统。

评估中间商绩效的方法主要有两种：一种是将每一个中间商的销售情况与上期的销售情况进行比较分析，以销售百分比作为评价标准；另外一种是将各中间商的实际销售情况与该地区的销售量进行比较，看其占整个销售额的比率，并将各中间商按照先后顺序进行排列。

(三)渠道冲突及解决对策

美国营销渠道专家路易斯·斯特恩把渠道冲突定义为:一个渠道成员把另外一个渠道成员视为阻止和妨碍自己实现目标或有效运作的情形,并论述道"分销系统中的两个或两个以上的部分互相成为对方挫败的目标时,冲突的状态就出现了"。

营销大师菲利普·科特勒认为,渠道冲突是因为渠道某个成员的做法阻碍了渠道实现其目标而造成的。

渠道冲突是指渠道成员之间因为利益关系产生的种种矛盾和不协调。

1. 渠道冲突的分类

(1)按照冲突具体形式的不同可以分为:

1)水平渠道冲突:指的是同一渠道模式中,同一层次中间商之间的冲突。

2)垂直渠道冲突:是指在同一渠道中不同层次渠道成员的冲突。

3)不同渠道间的冲突:是指当企业建立了两条或者两条以上的渠道来向同一市场分销产品时产生的冲突。

4)同质渠道间的冲突:指的是在一个宏观环境市场中,一家企业的营销渠道与另一家企业的营销渠道在同一水平上的冲突,是一种广义上的渠道冲突。

(2)按照冲突具体内容的不同可以分为:产品冲突、服务冲突、关系冲突、价格冲突、促销冲突、策略冲突、政策冲突、掌控力度冲突等。

(3)按照冲突性质的不同可以分为:

1)良性冲突:是指不会对产品、市场及厂商关系造成根本影响和实质性变化的冲突形式。

2)恶性冲突:是指会对产品、市场及厂商关系造成严重影响和实质性变化的冲突形式。

2. 渠道冲突的常见形式——"窜货"

"窜货"俗称"冲货",是销售网络中的分销机构受短期利益驱使,违反销售协议,有意识跨区域低价销售产品,并造成市场混乱和严重影响厂家声誉及渠道关系的恶性销售行为。

窜货的常见表现形式有:

(1)分公司为完成销售指标,取得业绩,往往将货销售给需求量大的兄弟分公司或兄弟地区,造成分公司(地区)之间的窜货。

(2)中间商之间的窜货。因甲、乙两地供求关系不平衡,货物可能在两地低价"抛货"。

(3)为减少损失,经销商低价倾销过期或即将过期的产品,以回收部分成本。

(4)更为恶劣的窜货现象是指经销商将假冒伪劣产品与正品混同销售,以多占市场份额,获取不正当的利润。

3. 渠道冲突的解决策略

(1)做好分销渠道的战略设计和组织工作。首先,企业应根据市场环境的变化,力求以最低的总成本达到最大限度的顾客满意,确立企业的基本分销模式、目标和管理原则。其次,企业应结合自身的特点,选择由自己组织还是交由商业机构承担组织商品分销职能。

(2)建立渠道成员之间的交流和沟通机制。有效地沟通可减少彼此间的不理解和不信任，有利于加强合作。信息交流的方法包括信息加强型交流和信息防护型交流。

1）所谓信息加强型交流，是指通过渠道成员之间充分的信息交流与沟通，实现信息共享，从而达到预防和化解渠道冲突的目的。

2）所谓信息防护型交流，是指冲突双方不是通过协商、说服等充分沟通方式来达到彼此谅解和理解，最终达成共识，解决冲突，而是各持己见，互不相让，需要第三方介入来解决冲突，如调解、仲裁和诉讼等。

（3）制定统一的经营行为准则，进行价值链的整合。渠道成员在双方利益最大化的客观原则下，充分考虑对方的赢利水平、经营规模等因素，制定出一系列双方都接受的行为约束与激励准则。

任何渠道成员违背了准则要求，当事人或渠道商都应该受到惩罚；反之，将受到鼓励。

（4）明确权责、合理使用权力明确渠道成员的角色分工和权力分配。渠道成员之间应签订一项共同协议，内容包括供货、市场份额、产品质量及顾客满意等。合理使用渠道权力，防止权力滥用。渠道冲突往往与干预太多有关，而干预的基础是权力。因此，能否恰当地使用权力，关系到能否有效地避免冲突的发生。

（5）谨慎选择经销商。合适的经销商必须满足下列条件：其一，必须有资金的保障；其二，经销商资产结构应比较紧密和合理，还必须有合法的经营场地和场所；其三，最关键的还是要有为用户服务的正确观念和意识，也就是要有先进的服务理念。

（6）渠道成员企业的激励。要采取特殊政策对渠道成员进行激励，如价格折扣、零部件数量折扣、付款信贷、按业绩的奖励制度、渠道商成员的培训、渠道商成员旅游等。

通过这些可控营销手段对经销商进行激励，可充分发挥经销商的潜力，使双方同时受益，增加双方的合作深度。

读一读

宝洁与沃尔玛的"言和"之路

宝洁，全球知名的日用品制造企业；沃尔玛，全球知名的商业零售企业。它们之间的合作并非一帆风顺。曾几何时，被称作"有着自我扩张欲的家伙"之称的宝洁与沃尔玛经历过长时间的"冷战"。宝洁总是企图控制沃尔玛对其产品的销售价格和销售条件，而沃尔玛也不甘示弱、针锋相对，威胁要终止宝洁产品的销售，或把最差的货架留给它。

意识到"合则两利，斗则俱伤"后，双方开始寻求深度合作。

最开始时，宝洁开发并给沃尔玛安装了一套"持续补货系统"，具体形式是：双方企业通过EDI（电子数据交换）和卫星通信实现联网。

在持续补货的基础上，宝洁又和沃尔玛合力启动了CPFR（协同计划、预测与补货）流程。这是一个有9个步骤的流程，它从双方共同的商业计划开始，到市场推广、销售预测、订单预测，再到最后对市场活动的评估总结，构成了一个可持续提高的循环。

基于以上成功的尝试，宝洁和沃尔玛接下来在信息管理系统、物流仓储体系、客户关系管理、供应链预测与合作体系、零售商联系平台以及人员培训等方面进行了全面、持续、深入且有效的合作。

> 双方获得的好处：
> ① 沃尔玛分店中的宝洁产品利润增长了 48%，存货接近于零。而宝洁在沃尔玛的销售收入和利润也大幅增长了 50% 以上。
> ② 宝洁和沃尔玛的合作已经超越了单纯的物流层面，他们开始共享最终顾客的信息和会员卡上的资料。
> 宝洁与沃尔玛创造了制造商与零售商紧密合作的样板，越来越多的商家与厂商开始建立全方位合作关系。

六、促销策略

案例导入

鸿星尔克为河南捐款 5 000 万元始末

2021 年夏天，河南遭遇严重暴雨洪灾，自然灾害发生后，众多企业、民众纷纷向河南捐款捐物，伸出援手。在众多捐款企业名单中，鸿星尔克走进人们的视线。

据财报显示，鸿星尔克 2020 年的营收为 28.43 亿元，其中净利润为负 2.2 亿元，2021 年第一季度净利润为负 6 000 多万元。在如此困境下，鸿星尔克向河南灾区默默捐赠了价值 5 000 万元的物资，此举被细心网友发现，引爆网民情怀，迅速火遍全网。该事件直接冲上微博热搜榜榜首，短短两天热度就超过 7 亿人次。热情高涨的网友们纷纷涌入鸿星尔克的直播间，放言要"买空"鸿星尔克。该品牌直播间每款产品上架即被抢空，仅淘宝官方直播间粉丝就突破 750 万名，各地的仓库已经售空，主生产线已超负荷生产。

鸿星尔克的董事长和直播间主播一再呼吁网友们理性消费，但网友热情不减，一面抢单支付，一面在网上为鸿星尔克点赞助威，使该事件热度持续提升。

10 月份，继捐赠河南 5 000 万元物资后，鸿星尔克又向山西灾区捐赠了 2 000 万元物资，同样是低调捐款，同样是被网友爆料，再次引发舆论热议和消费热情。

启示：

能够尽自己的一份力量伸出援手，戳中了消费者的情怀痛点，引发民众的情感共鸣，使得鸿星尔克重回大众视野。但运动鞋服作为日用品，能够留住顾客的永远是款式和质量，只有款式新颖、质量过硬，才能在网络热度与激情消退之后仍旧保持旺盛的品牌生命力。

促销是企业通过人员和非人员的方式，沟通企业与消费者之间的信息，引发、刺激消费者的消费欲望和兴趣，使其产生购买行为的活动。

促销有以下几层含义：
①促销的核心是沟通信息。
②促销的目的是引发、刺激消费者产生购买行为。
③促销的方式有人员促销和非人员促销两大类。

（一）促销方式

企业将合适的产品，在适当的地点、以适当的价格销售的信息传递到目标市场，一般是通过人员推销、广告、公共关系、销售促进等方式。

1. 人员推销

人员推销是企业运用推销人员直接向顾客推销商品和劳务的一种促销活动。

推销人员、推销对象和推销品构成人员推销的三个基本要素，推销人员是推销活动的主体。

（1）人员推销的优点：信息传递双向性，推销目的双重性，推销过程灵活性，长期协作性。

（2）人员推销的缺点：支出较大，成本较高；对推销人员的要求较高。

2. 广告

广告是广告主以促进销售为目的，付出一定的费用，通过特定的媒体传播商品或劳务等有关经济信息的大众传播活动。

投放广告的渠道已经从电视、广播、报纸、杂志等传统四大媒体转向网络、移动互联网等新兴媒体。

3. 公共关系

公共关系是指企业在从事市场营销活动中正确处理企业与社会公众的关系，以便树立企业的良好形象，从而促进产品销售的一种活动。

理解公共关系需注意以下三点。

（1）公关的主体：组织。

（2）公关的对象：公众、职员。

（3）公关的工具：媒体。

公共关系的活动方式通常有以下五种。

（1）宣传性公关。

（2）征询性公关。

（3）交际性公关。

（4）服务性公关。

（5）社会性公关。

4. 销售促进

销售促进是指企业运用各种短期诱因鼓励消费者和中间商购买、经销或代理企业产品或服务的促销活动。

销售促进的特点有：

（1）促销效果显著。

（2）是特定时期的短期性促销工具。

（3）是一种辅助性促销方式。

（4）可能会贬低产品的价值。

（二）促销组合策略

通常，企业为了达到某种营销目标，会将各种促销方式有机组合起来加以有效运用，称之为促销组合策略。影响促销组合策略的几个因素如下：

1. 企业目标因素

企业的整体战略目标具有阶段性，不同的阶段有不同的侧重点，以提高知名度为主要目标时，促销应以广告、公共关系为主；企业以求发展为主要目标时，应采用综合的促销策略进行整合营销传播。

2. 战略因素

在目前的企业营销战略中，常常采用"推拉"策略。

（1）推式策略。推式策略是利用推销人员向中间商促销，将产品推入渠道的策略。这一策略需要利用大量的推销人员推销产品，它适用于生产企业和中间商对其看法一致的产品。推式策略风险小、周期短、资金回收快，但前提条件是必须有中间商的共识和配合。

（2）拉式策略。拉式策略是企业针对最终顾客展开广告攻势，把产品信息介绍给目标市场的顾客，使顾客产生强烈的购买欲望，形成急切的市场需求，然后"拉引"中间商纷纷要求经销这种产品。

（3）推拉结合策略。在通常情况下，企业也可以把上述两种策略结合起来运用，在向中间商进行大力促销的同时，通过广告刺激市场需求。

在"推式"促销的同时进行"拉式"促销，用双向的促销努力把产品推向市场，这比单独地利用推式策略或拉式策略更为有效。

3. 产品生命周期因素

我们知道产品生命周期是现代市场营销中的一个重要的概念，典型的产品生命周期可以分为四个阶段，即导入期、成长期、成熟期、衰退期，在不同的阶段中各种促销工具的运用也不同。

（1）在产品导入期通常是频繁的运用广告及宣传推广，其次才是人员推广、销售促进。

（2）在产品成长期，由于销售迅速增长，为了推动产品的加速成长，各种促销工具也该综合使用。

（3）在产品成熟期，应该首先注重销售促进的作用，其次是广告、人员推广。

（4）在产品衰退期，应该更加注重销售促进的作用，其他的销售工具效果已经不太明显了，因此应减少使用。

4. 产品类别因素

由于日常消费品消费量大，需要经常重复购买，因此广告及销售促进就显得格外重要了，而基本上不会使用人员推销，但某些快速消费品如酒类、牛奶、果汁等饮料，为了提升销量也会大量使用人员促销；而生产资料等工业品有价值大、技术性强、购买风险高的特性，则很少使用广告，而是更多地采用人员促销这种方式进行销售。

5. 市场因素

市场规模大、经济开放地区一般会更注重广告及公共关系与宣传的使用；对于不同的购买者类型有不同的促销工具选择，对于消费者更多地采用广告与销售促进而对于中间商则采取人员促销及销售促进。

前面我们介绍的产品、价格、渠道、促销策略统称为市场营销的4P组合策略。

进入 20 世纪 80 年代，市场营销学在理论研究的深度上和学科体系的完善上得到了极大的发展，市场营销学的概念有了新的突破。1986 年，菲利普·科特勒提出了"大市场营销"概念，即在原来的 4P 组合的基础上，增加两个 P："政治力量"（Political Power）、"公共关系"（Public Relations），他认为现在的公司还必须掌握另外两种技能，一是政治力量，也就是说，公司必须懂得怎样与其他国家打交道，必须了解其他国家的政治状况，才能有效地向其他国家推销产品；二是公共关系，即营销人员必须懂得公共关系，知道如何在公众中树立产品的良好形象。这一概念的提出，是 20 世纪 80 年代市场营销战略思想的新发展。

> **读一读**
>
> **百事可乐与可口可乐在印度的一进一退**
>
> 20 世纪 80 年代，可口可乐在印度占据了软饮料市场绝对的霸主地位，招致印度国内软饮料公司和反跨国公司议员们的极力反对，可口可乐因而被迫从印度市场撤离。与此同时，百事可乐开始研究如何打入印度市场。百事可乐明白：要想占领印度市场就必须消除当地的对抗情绪。百事可乐公司认为，要解决这个问题，就必须向印度政府提出一项其难以拒绝的援助——百事可乐表示要帮助印度出口一定数量的农产品，以弥补印度进口浓缩软饮料的开销；另外，还提出了要帮助印度发展农村经济，向其转让食品加工、包装和水处理技术。基于这些承诺百事公司赢得了印度政府的支持，迅速占领了印度软饮料市场。
>
> 显然，百事可乐成功的关键并不是产品口味比可口可乐好，也不在于广告技术比可口可乐高超，而在于它在"公众舆论战"上吸取了可口可乐的教训，避免了重蹈覆辙。毫无疑问，公共关系已成为影响市场营销行为的两个重要因素。

七、新媒体营销策略

案例导入

江小白的文案为什么打动人？

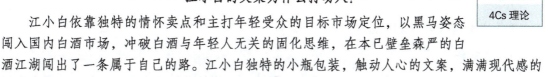

4Cs 理论

江小白依靠独特的情怀卖点和主打年轻受众的目标市场定位，以黑马姿态闯入国内白酒市场，冲破白酒与年轻人无关的固化思维，在本已壁垒森严的白酒江湖闯出了一条属于自己的路。江小白独特的小瓶包装，触动人心的文案，满满现代感的整体设计，助力它迅速走红，占领了都市年轻人市场。

尤其是江小白的文案，备受赞誉，堪称经典。

江小白的目标群体定位为 20～30 岁的年轻人，男性为主，由于年龄偏小，在收入和职业方面普遍为中低收入的普通员工。

对于这个群体来说，工作和生活中需要宣泄的情绪较多，很多人会在工作之余约上三五好友小聚小酌，宣泄一下工作和生活中的不满情绪，借酒浇愁。

因此，江小白的文案牢牢抓住了目标受众的心思，焦虑、苦闷、压力、怀念，这些略带消极的情绪更需要江小白。江小白的文案始终在替年轻人表达内心的情感，消费者没能说出的感受江小白说了出来，因而引发消费者共鸣，让消费者产生"懂我"的感觉。

"从前羞于告白，现在害怕告别。"

"走过一些弯路，也好过原地踏步。"

"愿十年后我还给你倒酒，愿十年后我们还是老友。"

"话说四海之内皆兄弟，然而四公里之内却不联系。"

"手机里的人已坐在对面，你怎么还盯着手机看？"

"不说错话，不做错事，青春白走一回。"

"最怕不甘平庸，却又不愿行动。"

"肚子胖了，理想却瘦了。"

……

一句句触动情怀的文案，怎能不让人想饮一杯？

启示：

江小白的文案之所以吸引眼球，首先是客户定位准确，知道产品的主打人群是谁；其次是洞察力一流，知道面向的客户群的内心在想什么，他们想听到什么。

信息技术的发展带来了互联网使用的普及，改变了人们的生活方式，也催生了新的媒体形式——网络新媒体。随着服务范围的扩大和内容的多元化，新媒体在人们生活中的应用越来越多，也更为重要，企业利用新媒体开展营销活动成为必然。

（一）新媒体营销的内涵

新媒体营销是一个宽泛的概念，利用数字技术、网络技术，通过互联网、宽带局域网、无线通信网、卫星等渠道，以及计算机、手机、数字电视机等终端，向用户提供信息和娱乐服务的传播形态，都属于新媒体营销的范畴。

新媒体营销的渠道，或称新媒体营销的平台，主要包括但不限于：门户网站、搜索引擎、微博、微信、SNS、博客、播客、BBS、RSS、WIKI、手机、移动设备、App等。新媒体营销并不是单一地通过上述渠道中的一种进行营销，而是需要多种渠道整合营销；甚至在营销资金充裕的情况下，可以与传统媒体营销相结合，形成全方位立体式营销。

（二）新媒体营销的特性

1. 多元性

由于充分发挥了电子信息技术的优势和特点，新媒体营销从出现之日起，就具有多样化的传播平台和传播形式，文字、图片、音频、视频等都可以成为新媒体营销内容的载体。有了丰富多元的传播媒体，受众就可以方便快捷地获取丰富多元的营销信息，然后选择自己所需要的内容进一步关注。

2. 普及性

由于新媒体本身就是借助互联网产生的，而互联网近年来已经实现大范围的普及，并且互联网越来越成为人们日常生活中不可缺少的一部分。这些先决条件使新媒体在出现之后容易且迅速地进入了大众的视野，因此在最开始就具有很好的普及条件。手机如今已经成为国民上网主要依赖的载体，因此新媒体营销也能实现迅速的普及，拥有数量巨大的消费者受众。新媒体以其方便快捷的特点，快速地进入人们的视野且成为大众广为接受的营销模式。

3. 互动性

新媒体营销的互动性，是相较于传统媒体营销方式最主要也是最具优势的一个特点。依托于新媒体环境建立的营销活动，在使受众被动接受营销信息的同时，还允许消费者主动对这些信息进行筛选并帮助消费者进行信息分类，使消费者能够尽可能地避免时间和精力的浪费，尽快选择出对自己有利用价值的有效营销信息。

4. 主动性

传统媒体往往只是将内容通过媒体传输给受众，人们很难将真实感受及时、便捷地加以反馈。而新媒体则是在相对自由的空间环境中，公众可以在方便的时间主动地发布、获取、分享、反馈自己关注或者感兴趣的内容，大大带动人们的参与度。

（三）新媒体文案的创作要素

新媒体营销最重要的呈现方式是新媒体文案，一则优秀的新媒体文案可以迅速形成转发、引发共鸣。

客户阅读新媒体文案一般遵循四个步骤。

第一步，看标题。无论翻阅微信朋友圈、查看微博热门话题榜还是浏览新闻网站，最先看到的是标题，客户只会对与自己相关的标题感兴趣。

第二步，看开头。当发现感兴趣的标题后，客户会点击标题，进入正文。对于毫无吸引力的、与标题不符的开头，客户会直接关掉页面，停止浏览。

第三步，读正文。好的文案会吸引客户不断向下阅读，一段一段往下翻看，直到结尾。

第四步，做动作。读完文章后，客户会根据自己的主观感受做出相应的动作，如收藏、转发、购买等。

新媒体文案内容的设计，应该围绕以上浏览步骤展开。为了在"看标题"这一步骤让客户感兴趣并点击进入，你需要设计富有吸引力的标题；为了避免客户关掉页面、降低跳出率，你需要设计开头与正文架构；为了引导客户阅读文章后点赞、转发或购买产品，你需要设计结尾。

因此，新媒体文案内容的设计从标题、架构、开头、结尾四大模块入手。

1. 新媒体文案的标题设计

新媒体文案标题要与内容相呼应，不能"标题党"，断章取义、涉黄涉赌、歪曲事实甚至制造假新闻，会严重伤害品牌，甚至会触及法律红线。

新媒体文案的标题拟定方法有以下几点。

（1）描述型。直接将内容的核心告诉用户，一般描述型的标题要想奏效，需要内容本身必须吸引人才行，比如"2016流行色，美翻了""世界最全的咖啡知识"等。

（2）告诫型。这类标题的特点是在字面上告诫用户不能干某事，撰写这类标题时，最好是在标题前面直接加上"警告"二字来增强效果，比如"警告：海鲜千万不能和啤酒一起吃"等。

（3）疑问型。标题本身就是一个疑问，但是却不给答案，引导用户点击文章来找答案。

（4）夸张型。标题中有一些夸张的词汇来描述内容的效果，比如"一个小视频，笑我三天""让1亿人流泪的视频"等。

（5）玄虚型。这类标题说白了就是卖关子、故弄玄虚，让人看了标题知其然，却不知其所以然，比如"今天全国都在下雨，原来是因为他！"。

（6）数字型。标题中加数字，往往会收到不错的效果。

（7）恐吓型。标题抛出一个令人恐惧的结论或结果，以此来吸引用户点击。

（8）反问型。通过对用户提出反问的形式，激发用户的兴趣。

（9）肯定型。标题直接要求用户必须看，或者必须转。一般这类标题都会出现"必看""必转""必须分享""不看不行"等字眼。

（10）最×型。标题里直接出现"史上最×"这样的字眼。

（11）紧迫型。标题直接给人时间上的紧迫感，一般这样的标题都会出现"速看"等字眼。

（12）揭秘型。这类标题一般都会出现"曝光""爆料"这样的字眼来吸引人。

（13）结论型。标题给出一个结论，这个结论可能出人意料，也可能让人不认可。比如"中国人90%不会喝茶"等。

（14）意外型。标题给出的内容出乎意料，很让人意外。

（15）对比型。对比名人或者知名品牌、产品。

2. 新媒体文案的正文架构设计

新媒体文案可以尝试五种常见的段落架构。

（1）瀑布式。先点明故事核心要素，再按照顺序，把故事的起因、经过、结果一一道明。瀑布式架构可以采用数字化、体验化或历程化标题，突出观点。

（2）水泵式。与瀑布式相反，先叙述故事，再提炼文案核心观点。

（3）沙漏式。文章首尾呼应，开头提出核心观点，结尾再次强调或升华观点。

（4）盘点式。将盘点对象整合总结在一起，使读者一目了然。盘点类文章可以对产品进行盘点，可以对模式进行盘点，也可以对行为进行盘点。盘点类文章的建议采用数字化标题，如"2021年的十大畅销商品"等。

（5）并列式。由三个以上相互无联系的部分组成，独立性强，从不同角度对问题进行描述。

3. 新媒体文案的开头设计

新媒体文案的开头有五种设计方式。

（1）故事型。讲个小故事，娓娓道来，让读者有兴趣读下去。

（2）图片型。以一张有吸引力的图片作为开头，吸引眼球，并增加文章的表现力。

（3）简洁型。如果标题已经写明核心观点，那么开头可以一笔带过，一句话点题即可。

（4）思考型。以问句开头，向读者发问，吸引读者的兴趣。

（5）金句型。用发人深省、一针见血的"金句"开头，直叩人心。

4. 新媒体文案的结尾思路

新媒体文案的结尾可以从场景、金句、提问、神转折四个角度设计。

（1）结尾融入场景，更容易打动人心。

（2）转发率高的文章，通常会在结尾处抛出金句、画龙点睛。

(3)在结尾进行提问,一方面提问力度比正面陈述大,可以带着读者思考;另一方面可以在末尾提问后发起互动,提升读者的参与感。

(4)结尾神转折可以形成强烈反差和对比,使读者产生一种"既在意料之外,又在情理之中"的感受。

任务实战:制定企业市场营销策略

1. 任务名称: 制定企业市场营销策略

2. 实施步骤:

(1)CEO组织本公司全体成员共同讨论,确定公司市场营销策略(市场调查问卷、市场策略、产品策略、价格策略、渠道策略、促销策略等)。

(2)CMO I 到台前汇报设计成果。

(3)各公司互评打分。

(4)教师总结点评。

3. 任务模板

"褚橙"的营销策略

2002年,75岁的褚时健和老伴马静芬回到了哀牢山深处再次创业,承包了2000多亩荒山,种起了冰糖橙。果树种植是一个慢行业,冰糖橙从栽苗到挂果要五六年时间,很多人并不看好古稀之年的褚时健的创业选择。在最初的十来年冰糖橙的产量都很低,销售收入也很少,因此在市场中并没有激起多大的浪花。

直到2012年,凭借一群知名商业领袖在微博等社交媒体平台上的主动传播,再结合褚时健的个人经历,他种的冰糖橙被称为"励志橙",也称"褚橙",才终于在市场上打开了局面。

"褚橙"的营销策略1:新媒体传播

本来生活网是一个食品生鲜电商平台,在了解到褚橙的故事后,积极寻求合作,成为褚橙的独家网络经销商,褚橙在本来生活网的运营下被越来越多的人所熟知。同时,以《褚橙进京》为标题的媒体报道在微博中传播,一众著名企业家纷纷转发评论,使冰糖橙一夜走红,结合褚时健的人物经历,原本普通的橙子被包装成了"励志橙"。本来生活网推出的青春版个性化包装,引来大V在微博晒"一个"褚橙的包装,使褚橙在年轻人中间有了广泛的口碑传播,本来生活网和褚橙由此大获成功,成为网络营销界的典范。

"褚橙"的营销策略2:电商渠道

褚橙是典型的电商玩法:不需要开发任何实体经销商、终端零售点,所有销售都在网上完成。物流代替了经销商,电商平台代替了零售终端,网上支付代替了传统收付款,网络传播代替了媒体广告。网购人群,是褚橙的消费者。如果没有网购消费者及已经成熟的电商系统,褚橙的神话是不可想象的。

"褚橙"的营销策略3:定价策略

与没有品牌的普通橙子不同,褚橙走的是品牌化、高溢价的撇脂定价路线。尽管在渠道长度上,褚橙实际上变成了网络直销,大大降低了渠道成本,但褚橙并没有走薄利多销路线,反而是抓住了消费者"尝鲜"的心理,以高定价保持品牌形象,塑造高端定位。

"褚橙"的营销策略4:情怀营销

橙子不过是普通水果,橙子与橙子之间也并没有天壤之别,传统广告难以塑造产品差别打造卖点,因此褚橙没有做广告，只讲故事。

2014年10月底，褚橙首次进京的消息经媒体报道后，24小时内被转发了7 000多条。就这样，褚橙网络开售前5分钟被抢购了800多箱，一时间成了励志的典范。预计到2025年，褚橙的销售收入将突破24亿元。

| 课后练习 |

一、单选题

1. 企业市场营销活动的中心目标是（　　）。
   A．实现最大利润　　　　　　　　B．实现最大的市场占有率
   C．打败其他竞争对手　　　　　　D．满足消费者需求
2. 同一细分市场的顾客需求具有（　　）。
   A．绝对的共同性　　　　　　　　B．较多的共同性
   C．较少的共同性　　　　　　　　D．较多的差异性
3. （　　）差异的存在是市场细分的客观依据。
   A．产品　　　　B．价格　　　　C．需求偏好　　　　D．细分
4. 某工程机械公司专门向建筑业用户供应推土机、打桩机、起重机、水泥搅拌机等建筑工程中所需要的机械设备，这是一种（　　）策略。
   A．市场集中化　　B．市场专业化　　C．全面市场覆盖　　D．产品专业化
5. 就每一特定市场而言，最佳市场营销组合只能是（　　）的结果。
   A．市场细分　　　B．精心策划　　　C．综合平衡　　　　D．统筹兼顾
6. 采用无差异性营销战略的最大优点是（　　）。
   A．市场占有率高　B．成本的经济性　C．市场适应性强　　D．需求满足程度高
7. 在企业市场营销组合策略中最基础也是最关键的因素是（　　）。
   A．产品　　　　B．价格　　　　C．分销　　　　D．促销
8. 寻求（　　）是产品差别化战略经常使用的手段。
   A．价格优势　　　B．良好服务　　　C．人才优势　　　　D．产品特征

二、判断题

1. 促销本质上是一种通知、说服和沟通活动。（　　）
2. 公共关系的对象很广，包括消费者、新闻媒体、政府、业务伙伴等。（　　）
3. 分销渠道主要包括商人中间商、代理中间商，以及处于渠道起点和终点的生产者与消费者。（　　）
4. 如果产品单价高，可采用长渠道或直接渠道。（　　）
5. 人员推销的基本形式有上门推销、柜台推销、会议推销。（　　）
6. 折扣或津贴也是一种减价的形式，如抵换折扣、促销津贴等。（　　）
7. 产品的生命周期可以理解为市场上产品的产生、发展和衰亡的过程在时间上的表现。
（　　）

三、简答题

1. 简述撇脂定价法的优缺点。
2. 品牌命名的方法有哪些？请举例说明。
3. 定价方法有哪些？请举例说明。
4. 简述新媒体文案的创作要素。

四、案例分析题

日本索尼公司于20世纪80年代提出了"创造市场"这一口号，改变了传统的"消费者需要什么，我就生产什么"的生产观念，提出了"我生产什么就准是消费者真正需要的"这一现代市场观念，因而索尼公司的电器产品总是"引领世界新潮流"。这一事例告诉我们，虽然消费者操纵着市场，但只有善于揣摩和把握消费者的好恶，才能真正赢得消费者，赢得市场。换句话说，市场终究是掌握在企业家手中的。

问题：

1. 简述索尼提出的"创造市场"的含义。
2. 企业如何做到"让市场跟我们走"？
3. 联系实际谈谈这一案例对你的启示。

项目五
实施生产运作管理

任何一家企业,要想做大做强,都必须从产品设计、生产计划、生产控制各方面进行全方位的管控,在生产运作管理上采用新的理论和技术方法,并不断创新。企业要想在激烈的市场竞争中生存和发展,必须不断研究和使用新产品、新技术、新服务方式,加强生产运作管理。

本项目旨在介绍生产运作管理的起源、内涵、管理方法、生产计划的编制、生产控制的内容、生产现场管理方法等内容。

学习目标

学习完本项目后,你将能够:
- 了解生产运作的概念和过程
- 掌握生产类型的划分
- 掌握生产过程的组织形式
- 掌握先进的生产管理方法
- 掌握生产现场管理的方法
- 了解智能制造的发展趋势

素质目标

通过学习生产管理相关知识和先进生产管理控制方法,激发更多青年人坚定信心走技能成才、技能报国之路,培养精益求精、严谨、耐心、专注、坚持、专业、敬业的工作态度,树立成为大国工匠的决心;通过了解智能制造的发展趋势,把握时代发展方向,找准职业成长轨道,与国家发展同向同行,提升对中国制造的自信心,投身于有理想守信念、懂技术会创新、敢担当讲奉献的工匠队伍,为"中国制造 2025"添砖加瓦,为中国创造贡献个人力量,为经济社会发展注入充沛动力。

任务驱动

1. 继续沿用前期确定的虚拟企业组织架构,CEO 对本公司员工的出勤率负责。
2. 由授课讲师介绍关于企业生产运作管理的具体知识和内容以及任务实战时制订生产运作管理计划的要求。
3. 本项目作为本书的第五个任务,由 CEO 负责组织本公司内全体成员共同讨论,确定公司生产计划(企业年度、月度生产计划等)后,由 CMOⅡ到台前汇报展示成果。
4. 各公司认真倾听、讨论,仍然按照表 1-2 的形式,互相评分。
5. 每名学生的汇报得分求平均分,即为该生的期末考核成绩。

任务一 生产运作管理认知

案例导入

丰田公司的生产决策分析

日本丰田公司于1937年创立,其主要产品是汽车。在2020年世界品牌500强排名中,丰田公司排在第10位。

汽车企业的市场环境自20世纪70年代开始发生了很大的变化。首先,石油危机爆发以后,不断上涨的原料价格使得各种与汽车产品相关的原材料的价格发生大幅变化。然而,原料价格上扬并未带动汽车售价升高,因而降低了企业的盈利水平。这主要是因为汽油涨价导致汽车市场的厂家规模收缩。其次,市场上的产品向种类多、小批量的需求模式转化,追求个人偏好满足的消费者越来越多,多品种的汽车生产开始替代大批量单品种的生产模式,更多的选择提供给消费者。同时为减少存货,销售商的订货批量变小。汽车企业的生产现场管理因小批量短期交货订单要求变得越来越高。再次,随着时间的推移,消费者逐渐提高对产品质量的要求,使得生产中返修工作量增加,这其中就包括安全性、社会性、产品责任等与质量相关的要求。

丰田公司的大批量生产体制受到石油危机的一系列冲击。部分订货合同遭到取消,并尽可能延后不能取消的合同。丰田公司积极调整生产,推行合理化生产方式,在这种情况下,丰田公司独树一帜的生产管理模式形成了。专用生产线制度以前在丰田公司的工厂内实行,即"皇冠"有"皇冠"的生产线,"花冠"有"花冠"的生产线,多少个品种对应着多少条生产线。随着汽车品种的不断增加,在经过转化后的多品种需求市场上,不同品种的汽车生产批量大小不同,丰田公司为了既满足品种需求又满足经济批量的要求,实行"生产线多用化",更换使用或者串起各品种汽车生产线,平均化各生产线的品种和数量。例如,A、B、C、D、E五种型号汽车的月销售量如果为4800辆、2400辆、1200辆、600辆和600辆,每月的生产日为20天,每天生产时间为480分钟,则其生产量分别为240辆、120辆、60辆、30辆、30辆。这五种车型如果在专用生产线上分别进行装配,单辆的生产周期为2~16分钟,而在调整后的一条平均化综合生产线上,单辆汽车的生产周期仅为1分钟。平均化各型汽车数量之后,在多品种大批量方式下进行生产,多品种、小批量的需求得以满足。

启示:

经济的发展和技术的进步,越来越多样化的消费者需求,让我们深刻认识到企业生存发展的当务之急在于,以尽可能低的成本、尽可能短的时间、尽可能快的反应速度满足消费者需求。

一、生产运作管理的基本概念

1. 生产运作的概念

生产运作是指"输入——转换——输出"的过程,即投入一定的资源,经过一系列多种形式的变换,使其价值增值,最后以某种形式产出供给社会的过程,也可以说,是一个社会组织通过获取和利用各种资源向社会提供有用产品的过程。

2. 生产运作的过程

生产运作是一个创造财富的过程,这个过程包括输入、输出和转换过程三个要素。具体来说,生产运作是将生产要素输入到转换过程,通过转换后输出产品(包括有形产品和无形产品),这个转换过程构成了企业的生产系统。生产运作的过程如图5-1所示。

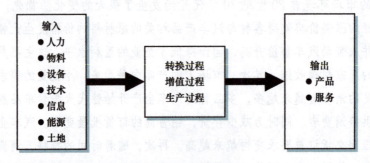

图5-1 生产运作的过程

把输入的各种资源按照社会需要转化为有用输出,实现价值增值的过程就是运作活动的过程。我们可以列出不同行业、不同社会组织的输入、转换、输出的主要内容。其中,输出是公司对社会做出的贡献,也是它赖以生存的基础;输入则由输出决定,生产什么样的产品决定了需要什么样的资源和其他输入要素。一个公司的产品或服务的特色与竞争力,是在转换过程中形成的。因此,转换过程的有效性是影响公司竞争力的关键因素之一。输入—转换—输出的典型系统见表5-1。

表5-1 输入—转换—输出的典型系统

系　　统	主要输入资源	转　　换	输　　出
汽车制造厂	钢材、零部件、设备、工具	制造、装配汽车	汽车
学校	学生、教师、教材、教室	传授知识、技能	受过教育的人才
医院	病人、医生、护士、药品、医疗设备	治疗、护理	健康的人
商场	顾客、售货员、商品、库房、货架	吸引顾客、推销产品	顾客的满意
餐厅	顾客、服务员、食品、厨师	提供精美的食物	顾客的满意

3. 生产运作管理的概念

生产运作管理是指为了实现公司经营目标,提高公司经济效益,对生产运作活动进行计划、组织和控制等一系列管理工作的总称。

生产运作管理有狭义和广义之分，狭义的生产运作管理仅局限于生产运作系统的运行管理，实际上是以生产运作系统中的生产运作过程为中心对象。广义的生产运作管理不仅包括生产运作系统的运行管理，还包括生产运作系统的定位与设计管理，可以认为是选择、设计、运行、控制和更新生产运作系统的管理活动的总和。广义生产运作管理以生产运作系统整体为对象，实际上是对生产运作系统的所有要素和投入、生产运作过程、产出和反馈等所有环节的全方位综合管理。按照广义理解生产运作管理，符合现代生产运作管理的发展趋势。

4. 生产运作管理的目标

生产运作管理的目标可以用一句话来概括：高效、低耗、灵活、准时地生产合格产品（或）提供满意服务。换句话说，在顾客需要的时候，以适宜的价格，向顾客提供质量合格的产品或满意的服务。

（1）高效是对时间而言，指能够迅速地满足用户的需要。在当前激烈的市场竞争条件下，谁的订货提前期短，谁就能争取用户。

（2）低耗是指生产同样数量和质量的产品，人力、物力和财力的消耗最少。低耗才能低成本，低成本才有低价格，低价格才能争取用户。

（3）灵活是指能很快地适应市场的变化，生产不同的品种和开发新品种或提供不同的服务和开发新的服务。

（4）准时是在用户需要的时间，按用户需要的数量，提供所需的产品和服务。合格的产品和（或）满意的服务，是指质量。

当前，激烈的市场竞争对公司的要求包括4方面：时间（Time）、质量（Quality）、成本（Cost）和服务（Service）。T指满足顾客对产品和服务在时间方面的要求，即交货期要短而准；Q指满足顾客对产品和服务在质量方面的要求；C指满足顾客对产品和服务在价格和使用成本方面的要求，即不仅产品形成过程中的成本要低，而且在用户使用过程中的成本也低；S是提供产品之外为满足顾客需求而提供的相关服务，如产品售前服务及售后服务等。

二、生产类型的划分

按照不同的原则，可以把生产过程划分为很多类型。

（一）连续性生产和离散性生产

根据生产对象在生产过程中的工业特点，可以把生产过程分为连续性生产和离散性生产。

在连续性生产过程中，物料均匀、连续地按一定工业顺序运动，如化工（塑料、药品、肥皂、肥料等）、炼油、冶金、冲洗胶片等，都是连续性生产的典型例子。由于物料按一定流程连续不断地通过各个工序，因此称之为连续性生产。

另一类产品，如汽车、柴油机、电视机、洗衣机等，是由离散型的零部件装配而成的，零部件以各自的工艺流程通过各个生产环节，物料运动呈离散状态，因此将其称作离散性生产。因为这类制成品都是先加工出零件，再将零件装配成产品，所以又将其称为加工—装配式生产。

（二）备货型生产和订货型生产

根据用户对产品的需求特性，按照产品定位策略可把生产类型分为备货型生产和订货型生产。

1．备货型生产

备货型生产是企业在市场需求（现实需求和潜在需求）研究的基础上，有计划地进行产品开发和生产，生产出的产品不断补充成品库存，通过库存随时满足用户的需求。载重汽车、轴承、标准件、电冰箱、电视机等产品是典型的备货型生产。

2．订货型生产

订货型生产是根据用户提出的具体订货要求开始组织生产，进行设计、供应、制造、出厂等工作。生产出来的成品在品种规格、数量、质量和交货期等方面是各不相同的，并按合同规定按时向用户交货，成品库存很少。因此，生产管理的重点是抓"交货期"，按"期"组织生产过程各环节的衔接平衡，保证如期实现预定目标。

> **读一读**
>
> 备货型生产和订货型生产的不同主要表现在以下两个方面
>
> 备货型生产产品标准化程度高，生产效率高，用户订货提前期短，库存水平高，难以满足顾客个性化要求。
>
> 订货型生产产品标准化程度低，生产效率低，用户订货提前期长，库存水平低，满足顾客个性化程度高。

（三）大量生产、单件生产和成批生产

产品或服务的专业化程度可以通过产品或服务的品种数多少，同一品种的产量大小和生产的重复程度来衡量。显然，产品或服务的品种数越多，每一种的产量越少，生产的重复性越低，则产品或服务的专业化程度就越低；反之，产品或服务的专业化程度就越高。按产品或服务专业化程度的高低，可以将生产划分为大量生产、单件生产和成批生产三种生产类型。

1．大量生产

大量生产亦称量产，是指产品数量很大，大多数工作地点长期按照一定的生产节拍（在流水线生产中，相继完成两件制品之间的时间间隔）进行某一个零件的某一道工序的加工。大量生产品种单一，产量大，生产重复程度高。

2．单件生产

产品对象基本上是一次性需求的专用产品，一般不重复生产。因此生产中品种繁多，生产对象不断在变化，而通常生产设备和工艺装备采用通用性的，且工作地的专业化程度很低。

3．成批生产

成批生产是指一年中分批轮流地制造几种不同的产品，每种产品均有一定的数量，工作地点的加工对象周期性地重复。例如，机床、机车、电动机和纺织机的制造属于成批生产。

由于大批生产与大量生产的特点相近，所以，习惯上合称"大量大批生产"。同样，小批生产的特点与单件生产相近，习惯上合称"单件小批生产"。有的公司生产的产品品种繁多，批量大小的差别也很大，习惯上，称之为"多品种中小批量生产"。"大量大批生产""单件小批生产"和"多品种中小批量生产"的说法比较符合公司的实际情况。

任务二　生产过程设计

案例导入

福特的生产流水线

20世纪初的美国是"大王"频出的时代，铁路大王斯坦福、银行大王摩根、石油大王洛克菲勒、钢铁大王卡耐基。当然，还有汽车大王福特。

在纪录片《大国崛起》中有这样一段解说："1913年8月一个炎热的早晨，当工人们第一次把零件安装在缓缓移动的汽车车身上时，标准化、流水线和科学管理融为一体的现代大规模生产开始了。犹如第一次工业革命时期诞生了现代意义的工厂，福特的这一创造成为人类生产方式变革进程中的又一个里程碑。每一天，都有大量的煤、铁、砂子和橡胶从流水线的一头运进去，有2500辆T型车从另一头运出来。在这座大工厂里，有多达8万人在工作。1924年，第1000万辆T型汽车正式下线，售价从最初的800美元降到了290美元。汽车开始进入美国的千家万户。"

流水线彻底改变了汽车的生产方式，同时也成为现代工业的基本生产方式。时间过去了将近100年，流水线仍然是小到儿童玩具大到重型卡车的基本生产方式。

福特让汽车真正进入了美国家庭，比这个贡献更伟大的是流水线所带来的工业生产方式和管理方式的真正革命。

启示：

流水线生产使产品质量和产量大幅度提高，极大地促进了生产工艺过程和产品的标准化。汽车生产流水线以标准化、大批量生产来降低生产成本，提高生产效率的方式适应了美国当时的国情，汽车工业迅速成为美国的一大支柱产业。

但是当前社会进入了一个市场需求向多样化发展的新阶段，相应地要求工业生产向多品种、小批量的方向发展，单品种、大批量的流水生产方式的弱点就日渐明显了。

一、生产过程的含义

生产过程是指从投料开始，经过一系列的加工，直至成品生产出来的全部过程。换句话说，生产过程是为完成商品生产所必需的，按一定客观要求组织起来的劳动过程和自然过程的总和。在生产过程中，主要是劳动者运用劳动工具，直接或间接地作用于劳动对象，使之按人们预定目的变成产品或服务。

其中，劳动过程指劳动者直接或间接借助于劳动手段作用于劳动对象，使其发生变化的过程，即劳动者凭体力和智力改变劳动对象的过程。自然过程是指借助于自然力作用于劳动对象，使其发生变化的过程。

为了实现合理地组织生产过程，需要将生产过程从空间上和时间上很好地结合起来，使产品以最短的路线、最快的速度通过生产过程的各个阶段，并且使公司的人力、物力和财力得到充分的利用，达到高产、优质、低耗。合理地组织生产过程需要做到以下几点：

1. 生产过程的连续性

生产过程的连续性是指产品和零部件在生产过程各个环节上的运动，自始至终处于连续状态，不发生或少发生不必要的中断、停顿和等待等现象。这就要求加工对象或处于加工之中，或处于检验和运输之中。保持生产过程的连续性，可以充分地利用机器设备和劳动力，可以缩短生产周期，加速资金周转。

2. 生产过程的比例性

生产过程的比例性是指生产过程的各个阶段、各道工序之间，在生产能力上要保持必要的比例关系。它要求各生产环节之间，在劳动力、生产效率、设备等方面，相互均衡发展，避免"瓶颈"现象。保证生产过程的比例性，既可以有效地提高劳动生产率和设备利用率，也进一步保证了生产过程的连续性。

为了保持生产过程的比例性，在设计和建设公司时，就应根据产品性能、结构以及生产规模、协作关系等统筹规划；同时，还应在日常生产组织和管理工作中搞好综合平衡和计划控制。

3. 生产过程的节奏性

生产过程的节奏性是指产品在生产过程的各个阶段，从投料到成品完工入库，都能有节奏地、均衡地进行。要求在相同的时间间隔内生产大致相同数量或递增数量的产品，避免前松后紧的现象。

生产过程的节奏性应当体现在投入、生产和出产三个方面。

其中出产的节奏性是投入和生产节奏性的最终结果。只有投入和生产都保证了节奏性的要求，实现出产节奏性才有可能。同时，生产的节奏性又取决于投入的节奏性。因此，实现生产过程的节奏性必须把三个方面统一安排。

4. 生产过程的适应性

生产过程的适应性是指生产过程的组织形式要灵活，能及时满足变化的市场需要。随着市场调节的开展、技术的进步和人民生活水平的提高，用户对产品的需要越来越多样化。这就给公司的生产过程组织带来了新的问题，即如何朝着多品种、小批量、能够灵活转向、应急应变性强的方向发展，为了提高生产过程组织的适应性，公司可采用"柔性制造系统"等方法。

二、生产过程的空间组织

（一）工艺专业化形式

工艺专业化是指按照工艺特征建立生产单位，将完成相同工艺的设备和工人放到一个厂房或一个区域内，这样构成诸如铸造厂、锻造厂、热处理厂、铸造车间、锻造车间、机械加工车间、热处理车间、车工工段、铣刨工段等生产单位。工艺专业化原则的特点是：三"同"一"不同"，即同类设备、同工种的工人、相同的工艺方法，只是加工对象不同，如铸造车间、机加工车间、装配车间等。

按工艺专业化原则建立生产单位的优点是：对产品品种变化的适应能力强，生产系统的可靠性较高，工艺及设备管理较方便。

按工艺专业化原则建立生产单位的缺点是：工件在加工过程中运输次数多，运输路线长；协作关系复杂，协调任务重；只能使用通用机床、通用工艺装备，生产效率低；在制品量大，生产周期长。

（二）对象专业化形式

对象专业化是指按照产品（或零件、部件）建立生产单位，将加工某种产品（零部件）所需的设备、工艺装备和工人放到一个厂房或一个区域内，这样构成诸如汽车制造厂、发动机分厂（车间）、电机车间、齿轮工段、曲轴工段等生产单位。

在以对象专业化原则建立的生产单位中，集中了为加工某种产品工件所需的全套设备、工艺装备和有关工种的工人。对相似的产品工件进行该产品工件的全部或大部分工艺加工。按对象专业化原则建立的生产单位，其具体形式如下：

工厂：汽车制造厂、齿轮制造厂、飞机制造厂等。

车间：发动机车间、底盘车间、齿轮车间等。

工段：齿轮工段、曲轴工段、箱体工段等。

在服务业，也有以对象专业化原则来建立生产单位的。如医院系统中的专科医院，如胸科医院、肿瘤医院等。到这类医院来的病人要治疗的都是同种疾病，加工对象相同或相似。

按对象专业化原则建立生产单位的优点是：可减少运输次数，缩短运输路线；协作关系简单，简化了生产管理；可使用专用高效设备和工艺设备；在制品少，生产周期短。

按对象专业化原则建立生产单位的缺点是：对品种变化适应性差；生产系统的可靠性较差；工艺及设备管理较复杂。

三、生产过程的时间组织

合理地组织生产过程，不仅要对公司内部各生产单位和部门在空间上进行科学的组织，而且要使劳动对象在车间之间、工段（小组）之间、工作地之间的运动在时间上互相配合和衔接，最大限度地提高生产过程的连续性和节奏性，提高设备的利用率，缩短生产周期，加速资金周转，降低成本，提高公司劳动生产率。

零件的移动方式同一次生产的零件数量有关。当一次生产的零件只有一个时，零件只能顺次地经过各工序，而不能同时在不同的工序上进行零件加工。当生产零件为多个时，即按一定批量进行加工时，零件在工序间就有不同的移动方式。移动方式不同，批量零件的生产周期也是不同的。

在加工装配的成批生产类型公司里，由于零件多种多样，工艺方法、工艺路线和技术装备千差万别，因而，零件在各道工序间的移动方式主要有三种：顺序移动方式、平行移动方式和平行顺序移动方式。

（一）顺序移动方式

顺序移动方式是指每批零件只有在前道工序全部加工完之后，才整批地转送到下道工序进行加工的方式。

设一批零件在各工艺之间无停放等待时间，工序间的运输时间忽略不计，则该批零件的生产周期，等于该批零件在全部工序上作业时间的总和，用公式表示

$$T_{顺}=n\sum_{i=1}^{m}t_i$$

式中　m——序数。

　　　t_i——第i道工序上的单件工时。

　　　n——零件批量。

　　　$T_{顺}$——顺序移动方式下一批零件的生产周期。

例5-1　某公司生产产品的批量$n=4$件，经过4道工序加工，其单件工时为$t_1=10$分、$t_2=5$分、$t_3=12$分、$t_4=7$分，试求该批产品的生产周期。

解：该批产品按顺序移动方式组织生产如图5-2所示。

工序	t_i	零件加工周期
1	10	
2	5	
3	12	
4	7	

图5-2　该批产品按顺序移动方式组织生产图示

$$T_{顺}=n\sum_{i=1}^{m}t_i=4\times(10+5+12+7)=136（分）$$

此方式加工时间较长，但设备利用较好，与工艺专业化车间相对应，可以在批量较小时采用。
适用范围：工艺专业化的生产单位，或批量较小的情况。

（二）平行移动方式

平行移动方式是指每个零件在前道工序加工完后，立即转移到下道工序进行加工的方

式,用公式表示

$$T_{平}=\sum_{i=1}^{m}t_i+(n-1)t_L$$

式中　t_L——最长工序单件时间。

其余符号含义同前。

同【例 5-1】运用平行移动方式时如图 5-3 所示。

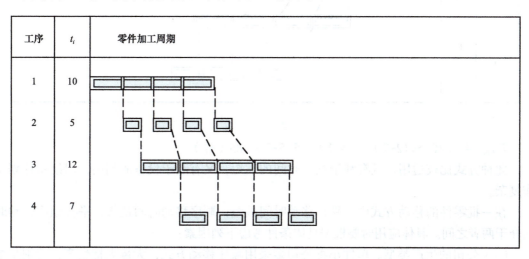

图 5-3　该批产品运用平行移动方式组织生产图示

$t_L=12$ 分,则:$T_{平}=\sum_{i=1}^{m}t_i+(n-1)t_L=(10+5+12+7)+3\times12=70$(分)

此方式使加工周期大大缩短,但组织比较复杂,要有较方便的运输系统,设备利用时间较短。在各工序加工对象相近的情况下采用最为合适。

适用范围:大量、大批生产,对象专业化的工作中心。

（三）平行顺序移动方式

平行顺序移动方式是指既考虑平行性,又考虑顺序性;既保持工期短,又保持加工连续,即是前两种方式的结合。用公式表示如下:

当 $t_j<t_{j+1}$ 时,零件按平行移动方式转移。

$$T_{平}=\sum_{i=1}^{m}t_i+(n-1)t_L$$

当 $t_j\geq t_{j+1}$ 时,

$$T_{平顺}=n\sum_{i=1}^{m}t_i-(n-1)\sum_{j=1}^{m-1}\min(t_j,t_{j+1})$$

其余符号含义同前。

同【例 5-1】运用平行顺序可表示如图 5-4 所示。

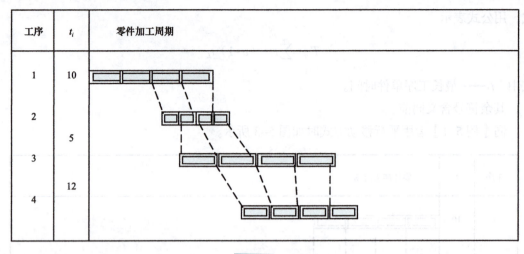

图 5-4

$T_{平顺}=4×(10+5+12+7)-(4-1)(5+5+7)=85（分）$

此种方式比较适用，既有利于加工时间的缩短，又有利于设备的利用，但组织计划工作复杂。

在一批零件的移动方式中，平行移动时间最短，顺序移动时间最长，平行顺序移动时间介于两者之间。具体应用时要根据具体条件考虑下列因素：

（1）公司的生产类型。单件小批公司多采用顺序移动方式，大量大批生产，特别是组织流水线生产时，宜采用平行移动方式或平行顺序移动方式。

（2）生产任务的缓急。生产任务急，应采用平行移动方式或平行顺序移动方式，以争取时间满足交货期需要。

（3）劳动量的大小和零件的重轻。工序劳动量不大，重量较轻的零件，宜采用顺序移动方式；工序劳动量大，重量很重的零件，宜采用平行移动方式或平顺移动方式。

（4）公司内部生产单位专业化形式。对象专业化的生产单位宜采用平行或平行顺序移动方式；而工艺专业化的生产单位，宜采用顺序移动方式。

（5）改变加工对象时，调整设备所需的劳动量。如果调整设备所需的劳动量很大，不宜采用平行移动方式。如果改变加工对象时，不需调整设备或调整设备所需时间很少，宜采用平行移动方式。

任务三 生产计划与控制

案例导入

波音：精益生产重塑飞机制造流程

波音公司是世界领先的民用和军用飞机制造商，具有国际一流的生产制造与管理技术。

自从 20 世纪 40 年代起，波音公司就大力推行工业工程技术，努力实现生产过程的规范化和标准化，积极应用计算机信息与自动化技术，仅自行开发的应用软件就达 800 多个。飞机如此庞大而且复杂，对管理组织效率提出了更高要求，从公司接到客户订单之日起，保证在 12～16 个月内交付，绝对不会出现延期。

在市场竞争如此激烈的情况下，加之欧洲空中客车这个后起之秀，波音公司深深感受到了竞争的压力。在 20 世纪 90 年代初，波音公司就已充分认识到，想要立于不败之地，就要设定一个合适的时间把飞机的价格再下调 25%，将交货周期缩短 50%，故障率降低 50%，客户才能够 100% 满意。

结合实际情况，波音公司对生产过程与管理进行了全面且细致的分析，发现了影响公司发展的内外部问题，包括影响有效组织生产的内部问题和影响灵活迅速的外部问题。当然，这其中还包括亟待解决的突出性的问题：缺乏对多种生产类型混合生产的有效管理办法；日益突出的多场地、多供应商、国际性器材物资供应管理的矛盾；需要简化和优化生产过程中的众多环节；繁杂的计算机系统平台环境，导致自行开发的应用软件数据管理不统一，公司日渐困难地维护着、支付着日趋昂贵的费用。

为寻找解决这些问题的根本路径，波音公司认为，必须彻底反思产品构型定义与制造资源管理的整个过程，只有从总体角度考虑整个生产流程再造（BPR），依照精益生产的原理重新构造整个生产流程，进行全面技术改造，实现简化、优化的目标，才能使生产面貌得到根本改变，最终让公司总的经营奋斗目标变为现实。

因此，依据不同的客户提出的不同要求，民用客机的工程设计工作完成后，产品构型定义工作才能开展。在新管理模式的改造过程中，先从设计部门中将构型定义工作分离出来；由制造工程部门负责，把一个大的定义工作阶段分配到产品构型与工艺过程定义、工装设计、数控编程、工艺文档工作中去。

一是简化构型管理（SCM）：改变按产品图纸进行有效性管理的办法，控制飞机构型时通过飞机制造顺序号和零件号进行，进一步简化构型、改善管理。

二是重新分类与合理组织特定生产流程（TBS）：从大的方面将复杂纷繁的飞机生产分成三种生产类型：基本的、稳定的零组件备货生产流程（TBS1）；按客户订单、但选件为现成品的装配生产流程（TBS2）；按客户订单、但选件需重新组织设计的加工生产流程（TBS3）。要统一有效地组织所有生产活动，并且都要区别类型。

三是全面改进与组织特定物料管理（TMM）：采用一种新方法、新工作方式来统一、协调地组织满足三种生产流程类型的物料需求，满足多场地、多供应商的资源管理，适应准时制生产模式（JIT）的应用要求。

四是组织统一的生产信息数据库（SSPD）：按照以上三方面新的管理模式，统一管理生产过程的数据，保证信息内容的唯一性、完整性、协调性、有效性，以及无冗余。

启示：

面对新的市场形势和步步紧逼的竞争对手，波音公司不断革新企业管理模式，为使自己一直保持领先优势，从容应对同行挑战，采用新的生产管理方法，降低成本、提高效率，全力适应市场的千变万化。

一、生产计划体系

生产计划是企业经营计划的重要组成部分,是企业对生产任务做出的统筹安排,是企业组织生产活动的依据。编制生产计划是生产管理的一项基本任务,它是根据市场的需求和企业的技术、设备、人力、物资、动力等资源能力条件,合理地安排计划期内应当生产的产品品种、产量和出产进度,充分地满足社会和用户的需要。

(一) 生产计划的体系

生产计划可以按其在工业企业生产经营中所处的地位和影响的时间长度,划分为长期、中期、短期三个层次。这三个层次的生产计划相互联系、相互配合,构成了一个完整的生产计划体系。

1. 长期生产计划

长期生产计划是整个企业的生产指导计划,其计划长度一般为3～5年,或更长的时间。它是企业在生产、技术、财务等方面重大问题的规划,提出了企业的长远发展目标以及为实现目标所制订的战略计划。长期生产计划的主要任务是进行产品决策、生产能力决策以及竞争优势决策。

2. 中期生产计划

中期生产计划又称为综合生产计划和生产计划大纲,其计划期一般为1年。因此,很多企业又称之为年度生产计划。中期生产计划的任务是在正确预测市场需求的基础上,充分利用现有资源和生产能力,尽可能均衡地组织生产活动和合理地控制库存水平,以及尽可能满足市场需求和获得利润。中期生产计划是企业为了生产出符合市场需要或顾客要求的产品,所确定的在什么时候生产、在哪个车间生产以及如何生产的总体计划。该计划是对企业总体生产任务的确定与进度安排。企业的中期生产计划是根据销售计划制订的,它又是企业制订物资供应计划、生产任务平衡计划、设备管理计划和生产作业计划的主要依据。

3. 短期生产计划

短期生产计划,又称为生产作业计划,它的计划期在半年以下,一般为月或跨月计划。它包括物料需求计划、生产能力需要计划等。短期生产计划的任务是直接根据顾客订单,合理地安排生产活动的每个细节,使它们紧密衔接,以确保按顾客要求的质量、数量和交货期交货。

(二) 生产计划的主要指标

生产计划是企业经营管理计划的组成部分,是企业在经营计划期内完成生产目标的行动纲领,是企业生产管理的依据,也是企业编制物资供应、财务、劳动等其他计划的主要依据。

生产计划的主要指标包括产品品种、质量、产量与产值等。它们各有不同的经济内容,从不同的侧面反映企业计划期内生产活动的要求。

1. 品种指标

产品品种指标是企业在计划期内应该生产的产品名称和品种数量。例如,钢铁企业有各种不同牌号的钢材；机械制造厂有各种不同型号的机器；纺织企业有不同支数的棉纱和不同花色规格的布匹等。产品品种指标表明企业在花色品种方面满足社会需求的程度，反映企业的专业化协作水平、技术水平及管理水平。品种指标应根据市场需求来确定。

2. 质量指标

产品质量指标是企业在计划期内各种产品应达到的质量标准。产品质量指标一般有产品的使用寿命、效能、产品平均技术性能或有效成分的含量、产品的等级率等。产品质量是衡量产品使用价值的重要指标，也综合地反映了企业的技术水平和管理水平。

3. 产量指标

产品产量指标是企业在计划期内应该生产可供销售的工业产品的实物数量和工业性劳务的数量。它反映企业在一定时期内可向社会提供的产品数量，规定了企业在计划期内产品的构成和主要产品方向。产量指标是表示企业生产成果的重要指标，是企业进行供产销平衡和编制生产作业计划、组织日常生产的重要依据。

4. 产值指标

产值指标是用货币表示的产量指标，能综合反映企业生产经营活动成果，以便于不同行业进行比较。根据具体内容与作用不同，产值指标分为商品产值、总产值和净产值三种。

（1）商品产值。商品产值是企业在计划期内应当出产的可供销售的产品和工业性劳务的价值，它表明了企业在计划期内向社会提供的商品总量，一般按现行价格计算。

（2）总产值。总产值是用货币表现的企业生产在计划期内应该完成的工作总量，它一般按不变价格计算。总产值指标反映了一定时期内企业生产总的规模和水平，是计算企业生产发展速度及劳动生产率指标的重要依据。但是，总产值由于受转移价值的影响，往往不能正确反映企业的生产成果。

（3）净产值。净产值是企业在计划期内新创造的价值，它一般按现行价格计算。净产值从工业总产值中扣除转移价值，因此，它不受原材料等转移价值的影响，能正确反映企业的生产劳动成果。

上述各项生产计划指标的关系十分密切。既定的产品品种、质量和产量指标，是计算各项产值指标的基础，而各项产值指标又是企业生产成果的综合反映。企业在编制生产计划时，应首先落实产品的品种、质量与产量指标，然后据此计算产值指标。

二、生产作业计划

生产作业计划是生产计划的具体执行计划，它把生产计划中规定的月度生产任务具体分配到各车间、工段、班组以至每个工作地和个人，规定他们在月、旬、周、日，以至轮班和小时内的具体生产任务，并按日历顺序安排生产进度，从而保证按品种、质量、数量、期限和成本完成企业的生产任务。生产作业计划是建立企业正常生产秩序和管理秩序的主要手段，是企业计划管理的重要环节。

（一）作业计划标准

作业计划标准又称期量标准，是指为制造对象（产品、部件、零件等）在生产期限和生产数量方面所规定的标准数据。期量标准是编制生产作业计划的重要依据和组织均衡生产的有力工具。企业的生产类型不同，生产过程组织也就不同，因而形成了不同的期量标准。

1. 批量和生产间隔期

批量是指一次投入（出产）相同制品的数量。生产间隔期是指相邻两批同种制品投入（出产）的时间间隔。其相互间的关系可用下式表示

$$批量 = 生产间隔期 \times 平均日产量$$

$$生产间隔期 = 批量 / 平均日产量$$

2. 生产周期

生产周期是指产品或零件从原材料投入生产起一直到成品出产为止所经历的全部日历时间。它是确定产品在各个工艺阶段的投入期和出产期的主要依据。产品的生产周期由各个工艺阶段的生产周期组成。

3. 生产提前期

生产提前期是指产品（零件）在各个工艺阶段出产（投入）的日期比成品出产日期要提前的时间。生产提前期有投入提前期和出产提前期。提前期是编制生产作业计划，保证按期交货，履行订货合同的重要期量标准。

提前期是根据车间生产周期和生产间隔期计算的，同时要考虑一个保险期。提前期是按反工艺顺序连续计算的，其计算公式如下

$$某车间投入提前期 = 本车间出产提前期 + 本车间生产周期$$

$$某车间生产提前期 = 后车间投入提前期 + 保险期$$

4. 在制品定额

在制品定额是指在一定技术组织条件下，为了保证生产连续而均衡进行所必需的最低限度的在制品数量。一定数量的在制品是保证生产正常进行的客观需要，但如果在制品过多，就会增加生产面积和资金占用，影响经济效益。如果在制品过少，往往导致生产脱节，设备停歇。因此，必须把在制品定额确定在适当的水平上。在制品、半成品定额计算公式如下

$$车间在制品定额 = 平均每日出产量 \times 车间生产周期 + 保险储备量$$

$$库存半成品定额 = 后车间平均每日需用量 \times 库存定额天数 + 保险储备量$$

（二）生产作业计划的编制

编制生产作业计划包括编制车间的作业计划及分工段或分小组的作业计划。这两步工作的方法原理是相同的，区别是计划编制的详细程度和责任单位有所不同。分车间的作业计划由厂部编制，它解决车间与车间生产数量及时间衔接等平衡问题。对于对象专业化车间，因各个车间平行地完成各种不同产品的生产任务，应按照的产品分工、生产能力和各种具体条件直接分配任务给各车间。对于工艺专业化车间，因各个车间之间依次提供半成品，则应根据生产类型和其他情况采用下述方法。

1. 在制品定额法

在制品定额法适用于大量大批生产类型。这类企业生产产品品种比较单一，产量比较大，工艺和各车间之间的分工协作关系密切稳定，只要把在制品控制在定额水平上，就可以保证生

产过程正常地进行。采用在制品定额法，就是运用预先制定的在制品定额，按照产品的反工艺顺序，从生产成品的最后车间开始，连续地计算各车间的出产量和投入量。其计算公式为

$$某车间出产量 = 后车间投入量 + 本车间半成品外售量 + (库存半成品定额 - 期初库存半成品预计结存量)$$

$$某车间投入量 = 车间出产量 + 本车间计划废品量 + (车间在制品定额 - 期初车间在制品预计结存量)$$

2. 提前期法

提前期法适用于成批生产企业。这类企业各种产品轮番生产，各个生产环节结存的在制品的品种和数量经常不一样。但是，各种主要产品的生产间隔期、批量、生产周期和提前期比较固定，因此，可以采用提前期法来规定车间的生产任务。所谓提前期法，就是将先制订的提前期标准转化为提前量，来规定车间的生产任务，使车间之间由"期"的衔接变为"量"的衔接。其计算公式如下

$$提前期量 = 提前期 \times 平均日产量$$

3. 生产周期法

生产周期适用于单件小批生产企业。这类企业生产任务多数是根据订货合同来确定的，生产的品种、数量和时间都不固定，产品是一次性或定期重复生产。因此，各车间的生产在数量上衔接比较简单，关键是合理搭配订货，调整处理品种多变与保持车间均衡负荷之间的矛盾。

采用生产周期法规定车间生产任务，就是根据订货合同规定的交货期限，为每一批订货编制出产品生产周期进度图，然后根据各种产品的生产周期进度表，确定各车间在计划月份应该投入和生产的订货项目，以及各项订货在各车间投入和生产时间。通过产品投入和生产进度表，就可以保证各车间的衔接，协调各种产品的生产和平衡车间的生产能力。

读一读

主生产计划员的午间两小时

星期三上午，11:50，C电器设备公司的主生产计划员朱女士正准备去吃午饭，电话铃响了，是公司主管销售的副总裁。

"朱女士，你好。我刚刚接到我们浙江销售代表的电话，他说，如果我们能够比D公司交货更快，就可以和一家大公司做成A3系统的一笔大生意。"

"这是一个好消息，"朱女士回答，"一套A3系统可以卖100万呐。"

"是的，"副总裁说道，"这将是一个重要的新客户，一直由D公司控制着，如果我们这第一步走出去了，以后的生意会接踵而来的。"

朱女士知道，副总裁给她打电话决不仅仅是要告诉她这个好消息。"如果我们能够比D公司交货更快"才是打电话的原因。作为主生产计划员，她意识到副总裁下面还有话说，她全神贯注地听着。

"你知道，朱女士，交货是销售中的大问题。D公司已经把他们的交货期从原来的5周缩短到了4周。"副总裁停顿了一下，也许是让朱女士做好思想准备。然后接着说，"如

果我们要做成这笔生意，我们就必须做得比 D 公司更好。我们可以在 3 周之内向这家公司提供一套 A3 系统吗？"

朱女士在今天上午刚刚检查过 A3 系统的主生产计划，她知道，最近几周生产线都已经排满了，而且，A3 系统的累计提前期是 6 周。看来必须修改计划。"是 3 周以后发货吗？"朱女士问道。

"恐怕不行，3 周就要到达客户的码头。"副总裁回答。朱女士和副总裁都清楚，A3 系统太大，只能水运。

"那我来处理这件事吧。"朱女士说，"两小时之后我给您回电话。我需要检查主生产计划，还需要和有关人员讨论。"

副总裁去吃午饭了。朱女士继续工作、解决问题：她要重新检查 A3 系统的主生产计划，有几套 A3 系统正处于不同的生产阶段，是为其他客户生产的。她需要考虑当前可用的能力和物料，尽最大的努力，使销售代表能够赢得这个重要的新客户；她还必须让其他老客户保持满意。尽一切可能把所有这些事情做好，这是她的工作。

下午 1：50，朱女士给销售副总裁打了电话："您可以通知您的销售代表，从现在开始 3 周，一套 A3 系统可以到达客户的码头……"

"太好了！朱女士。您是怎么解决的呀？"副总裁高兴地问道。

"事情是这样，我们有一套 A2 系统正在生产过程中。我请您的助手给这套 A2 系统的客户代表打电话，询问能否推迟 2 周交货。我们答应这家客户，如果他们同意推迟两周交货，我们将为他们延长产品保修期。他们同意了，我们的财务部门也批准了。我可以修改计划，利用现有的物料和能力把 A2 系统升级为 A3 系统，就可以按时交货了。但是还有一个问题，如果能解决，那就可以为您浙江的销售代表开绿灯了。"

"什么问题？"副总裁有点担心。

"您的广东销售代表有一份 A3 系统的单子正在生产过程中。如果我们按刚说的那样来改变计划，这份订单就得推迟 3～4 天，您看可以吗？"

球又回到了副总裁手里。他清楚，对原有计划的任何修改，即使是精心的修改，都要付出一些代价。"好吧，我来处理。"副总裁说。

问题终于解决了。朱女士看看表，14：15，她感到了饥饿。

这个案例清楚地说明，在主生产计划制订和执行过程中，主生产计划员处于一个非常关键的位置。他（她）的任务是和企业组织中的其他人一起工作来协调希望做和能够做的事情。ERP 软件系统的主生产计划功能为主计划员提供了一个工具，主生产计划员必须用好这个工具。主生产计划员必须充分了解企业，知道什么可以做，什么不可以做，知道销售人员所面临的问题。他（她）不但要精通计划的机制，还要了解企业的整体业务，要了解公司的客户、产品、产品的生产过程以及供应商，以便于协调市场销售部门和生产部门以及其他有关部门的工作。因此，做主生产计划，绝不仅仅是向主生产计划矩阵里面填写数字。

在这个案例中，主生产计划员利用 MPS 软件工具得到关于 A3 系统的生产、能力和物料信息，在此基础上，她要精心考虑如何重新做出安排，既要实现本公司的目标，又要让客户满意。她对产品和产品生产过程的充分了解，使她清楚如何把 A2 系统升级为 A3 系统。她具有组织和沟通的能力，和公司的其他人员，包括销售、市场、工程技术、财务以及高层管理人员协同工作，找到了一个需要公司各个方面共同支持的解决方案。

三、先进生产管理方法

为了保证生产过程有序运行，以及出于控制成本的需要，生产企业普遍采用了一些先进的生产管理方式，目前最常采用的生产管理方式有JIT、精益生产、敏捷制造和大规模定制化生产。

（一）JIT

在20世纪后半期，整个汽车市场进入了一个市场需求多样化的新阶段，而且对质量的要求也越来越高，随之给制造业提出了新课题：如何有效地组织多品种小批量生产，否则，生产过剩所引起的设备、人员、非必需费用等一系列的浪费，进而会影响到企业的竞争能力以至生存。在这种历史背景下，1953年，日本丰田公司的副总裁大野耐一综合了单件生产和批量生产的特点和优点，创造了一种在多品种小批量混合生产条件下高质量、低消耗的生产方式，即准时制生产（Just In Time，JIT）。准时制指的是，将必要的零件以必要的数量在必要的时间送到生产线，并且只将所需要的零件、以所需要的数量、在正好需要的时间送到生产线。这是为适应20世纪60年代消费需要变得多样化、个性化而建立的一种生产体系及为此生产体系服务的物流体系。因此，准时生产制的出发点就是不断消除浪费，进行永无休止的改进。

1．JIT的基本思想

在准时制生产方式推广以前，世界汽车生产企业包括丰田公司均采取福特式的"总动员生产方式"，即一半时间人员和设备、流水线等待零件，另一半时间等零件一运到，全体人员总动员，紧急生产产品。这种方式造成了生产过程中的物流不合理现象，尤以库存积压和短缺为特征，生产线或者不开机，或者开机后就大量生产，这种模式导致了严重的资源浪费。丰田公司的准时制采取的是多品种少批量、短周期的生产方式，实现了消除库存，优化生产物流，减少浪费的目的。

JIT的基本思想可概括为"在需要的时候，按需要的量生产所需的产品"，也就是通过生产的计划和控制及库存的管理，追求一种无库存或库存达到最小的生产系统。为此，丰田开发了包括"看板"在内的一系列具体方法，并逐渐形成了一套独具特色的生产经营体系。

2．JIT的目标

JIT的最终目标是建立一个平衡系统，即一个贯穿整个系统的平滑、迅速的物料流。总目标实现程度取决于几个特定配套子目标的完成程度。这些子目标是：

（1）零库存。一个充满库存的生产系统，会掩盖系统中存在的各种问题。例如，设备故障造成停机，工作质量低造成废品或返修，横向扯皮造成工期延误，计划不周造成生产脱节等，都可以动用各种库存，使矛盾钝化、问题被淹没。表面上看，生产仍在平衡进行，实际上整个生产系统可能已千疮百孔，更可怕的是，如果对生产系统存在的各种问题熟视无睹，麻木不仁，长此以往，紧迫感和进取心将丧失殆尽。因此，日本人称库存是"万恶之源"，是生产系统设计不合理、生产过程不协调、生产操作不良的证明，并提出"向零库存进军"的口号。因此，"零库存"就成为JIT追求的主要目标之一。

（2）高柔性。高柔性是指企业的生产组织形式灵活多变，能适应市场需求多样化的要求，及时组织多品种生产，以提高企业的竞争能力。面临市场多变这一新问题，精益生产方式 JIT 必须以高柔性为目标，实现高柔性与高生产率的统一。为实现柔性和生产率的统一，JIT 必须在组织、劳动力、设备三方面表现出较高的柔性。

（3）零缺陷。传统的生产管理很少提出零缺陷的目标，一般企业只提出可允许的不合格百分比和可接受的质量水平。其观念是：不合格品达到一定数量是不可避免的。而 JIT 的目标是消除各种产生不合格品的原因，在加工过程中每一工序都要求达到最好水平，追求零缺陷。

3. JIT 的支持手段

JIT 有三种手段来达到其目标。

（1）适时适量生产。适时适量生产主要指生产同步化和生产均衡化两方面。

（2）弹性配置作业人数。根据生产量的变动，弹性地增减各生产线的作业人数，以及尽量用较少的人力完成较多的生产。

（3）质量保证方法。在 JIT 生产方式中，通过将质量管理贯穿于每一工序之中来实现提高质量与降低成本的一致性，具体方法是自动化。自动化是指融入生产组织中的这样两种机制：第一，使设备或生产线能够自动检测不良产品；第二，生产第一线的设备操作工人发现产品或设备的问题时，有权自行停止生产。

（二）精益生产

精益生产（Lean Production，LP）是美国麻省理工学院（MIT）于 1989 年和 1990 年出版的《美国制造业的衰退及对策——夺回生产优势》和《改变世界的机器》两本专著中提出的概念，实际上，在此之前日本在这方面已做了大量工作，如日本丰田汽车公司早已在这方面进行了大量实践。

1. 精益生产的基本思想

精益生产是在生产实践中总结出来的新的生产概念。它的目的是要在一个企业里同时获得极高的生产效率、极佳的产品质量和很好的生产柔性。在生产组织上强调各部门相互密切合作的综合集成。这不仅限于生产过程本身，尤其重视产品开发，生产准备和生产之间的合作与集成。

精益生产首先在产品质量上追求尽善尽美，保证用户在产品整个生命周期内都感到满意。在企业内部的生产组织上充分考虑人的因素，采用灵活的小组工作方式和强调相互合作的并行工作方式。在物料管理方面，准时的物料后勤供应的零库存目标，使在制品大大减少，节约流动资金。在生产技术上，采用适度的自动化技术明显提高了生产效率。这一切，都使企业资源能够得到合理的配置和充分的利用。

2. 精益生产的主要特征

（1）面向客户。企业重视客户的需求，与客户保持密切的联系，不仅向客户提供服务，还要洞悉客户的思想和要求，以最快的速度和最适宜的价格向客户提供优质的适销新产品去占领市场。

（2）以人为本。企业重视员工的作用，强调一专多能，以企业各部门的专业人员组成面向项目产品的工作小组，赋予每个员工一定的独立自主权，充分发挥员工的积极性和创造性。

（3）以精简为手段。要精简一切生产中不创造价值的工作，减少管理层次，精简组织机构，简化开发过程和生产过程，减少非生产费用，强调一体化质量保证。

（4）精益求精。企业要持续不断地改进生产、降低成本，力求达到零废品、零库存和产品品种多样化。

3. 精益生产的关键技术

实现精益生产的关键技术有成组技术（GT）、准时制生产（JIT）、全面质量管理（TQM）三大支柱技术和计算机网络及其网络环境支持下的并行工程技术。

（1）成组技术（GT）。应用 GT 可将原生产系统的老模式改变成流水型和单元型的新模式，可使企业工作简化和有序，这是实现多品种、小批量、低成本、高柔性、按顾客订单组织生产的基础。

（2）准时制生产（JIT）。JIT 是实施精益生产的核心，它以市场需求为驱动，按质、按量、按时提供市场需要的产品，是缩短生产周期、加快资金周转和降低生产成本的主要方法。

（3）全面质量管理（TQM）。精益生产要求企业员工重视产品质量，采用 TQM 是保证产品质量、树立企业形象和达到零缺陷的主要措施。

（4）计算机网络及其网络环境下的并行技术。这是实现精益生产的基层支持技术。在先进制造系统中，网络技术（包括硬件、软件技术）是不可缺少的。在实施精益生产中，并行技术主要反映在产品的设计中。

（三）敏捷制造

20 世纪 90 年代，信息技术突飞猛进，信息化的浪潮汹涌而来，许多国家制订了旨在提高自己国家在未来世界中的竞争地位、培养竞争优势的先进的制造计划。为重新夺回美国制造业的世界领先地位，美国政府把制造业发展战略目标瞄向 21 世纪。美国通用汽车公司和里海大学的雅柯卡研究所在美国国防部的资助下，组织了百余家公司，由通用汽车公司、波音公司、IBM、得州仪器公司、AT&T、摩托罗拉等 15 家著名大公司和美国国防部代表共 20 人组成了核心研究队伍。此项研究历时三年，于 1994 年年底提出了《21 世纪制造企业战略》。这份报告提出了既能体现国防部与工业界各自的特殊利益，又能获取他们共同利益的一种新的生产方式，即敏捷制造（Agile Manufacturing，AM）。

1. 敏捷制造的核心思想

敏捷制造的核心思想是：要提高企业对市场变化的快速反应能力，满足顾客的要求。除了充分利用企业内部资源外，还可以充分利用其他企业乃至社会的资源来组织生产。

2. 敏捷制造的三要素

敏捷制造主要包括三个要素：生产技术、组织方式、管理手段。

敏捷制造的目的可概括为："将柔性生产技术，有技术、有知识的劳动力与能够促进企业内部和企业之间合作的灵活管理（三要素）集成在一起，通过所建立的共同基础结构，对迅速改变的市场需求和市场实际做出快速响应。"从这一目标中可以看出，敏捷制造实际上主要包括三个要素：生产技术、管理技术和人力资源。

（1）敏捷制造的生产技术。敏捷性是通过将技术、管理和人员三种资源集成为一个协调的、相互关联的系统来实现的。具体体现为：具有高度柔性的生产设备是创建敏捷制造企业的必要条件；在产品开发和制造过程中，能运用计算机能力和制造过程的知识基础，用数字计算方法设计复杂产品；信息能够在制造、工程、市场研究、采购、财务、仓储、销售、研究等部门之间连续地流动，而且还要在敏捷制造企业与其供应厂家之间连续流动。

（2）敏捷制造的管理技术。首先，敏捷制造在管理上所提出的创新思想之一是"虚拟公司"。只要能把分布在不同地方的企业资源集中起来，敏捷制造企业就能随时构成虚拟公司。其次，敏捷制造企业应具有组织上的柔性。根据工作任务的不同，随时可以组成解决问题的团队，形成虚拟企业。

（3）敏捷制造的人力资源。敏捷制造在人力资源上的基本思想是，在动态竞争的环境中，关键的因素是人员。柔性生产技术和柔性管理要使敏捷制造企业的人员能够实现他们自己提出的发明和合理化建议。没有一个一成不变的原则来指导此类企业的运行。唯一可行的长期指导原则，是提供必要的物质资源和组织资源，支持人员的创造性和主动性。

（四）大规模定制化生产

大规模定制（Mass Customization，MC）是一种集企业、客户、供应商、员工和环境于一体，在系统思想指导下，用整体优化的观点，充分利用企业已有的各种资源，在标准技术、现代设计方法、信息技术和先进制造技术的支持下，根据客户的个性化需求，以大批量生产的低成本、高质量和效率提供定制产品和服务的生产方式。

大规模定制生产方式包括了诸如时间的竞争、精益生产和微观销售等管理思想的精华，其方法模式得到了现代生产、管理、组织、信息、营销等技术平台的支持，因而就有了超过以往生产模式的优势，更能适应网络经济和经济技术国际一体化的竞争局面。

1. 基本思想

大规模定制的基本思想在于通过产品结构和制造流程的重构，运用现代化的信息技术、新材料技术、柔性制造技术等一系列高新技术，把产品的定制生产问题全部或者部分转化为批量生产，以大规模生产的成本和速度，为单个客户或小批量多品种市场定制任意数量的产品。

2. 定制分类

把大规模定制分为按订单销售、按订单装配、按订单制造和按订单设计四种类型，这种分类方法已经被学术界和企业界普遍接受采用。

（1）按订单销售。按订单销售又可称为按库存生产，这是一种大批量生产方式。在这种生产方式中，只有销售活动是由客户订货驱动的，企业通过客户订单分离点位置往后移动而减少现有产品的成品库存。

（2）按订单装配。按订单装配是指企业接到客户订单后，将企业中已有的零部件经过再配置后向客户提供定制产品的生产方式，如模块化的汽车、个人计算机等。在这种生产方式中，装配活动及其下游的活动是由客户订货驱动的，企业通过客户订单分离点位置往后移动而减少现有产品零部件和模块库存。

（3）按订单制造。按订单制造是指接到客户订单后，在已有零部件的基础上进行变型设计、制造和装配，最终向客户提供定制产品的生产方式，大部分机械产品属于此类生产方式。在这种生产方式中，客户订单分离点位于产品的生产阶段，变型设计及其下游的活动是由客户订货驱动的。

（4）按订单设计。按订单设计是指根据客户订单中的特殊需求，重新设计能满足特殊需求的新零部件或整个产品。客户订单分离点（CODP）位于产品的开发设计阶段。较少的通用原材料和零部件不受客户订单的影响，产品的开发设计及原材料供应、生产、运输都由客户订单驱动。企业在接到客户订单后，按照订单的具体要求，设计能够满足客户特殊要求的定制化产品，供应商的选择、原材料的要求、设计过程、制造过程以及成品交付等都由客户订单决定。

读一读

海尔：百万台定制冰箱的背后

哈尔滨的宋先生因房间摆放的需要，想要一台左开门冰箱。他于是登录了海尔网站，找到用户定制服务，提出了冰箱开门方式的特殊需求。7天后，宋先生拿到了海尔集团专门为他定制的左开门冰箱。

山东银座商城是第一家接到海尔定制冰箱产品的商场，一千余台特制冰箱从订货到交货只用了两天时间。南京新街口百货大楼也尝到了定制冰箱的甜头。当他们按自己设想定制的500多台定制冰箱几天时间便被抢购一空时，乐得家电部经理连连说："没想到，没想到"。

定制冰箱可以说是海尔从制造业向服务业转移的"先行者"。所谓定制冰箱，就是厂家根据消费者的要求生产的一种特制冰箱。比如，消费者可以根据家具的颜色或是自己的品位，定制自己喜欢的冰箱外观色彩、尺寸大小和内置设计。这种冰箱对厂家来说，就是把"我生产你购买"转变成了"你设计我生产"。虽然这两者都是做冰箱，但前者是生产决定消费，是典型的制造业，而后者却有了服务业的概念，是需求决定生产。

海尔集团首席执行官张瑞敏说："新经济时代，企业面对的是千千万万的个体，或者说是一对一的消费者。他们会提出无数个性化的需求。能够满足这种需求，你便会在新经济中掌握主动，否则，就会被淘汰。"

目前，海尔已能做到只要用户提出定制需求，一周之内就可以将产品投入生产。而如今海尔冰箱生产线上的冰箱，大部分是按照全国各大商场的要求专门定制的。

任务四　生产现场管理

案例导入

海尔的6S管理

张瑞敏刚上任时，企业亏损，员工上班后说走就走，随意拿走工厂财物。在治乱、治差、建章立制、实施OEC管理法（日事日毕，日清日高，即：每天的工作每天完成，每天工作要清理并要每天有所提高）之际，海尔效仿日本"5S"现场管理法，根据本厂实际，又增加了一项内容"安全",成为"6S"管理法。总的出发点是:改善和提高企业形象,改善员工精神面貌,使组织活力化;降低生产成本,保障安全生产,消除作业故障,提高作业效率,缩短作业周期,进而提高企业的效率和效益。

进入厂区大门后,非常惹人注目的是每条道路、每块草坪旁都挂着写有"负责人××检查人××"并注明日期的牌子。车间里,电梯、门窗、每台设备都张贴或悬挂着同样的牌子。

走进海尔生产车间,一眼便可看到在入口处和作业区显眼的地方,有一块约60厘米见方的特别图案:红框、白芯。白芯上醒目地印着一双绿色大脚印——海尔将它称为"6S大脚印"。站在这双大脚印上抬头向前看,一块写有"整理、整顿、清扫、清洁、素养、安全"的6S牌子即刻映入眼帘。

每日班后,班长都站在绿色大脚印上,总结当日"6S"及其他工作指标的完成情况。班前会上,班长也要站在此处讲评昨日的"6S"工作并宣布当日要求,并且要将昨日"6S"做得较差的员工请到脚印上检讨自己的工作,以求今日改进。

在车间里,每个班组的工序那里都挂着一块赫然醒目的牌子,牌子上写着班组中每名员工的名字,名字底下分别贴着一些绿色或黄色的圆标签。这是海尔实行"绿色工位认证"的动态显示,名字下面是绿色表示处于正常状态;黄色表示该工位工作有偏差,需要尽快纠偏;红色表示工作质量离标准差距很大,需要立即整顿。

事实上,从实行"绿色工位认证"以来,大多数员工的名字下面都始终保持绿色标志。

启示:

现场管理的关键是抓细节,贵在坚持,实施6S管理,做到以下几点非常重要。

1. 事事、物物都有人管,并有人监督检查管的效果,以保证整个企业每一环节的运行不出偏差疏漏。

2. 每日寻找差距,以求第二天干得更好。

3. 严格的现场查核、员工的观念转变是提升现场管理的保证。

4. 方法要简单实用,促进员工加强自我管理。

生产现场管理是为了有效地实现企业的经营目标,运用科学的管理制度、标准和方法,对生产现场的各个生产要素,包括人(操作者和管理人员)、机(设备、工具、工位器具)、料(原材料、辅料)、法(加工、检测方法)、环(环境)、能(能源)、信(信息)等,进行合理、有效的计划、组织、协调、控制和激励,使其处于良好状态,实施优化组合,保持正常运转,以求达到优质、高效、低能、均衡、安全地进行生产。

近年来,在企业中广泛应用的生产现场管理方法有"5S"管理、定置管理和目视管理等。通过这些方法的应用,各企业的生产现场管理水平能得到明显改善。

一、"5S"管理

(一) 5S管理的起源

5S管理源自日本,刚开始只是强调工厂的整理、整顿,后来由于管理提升的需要,又增加了清扫、清洁、素养，形成了现在的 5S 管理体系。

5S 管理以塑造一个清爽、明朗、洁净的工作场所作为目的，使全体员工，尤其是现场作业员，能更安全、更轻松、更愉快、更有效地完成任务，从而提升企业形象，强化企业制度。由于 5S 管理对于工厂的安全、卫生、效率、品质、成本等方面有极强的改善力，是工厂管理的基础，因此日本的企业与国外企业进行技术合作或在国外设厂时，首先必须导入 5S 管理，使 5S 管理得以遍地开花，近年来，欧美国家的企业也纷纷导入 5S 管理。

（二）5S 管理的内涵

5S 管理指的是：整理（SEIRI）、整顿（SEITON）、清扫（SEISO）、清洁（SEIKETSU）和素养（SHISUKE）。因上述 5 个日文词汇的罗马拼音第一个字母均为"S"，故称之为 5S。

5S 管理可提升员工的自身修养，形成强健、高应变力的企业特征。在市场竞争的时代，企业除了要有独到的技术之外，还需提供低成本、高品质及价格合理的产品，而要达成这些条件，最简单的方法就是实施 5S 管理。5S 理论非常简单，完全是一门行动的科学。

1. 整理

整理是按照整治的原则，规定正确的秩序，区分"要"与"不要"的物品，并将不需要的物品清理掉。

2. 整顿

整顿是将必要物品定位、定量放置好，便于拿取和放回，消除浪费。

3. 清扫

清扫是彻底清理场所的垃圾、污垢和异物，使其干净及容易显现问题点。

4. 清洁

清洁是重点地做好整理、整顿和清扫，并使之制度化、规范化，包含解决问题的对策及成果的维持。

5. 素养

素养是努力提高员工的素养，使其遵守规定的事项，自觉执行各项标准，并养成习惯。

企业在实施 5S 管理时，不一定要完全按照上述 5 个项目实施，有的企业可依自身特性去掉其中某项，或按上述的 5S 而另加入其他项目，如安全、服务等，成为 6S、7S 等。如海尔在引进 5S 管理后，又加入"安全"一项，成为 6S 管理，现在也成为众多企业效仿推行的现场管理方式。但不管是 6S 还是 7S，其实施的精神都已包含在上述的 5S 管理中。因此，一般以推行上述的 5S 管理较为普遍。

"6S"现场管理法

（三）5S 管理的推行

1. 推行 5S 管理成功的条件

企业成功推行 5S 活动的条件包括：管理者或高层管理者的支持、全员彻底了解 5S 管理的意义与重要性、以团队方式来推动 5S 管理、确立明确的活动目标、建立合理的评价考核制度、以渐进的方法来逐步推动 5S 管理、灵活地运用各种技巧与手法、开展有效的宣传配合活动、持续不断地进行活动等。

2. 5S管理推行的要点

（1）高层管理者的重视与支持。5S管理需要企业最高管理者给予积极的支持及制定明确的方针，因为5S管理的推行顺利与否，取决于全员一致的行动，而员工的态度，很大程度上取决于管理者的重视程度，如果管理者不能身先士卒，甚至公司总经理在活动期间从不去现场了解情况，也不过问活动推行情况，这样的5S从活动开始即可能宣告失败。

（2）推行5S管理的应有心态。5S管理容易做，却不容易坚持下去。5S管理的推行切忌急功近利，有的管理者希望5S管理的实施能争取大量订单或认为5S管理只是大扫除，表面干净就一劳永逸。其实，5S管理作为工厂体制改善的重要手段，其目的就是为了建设一个能防止事故、有规律的生产现场，通过长期的潜移默化养成员工由打扫垃圾转变为不丢垃圾、保持整洁的良好工作习惯。因此，为了达成5S管理的最终目的，全员必须要有推行5S管理的决心。

（3）5S管理的推行要循序渐进。针对工厂的实绩与现状，明确制定5S的目的及目标、活动计划，并依计划阶段性推进。5S管理一开始是为了防止事故发生，因此首要以3S（整理、整顿、清扫）为重点，其次才涵盖清洁及素养，当5S达到一定水准时，则通过目标管理达到长期的实施效果。

（4）制定活动规则。5S管理推行时，必须先制定各部门（如车间、办公室、仓库）整理、整顿的标准。例如，不要物品的处理办法、物料定位规定等规则。同时明确各部门5S责任区域及共用区域的责任人。

（5）督导与评审。采取定期或随时方式，由总经理或5S推行委员会进行督导与评估，其执行方式有红牌检查、检查表等，维持5S管理的新鲜感，通过对优秀单位的表扬、5S竞赛等活动实现深入的推广。

（6）5S管理推行的时机。5S管理的推行时机是影响推行顺利与否的重要因素，如果在工厂的生产高峰期推行5S管理，就有可能导致基层员工抵制，因为此时员工生产任务重，根本无心去执行；在工厂士气低迷、人员流动较大时推行，也会遇到重重困难。最好是在生产由旺季转入淡季时开始实施，或在工厂组织其他活动，如推行ISO 9000管理体系时进行。

二、定置管理

定置管理是对生产现场中的人、物、场所三者之间的关系进行科学的分析研究，使其达到最佳结合状态的一种科学管理方法。定置管理是以生产现场为研究对象，通过整理、整顿把与生产现场无关的物品清除干净，把需要的物品放在规定的位置，以物在场所的科学定置的信息系统为媒介，使各生产要素有机结合，达到生产现场管理的科学化、规范化和标准化。

（一）定置管理的基本要求

要进行人、物、场所的合理组合，以提高作业效率和生产效率。要做到工位器具标准化、规范化，以保证为生产提供有利条件。现场道路通畅，环境整洁，以保障操作人员安全和身心健康。严格按定置图定置，使现场图、物、场、账一致，减少多余的物品存放，做到节约、高效、控制。

(二)定置管理的基本方法

定置管理最终要实现人、物、场所的有效结合,达到高效地完成预定任务的目标。其中,最基本的是人和物的结合。

1. 人与物的结合状态

在生产现场,人与物的结合状态有 A、B、C 三种。

(1) A 状态。A 状态即人与物能马上结合并发挥效能的状态。例如,操作工人在生产过程中需要某种刀具、模具、量具,他能及时拿到后立即使用,不耽误时间,这时人与物的结合状态就是 A 状态。这是生产中最理想的状态,能使生产井然有序。

(2) B 状态。B 状态是指人与物处于寻找状态或尚不能很好发挥效能的状态。例如,生产现场物品存放缺乏条理与规律,造成需要使用时因寻找而花费时间;在制品堆放不合理,当加工时每次需要弯腰一个个捡起来,使准备工时增加,又增加了工人疲劳强度。在企业内,B 状态是经常见到的一种不良状态。

(3) C 状态。C 状态是指生产现场的人与物失去联系的状态。在这种状态下,物虽然在生产现场,但是人与物之间却失去了联系。例如,生产现场存放的已报废的设备与工装,生产中产生的报废品、垃圾和与生产现场无关的工人生活用品。这些没有存在价值的物品,仍占用作业面积,同时也给生产现场带来许多麻烦、障碍,成为许多质量与安全问题的隐患。

2. 物与所的关系

人与物合理结合的同时,还需要处理与场所的关系,因为物与场所有效结合是实现人与物合理结合的基础。物与场所的结合,就是对生产现场、人、物进行作业分析和动作研究,使加工对象按生产需要、工艺要求科学地固定在某一位置上,达到物与场所的有效结合,缩短人与物结合的时间,消除人的重复动作,以促进人与物的最佳结合。实现物与场所的有效结合,首先要求场所本身处于良好的状态。就场所本身看,同样有 A、B、C 三种状态。

(1) A 状态。这是一个良好的状态。工作环境良好,场所中物品放置有序,作业空间、通风设施、恒温设备、光照、噪声、粉尘等状态都符合人的生理、生产、安全与卫生的要求。

(2) B 状态。这是一个需要改善的状态。工作环境存在着一些缺憾。场所的布局不尽合理,或只满足生理需要,或只满足生产需要,或两者都不能满足。

(3) C 状态。这是一个需要彻底改造的状态。这种状态的存在和延续对现场人员有严重危害。

定置管理的任务是努力使物与场所保持 A 状态,杜绝 C 状态,并坚决采取果断措施和对策,将 B、C 状态转换为 A 状态。

3. 定置方法

定置方法有两种基本形式。

(1) 固定位置,即场所固定、物品存放位置固定、物品信息媒介固定。这种"三固定"的方法,适用于那些在物流运动中进行周期性运动,即物品用后回归原地,在下一生产活动中重复使用的物品。例如一些较大型工具,在不使用时放在固定位置,这个固定位置就是固定场所，生产需要时领取出来，使用完毕经检验无损，再放回到原固定地点。它突出的特点是，特定对象的存放地点始终是固定不变的。

（2）自由位置，即相对固定一个存放物品区域。至于在这个区域内的具体放置位置，要由生产过程来决定。这种方法适用于物流系统中那些不回归、不重复使用的物品，它随工序而转移，如原材料、在制品、成品等。采用这种方法，需要注意空间的充分利用，还要便于收发和清点。

（三）定置管理的原则

1. 定置必有图

在开展定置管理时，必须有定置图来辅助进行。

2. 定置必有物

图物相符，要把生产场所存在的各种物品都反映在定置图上。

3. 有物必有区

划区进行管理堆放，区域明确。

4. 有区必有牌

发挥信息媒介的作用，让各区都有鲜明标志，并使信息标准化，标牌的颜色、规格、文字、数字的字体大小，全厂要统一规定。

5. 有牌必分类

将同一类别的物品放在各自指定的区域内，按类存放，不能乱放，做到各就各位，并且不能占用任何交通运输通道。

6. 账（图）物必一致

使各类台账或定置图与实物一致。

三、目视管理

（一）目视管理的含义

目视管理是利用形象直观、色彩适宜的各种视觉感知信息来组织现场生产活动，达到提高劳动生产率目的的一种管理方式。它是以视觉信号为基本原则，尽可能地使管理者的要求和意图让员工看得见，借以推动自助管理、自我控制。因此，目视管理是一种以公开化和视觉显示为特征的管理方式，也可称之为"看得见的管理"。

（二）目视管理的优点

1. 目视管理形象直观，有利于提高工作效率

现场管理人员组织、指挥生产，实质是在发布各种信息。操作工人有秩序地进行生产作业，就是接收信息后采取行动的过程。在机器生产条件下，生产系统高速运转，要求信息传递和处理既要快又要准。如果与每个操作工人有关的信息都要由管理人员直接传达，那么不难想象，成百上千个生产现场需要配备多少管理人员。

目视管理为解决这个问题找到了简捷之路。它告诉我们，迄今为止，操作工人接受信息最常用的感觉器官是眼睛、耳朵和神经末梢，其中又以视觉信号最为普遍。可以发出视觉信号的手段有仪器、显示屏、信号灯、标识牌、图表等，其特点是形象直观，容易认读和识别，简单方便。在有条件的岗位上充分利用视觉信号显示手段，可以迅速而准确地传递信息，无须管理人员现场指挥，即可有效地组织生产。

2. 目视管理透明度高，便于现场人员相互监督，发挥激励作用

实行目视管理，对生产作业的各种要求可以做到公开化，干什么、怎么干、干多少、什么时间干、在何处干等问题一目了然，这就有利于人们默契配合、相互监督，使违反劳动纪律的现象不容易隐藏起来。

总之，大机器生产既要求有严格的管理，又需要培养人们自主管理、自我控制的习惯与能力。目视管理为此提供了有效且具体的方式。

3. 目视管理有利于产生良好的生理和心理效应

对于改善生产条件和环境，人们往往比较注意从物质技术方面着手，而忽视现场人员的生理、心理和社会特点。例如，控制机器设备和生产流程的仪器、仪表必须配齐，这是加强现场管理不可缺少的物质条件。

目视管理的长处就在于，它十分重视综合运用管理学、心理学、生理学和社会学等多学科的研究成果，能够比较科学地改善同现场人员视觉感知有关的各种环境因素，使之既符合现代技术要求，又适应人们的心理和生理的特点，这样就会产生良好的生理和心理效应，调动并保护工人的生产积极性。

（三）推行目视管理的基本要求

推行目视管理，要防止搞形式主义，一定要从企业实际出发，有重点、有计划地逐步展开。在这个过程中，应做到的要求是：统一、简约、鲜明、实用、严格。

① 统一，即目视管理要实行标准化，消除五花八门的杂乱现象。
② 简约，即各种视觉显示信号应易懂，一目了然。
③ 鲜明，即各种视觉显示信号要清晰，位置适宜，现场人员都能看得见、看得清。
④ 实用，即不摆架子，少花钱、多办事，讲究实效。
⑤ 严格，即现场所有人员都应该严格遵守和执行有关规定，有错必纠，奖罚分明。

（四）目视管理工具

1. 红牌

红牌适用于5S中的整理，是改善的基础起点，用来区分日常生产活动中的非必需品。挂红牌的活动又称为红牌作战。

2. 看板

看板用在5S的看板管理中，是用于表示物品放置场所等基本状况的表示板，标示物品的具体位置在哪里、做什么用、数量是多少、谁负责、谁来管理等重要的项目，让人一看就明白。5S强调的是透明化、公开化，因而目视管理有一个先决条件，就是消除黑箱作用。

3. 信号灯或者异常信号灯

在生产现场，第一线的管理人员必须随时知道，作业员或机器是否在正常地开动、是否在正常地作业。信号灯是工序内发生异常时，用于通知管理人员的工具。信号灯的种类有：发音信号灯适用于物料请求通知，当工序内物料用完时，或者工序的信号灯亮时，扬声器马上会通知搬送人员及时供应；异常信号灯用于产品质量不良、作业异常等情况发生的场合，通常安装在大型工厂较长的生产、装配流水线；运转指示灯显示设备状态的运转、机器开动、转换或停止的状况，停止时还显示它的停止原因；进度灯安装在组装生产线（手动或半自动生产线），其每一道工序间隔是 1～2 分钟，用于组装节拍的控制，以保证产量。

4. 操作流程图

操作流程图本身是描述工序重点和作业顺序的简明指示书，也称为步骤图，用于指导生产作业。在一般的车间内，特别是工序比较复杂的车间，在看板管理中一定要有操作流程图。原材料进来后，第一个工序是签收，第二个工序是点料，第三个工序是转换或者转制，这种指示就叫作操作流程图。

5. 提醒板

提醒板用于防止遗漏。健忘是人的本性，不可能杜绝，只能通过一些自主管理的方法来最大限度地减少遗漏和遗忘。例如，有的车间在进出口处挂一块提醒板，写明今天有多少产品要在何时送到何处，或者什么产品一定要在何时生产完毕；或者有领导来视察，下午 2 点有一个什么检查。这些统称为提醒板。提醒板还可采用图示的方式标示作业情况。一般来说，用纵轴表示时间，用横轴表示日期，纵轴的时间间隔通常为一个小时，一天用 8 个小时来区分，每一个小时，就是每一个时间段记录一次合格品、不良品或者是次品的情况，让作业者自己记录。提醒板一个月统计一次，在每个月的例会中总结，与上个月进行比较，看是否有进步，并确定下个月的目标，这就是提醒板的另一个重要作用。

6. 区域线

区域线就是对半成品放置的场所或通道等区域，用线条把它画出来，便于整理与整顿，常用于定制管理。

7. 警示线

警示线就是在仓库或其他物品放置处用来表示最大或最小库存量的涂在地上的彩色漆线，用于看板管理中。

8. 告示板

告示板是一种及时管理的工具，也就是公告，就某一通知或内容广而告之，让所有的人都知道如几点召开什么会议等。

9. 生产管理板

生产管理板是揭示生产线的生产状况、进度的表示板，记录生产实绩、设备开动率、异常原因（停产、故障）等，用于看板管理。

任务五 智能制造

案例导入

西门子智能工厂

24小时交货时间，每1秒出一个产品，合格率99.9985%，管理30亿个元器件，约1 200名员工，5公里长的地下元器件运输带，磁悬浮运输带！——这就是西门子安贝格工厂！

这家工厂，生产设备和电脑可以自主处理75%的工序，只有剩余1/4的工作需要人工完成。

自建成以来，安贝格工厂的生产面积没有扩张，员工数量也几乎未变，产能却提升了8倍，平均1秒即可生产一个产品。同时，产品质量合格率高达99.9985%，全球没有任何一家同类工厂可以匹敌。

这个令人叹为观止的西门子"未来工厂"，不是在未来，而是就在当下，在德国巴伐利亚东部的安贝格，纽伦堡以东约60公里的维尔斯河畔——德国工业4.0最佳示范单位之一。

所谓未来工厂，西门子的官网的说法是数字化工厂，或者直接称为安贝格电子制造工厂（Electronic Works Amberg，EWA）。

这家明星工厂的闪光之处在于"机器控制机器的生产"，也就是端到端的数字化，这正是未来制造所要达到的目标。

这家工厂主要生产SIMATIC可编程逻辑控制器（PLC）及相关产品，打个比方说，这些东西类似电脑里的CPU。一般来说，一家汽车制造厂仅需使用50～100套SIMATIC控制系统，一个石油平台只需使用5～20套。EWA则生产多达1 000种的这类产品可被用于控制机械设备与工厂，从而实现生产过程的自动化。

而数字化带来的产品之间以及产品与机器设备之间的互通互联，使得生产路径不断优化，生产效率不断提升。

在安贝格，每条生产线上都运行着约1 000台SIMATIC控制器。这些产品通过产品代码控制自身的制造过程，它们可告知生产设备要求是什么、下一步工序是什么。

产品可与生产设备通信，所有流程均已经实现了IT控制并进行了优化。工人在这里只需要做生产全过程1/4的工作，比如在生产之初，将印刷电路板安装在生产线上，此后所有的工作均由机器自动控制完成。

即使是原料配送也全部实现了自动化与信息化。在安贝格工厂的地下仓库里，物料安静地等待着被运送到需要它们的生产线上，地下运输带长达5米。

当生产过程中需要某种物料时，屏幕上会有提示，工人会拿着扫描枪，在物料样品上进行扫描。条码信息传输到工厂的自动化仓库之后，ERP系统发出的指令会让自动化的物流系统去仓库的指定位置取指定的物料，然后通过自动升降机将物料传送到生产线附近。

高度的数字化和自动化提升了生产效率。不过，人依然不可或缺。

在生产车间中，时不时会看到工人在走动巡查。这家工厂依然有大约 1 200 名员工，实行三班轮换制，每班有 300～400 名员工。他们会起身查看自己负责环节的进展，比如手工连接上某些原材料以及查看数据等。

由于工厂里的所有设备都已经联网，可以实时交换数据，因此员工可以通过移动终端查看重要信息。而 1 000 多台扫描仪实时记录所有生产步骤，包括焊接温度、贴片数据和测试结果等产品细节信息。而人最为重要的作用是提出改进意见。现在，员工提出的改进意见对年生产力增长的贡献率达 40%，剩余 60% 源于基础设施投资，包括购置新装配线和用创新方法改造物流设备。

启示：

智能制造与传统制造的核心区别是将 Big Data 变成 Smart Data，通过数据挖掘、分析及管理层整合，以及分类主动推送给相关员工等多种手段，来让人员用好数据，提高制造系统的智能化水平和生产效率。

2008 年国际金融危机以后，已经实现了工业化的主要发达国家反思并审视"脱实向虚"的发展模式，重新聚焦实体经济，纷纷实施"再工业化"战略，力图重振制造业，并不断扩大竞争优势。比如，美国发布了"先进制造业伙伴计划"、德国提出"工业 4.0"、日本启动"再兴战略"、法国颁布了"工业新法国"、英国实施"高价值制造战略"等。我国国务院也印发了《中国制造 2025》。与此同时，其他新兴经济体也在加快推进工业化的进程，试图利用低成本的竞争优势，加紧抢占国际制造业市场份额，打造新的"世界工厂"。

其中，德国制造业在世界上具有较强的竞争力，在全球制造装备领域拥有领头羊的地位。工业 4.0 战略的实施，将使德国成为新一代工业生产技术（即信息物理系统）的供应国和主导市场，会使德国在继续保持国内制造业发展的前提下再次提升它的全球竞争力。

一、工业 4.0 进化过程

工业革命 1.0： 18 世纪末期始于英国的第一次工业革命，于 19 世纪中叶结束。这次工业革命的结果是机械生产代替了手工劳动，经济社会从以农业、手工业为基础，转型到了以工业和机械制造带动经济发展的模式。

工业革命 2.0： 第二次工业领域大变革发生在 20 世纪初期，进入了生产线生产的阶段，通过零部件生产与产品装配的成功分离，开创了产品批量生产的新模式。20 世纪 70 年代以后，电子工程和信息技术的加入实现了生产的最优化和自动化。

工业革命 3.0： 第三次工业革命始于第二次工业革命过程中发生的生产过程高度自动化。自此，机械能够逐步替代人类作业。

工业革命 4.0： 未来 10 年，第四次工业革命将步入"分散化"生产的新时代。工业 4.0 通过决定生产制造过程等的网络技术，实现实时管理。

二、工业 4.0 三大主题

工业 4.0 项目主要分为三大主题：

一是"智能工厂"，重点研究智能化生产系统及过程，以及网络化分布式生产设施的实现。

二是"智能生产"，主要涉及整个企业的生产物流管理、人机互动以及 3D 技术在工业生产过程中的应用等。该计划将特别注重吸引中小企业参与，力图使中小企业成为新一代智能化生产技术的使用者和受益者，同时也成为先进工业生产技术的创造者和供应者。

三是"智能物流"，主要通过互联网、物联网、物流网，整合物流资源，充分发挥现有物流资源供应方的效率，而需求方则能够快速获得服务匹配，得到物流支持。

三、制造业未来发展趋势

全球制造业发展趋势不断变化，新技术不断出现。随着技术进步和消费者需求提升，制造业开始从规模化批量生产向定制化服务转变。制造商的商业模式已从以产品为主转为以客户为主。随着资源稀缺性的加剧和对环境保护重视程度的加深，制造企业将寻求更加高效、可持续化的生产经营模式。总的来说，全球制造业发展呈现五大趋势。

（一）由规模化生产向定制化生产转变。一方面是由于发展中国家收入持续增长，"金砖"国家数十亿人口摆脱贫困，进一步提高了对定制化产品的需求；另一方面，增材制造（3D 打印）、新材料和自动化等新技术在制造业的发展应用，使得为个人和小众市场生产高度定制化产品成为可能。

（二）由单纯生产向产品服务化转变。为更好地了解和满足客户需求，制造企业将进一步向供应链下端延伸，通过专业公司提供高度集成的服务产品组合。由于客户的需求正在从产品转向服务与体验，而信息技术的快速发展也使得消费者、企业和政府能够通过虚拟平台获取信息、完成交易以及实现人机互动。

（三）由传统生产向智能化和信息化转变。全球制造业逐步受到物联网发展的影响。传感器、自动控制、智能机器人、嵌入式电子设备、网络互联等技术的综合运用能够有效整合制造业供应链数据。在生产车间里，智能设备、机械和控制系统的互通性越来越强。

（四）由粗放生产向可持续化生产转变。未来 20 年，新兴经济体将继续推进工业化，由此带来对能源、矿产和水等资源需求的大幅增长。随着全社会对碳排放和气候变化影响的关注，消费者希望产品能够减少能源与材料使用量，采用可持续化工艺制造，从而提高价值链效率，实现可持续化经营。

（五）促进专业化分工和纵向一体化转变。随着供应链运输成本的降低，部分具有较高数字化程度的市场正逐步实现专业化分工，这也就加大了对合作的需求。

> **读一读**
>
> 《中国制造 2025》（节选）
>
> 制造业是国民经济的主体，是立国之本、兴国之器、强国之基。18 世纪中叶开启工业文明以来，世界强国的兴衰史和中华民族的奋斗史一再证明，没有强大的制造业，就

没有国家和民族的强盛。打造具有国际竞争力的制造业，是我国提升综合国力、保障国家安全、建设世界强国的必由之路。

新中国成立，尤其是改革开放以来，我国制造业持续快速发展，建成了门类齐全、独立完整的产业体系，有力推动工业化和现代化进程，显著增强综合国力，支撑我世界大国地位。然而，与世界先进水平相比，我国制造业仍然大而不强，在自主创新能力、资源利用效率、产业结构水平、信息化程度、质量效益等方面差距明显，转型升级和跨越发展的任务紧迫而艰巨。

当前，新一轮科技革命和产业变革与我国加快转变经济发展方式形成历史性交汇，国际产业分工格局正在重塑。必须紧紧抓住这一重大历史机遇，按照"四个全面"战略布局要求，实施制造强国战略，加强统筹规划和前瞻部署，力争通过三个十年的努力，到新中国成立一百年时，把我国建设成为引领世界制造业发展的制造强国，为实现中华民族伟大复兴打下坚实基础。

《中国制造2025》是我国实施制造强国战略第一个十年的行动纲领。

战略目标

立足国情，立足现实，力争通过"三步走"实现制造强国的战略目标。

第一步：力争用十年时间，迈入制造强国行列。

到2020年，基本实现工业化，制造业大国地位进一步巩固，制造业信息化水平大幅提升。掌握一批重点领域关键核心技术，优势领域竞争力进一步增强，产品质量有较大提高。制造业数字化、网络化、智能化取得明显进展。重点行业单位工业增加值能耗、物耗及污染物排放明显下降。

到2025年，制造业整体素质大幅提升，创新能力显著增强，全员劳动生产率明显提高，两化（工业化和信息化）融合迈上新台阶。重点行业单位工业增加值能耗、物耗及污染物排放达到世界先进水平。形成一批具有较强国际竞争力的跨国公司和产业集群，在全球产业分工和价值链中的地位明显提升。

第二步：到2035年，我国制造业整体达到世界制造强国阵营中等水平。创新能力大幅提升，重点领域发展取得重大突破，整体竞争力明显增强，优势行业形成全球创新引领能力，全面实现工业化。

第三步：新中国成立一百年时，制造业大国地位更加巩固，综合实力进入世界制造强国前列。制造业主要领域具有创新引领能力和明显竞争优势，建成全球领先的技术体系和产业体系。

战略任务和重点

实现制造强国的战略目标，必须坚持问题导向，统筹谋划，突出重点；必须凝聚全社会共识，加快制造业转型升级，全面提高发展质量和核心竞争力。

（一）提高国家制造业创新能力

完善以企业为主体、市场为导向、政产学研用相结合的制造业创新体系。围绕产业链部署创新链，围绕创新链配置资源链，加强关键核心技术攻关，加速科技成果产业化，提高关键环节和重点领域的创新能力。

（二）推进信息化与工业化深度融合

加快推动新一代信息技术与制造技术融合发展，把智能制造作为两化深度融合的主攻方向；着力发展智能装备和智能产品，推进生产过程智能化，培育新型生产方式，全面提升企业研发、生产、管理和服务的智能化水平。

（三）强化工业基础能力

核心基础零部件（元器件）、先进基础工艺、关键基础材料和产业技术基础（以下统称"四基"）等工业基础能力薄弱，是制约我国制造业创新发展和质量提升的症结所在。要坚持问题导向、产需结合、协同创新、重点突破的原则，着力破解制约重点产业发展的瓶颈。

（四）加强质量品牌建设

提升质量控制技术，完善质量管理机制，夯实质量发展基础，优化质量发展环境，努力实现制造业质量大幅提升。鼓励企业追求卓越品质，形成具有自主知识产权的名牌产品，不断提升企业品牌价值和中国制造整体形象。

（五）全面推行绿色制造

加大先进节能环保技术、工艺和装备的研发力度，加快制造业绿色改造升级；积极推行低碳化、循环化和集约化，提高制造业资源利用效率；强化产品全生命周期绿色管理，努力构建高效、清洁、低碳、循环的绿色制造体系。

（六）大力推动重点领域突破发展

瞄准新一代信息技术、高端装备、新材料、生物医药等战略重点，引导社会各类资源集聚，推动优势和战略产业快速发展。

1. 新一代信息技术产业

集成电路及专用装备。着力提升集成电路设计水平，不断丰富知识产权（IP）核和设计工具，突破关系国家信息与网络安全及电子整机产业发展的核心通用芯片，提升国产芯片的应用适配能力。掌握高密度封装及三维（3D）微组装技术，提升封装产业和测试的自主发展能力。形成关键制造装备供货能力。

信息通信设备。掌握新型计算、高速互联、先进存储、体系化安全保障等核心技术，全面突破第五代移动通信（5G）技术、核心路由交换技术、超高速大容量智能光传输技术、"未来网络"核心技术和体系架构，积极推动量子计算、神经网络等发展。研发高端服务器、大容量存储、新型路由交换、新型智能终端、新一代基站、网络安全等设备，推动核心信息通信设备体系化发展与规模化应用。

操作系统及工业软件。开发安全领域操作系统等工业基础软件。突破智能设计与仿真及其工具、制造物联与服务、工业大数据处理等高端工业软件核心技术，开发自主可控的高端工业平台软件和重点领域应用软件，建立完善工业软件集成标准与安全测评体系。推进自主工业软件体系化发展和产业化应用。

2. 高档数控机床和机器人

高档数控机床。开发一批精密、高速、高效、柔性数控机床与基础制造装备及集成制造系统。加快高档数控机床、增材制造等前沿技术和装备的研发。以提升可靠性、精度保持性为重点，开发高档数控系统、伺服电机、轴承、光栅等主要功能部件及关键应用软件，加快实现产业化。加强用户工艺验证能力建设。

机器人。围绕汽车、机械、电子、危险品制造、国防军工、化工、轻工等工业机器人、特种机器人，以及医疗健康、家庭服务、教育娱乐等服务机器人应用需求，积极研发新产品，促进机器人标准化、模块化发展，扩大市场应用。突破机器人本体、减速器、伺服电机、控制器、传感器与驱动器等关键零部件及系统集成设计制造等技术瓶颈。

3. 航空航天装备

航空装备。加快大型飞机研制，适时启动宽体客机研制，鼓励国际合作研制重型直升机；推进干支线飞机、直升机、无人机和通用飞机产业化。突破高推重比、先进涡桨（轴）发动机及大涵道比涡扇发动机技术，建立发动机自主发展工业体系。开发先进机载设备及系统，形成自主完整的航空产业链。

航天装备。发展新一代运载火箭、重型运载器，提升进入空间能力。加快推进国家民用空间基础设施建设，发展新型卫星等空间平台与有效载荷、空天地宽带互联网系统，形成长期持续稳定的卫星遥感、通信、导航等空间信息服务能力。推动载人航天、月球探测工程，适度发展深空探测。推进航天技术转化与空间技术应用。

4. 海洋工程装备及高技术船舶

大力发展深海探测、资源开发利用、海上作业保障装备及其关键系统和专用设备。推动深海空间站、大型浮式结构物的开发和工程化。形成海洋工程装备综合试验、检测与鉴定能力，提高海洋开发利用水平。突破豪华邮轮设计建造技术，全面提升液化天然气船等高技术船舶国际竞争力，掌握重点配套设备集成化、智能化、模块化设计制造核心技术。

5. 先进轨道交通装备

加快新材料、新技术和新工艺的应用，重点突破体系化安全保障、节能环保、数字化智能化网络化技术，研制先进可靠适用的产品和轻量化、模块化、谱系化产品。研发新一代绿色智能、高速重载轨道交通装备系统，围绕系统全寿命周期，向用户提供整体解决方案，建立世界领先的现代轨道交通产业体系。

6. 节能与新能源汽车

继续支持电动汽车、燃料电池汽车发展，掌握汽车低碳化、信息化、智能化核心技术，提升动力电池、驱动电机、高效内燃机、先进变速器、轻量化材料、智能控制等核心技术的工程化和产业化能力，形成从关键零部件到整车的完整工业体系和创新体系，推动自主品牌节能与新能源汽车同国际先进水平接轨。

7. 电力装备

推动大型高效超净排放煤电机组产业化和示范应用，进一步提高超大容量水电机组、核电机组、重型燃气轮机制造水平。推进新能源和可再生能源装备、先进储能装置、智能电网用输变电及用户端设备发展。突破大功率电力电子器件、高温超导材料等关键元器件和材料的制造及应用技术，形成产业化能力。

8. 农机装备

重点发展粮、棉、油、糖等大宗粮食和战略性经济作物育、耕、种、管、收、运、贮等主要生产过程使用的先进农机装备,加快发展大型拖拉机及其复式作业机具、大型高效联合收割机等高端农业装备及关键核心零部件。提高农机装备信息收集、智能决策和精准作业能力,推进形成面向农业生产的信息化整体解决方案。

9. 新材料

以特种金属功能材料、高性能结构材料、功能性高分子材料、特种无机非金属材料和先进复合材料为发展重点,加快研发先进熔炼、凝固成型、气相沉积、型材加工、高效合成等新材料制备关键技术和装备,加强基础研究和体系建设,突破产业化制备瓶颈。积极发展军民共用特种新材料,加快技术双向转移转化,促进新材料产业军民融合发展。高度关注颠覆性新材料对传统材料的影响,做好超导材料、纳米材料、石墨烯、生物基材料等战略前沿材料提前布局和研制。加快基础材料升级换代。

10. 生物医药及高性能医疗器械

发展针对重大疾病的化学药、中药、生物技术药物新产品,重点包括新机制和新靶点化学药、抗体药物、抗体偶联药物、全新结构蛋白及多肽药物、新型疫苗、临床优势突出的创新中药及个性化治疗药物。提高医疗器械的创新能力和产业化水平,重点发展影像设备、医用机器人等高性能诊疗设备,全降解血管支架等高值医用耗材,可穿戴、远程诊疗等移动医疗产品。实现生物 3D 打印、诱导多能干细胞等新技术的突破和应用。

任务实战:制订企业生产计划

1. 任务名称: 制订企业生产计划

2. 实施步骤:

(1)CEO 组织本公司全体成员共同讨论,确定公司生产运作管理计划(确定企业年度生产计划、月度生产计划等)。

(2)CEO 到台前汇报设计成果。

(3)各公司互评打分。

(4)教师总结点评。

3. 任务分析:

企业成立以后,需要进行生产,而生产离不开生产计划,完善的计划可以为企业的发展提供良好的发展方向,使企业获得可观的利润。

首先,各小组要对市场进行调研,了解以往市场的需求情况和销售情况,根据企业经营规划,并结合库存信息制订年度生产计划。

其次,将年度生产计划细化到月生产计划,并将生产任务分配到具体的执行单位(如生产车间)。

第一步:以年为单位,制订初步生产计划,并验证可行性。

_____年生产计划

编制单位：　　　　　　　　　　编号：　　　　　　　　　　　　年　月　日

序　号	产品名称	规格及型号	单　位	数　量	单　价	金额（万元）	备　注
合计							

批准：　　　　　　　　　　　　审核：　　　　　　　　　　　　　　编制：

第二步：将年度生产计划细化到月生产计划，将生产任务分配到生产车间。

_____年_____月生产计划

编制单位：　　　　　　　　　　编号：　　　　　　　　　　　　年　月　日

序号	产品名称	规格及型号	计量单位	库存	销售计划		实际生产计划		一车间					二车间				
					数量	产值（万元）	产量	产值（万元）	产量	第一周	第二周	第三周	第四周	产量	第一周	第二周	第三周	第四周
合计																		

批准：　　　　　　　　　　　　审核：　　　　　　　　　　　　　　编制：

课后练习

一、单选题

1. 海尔提倡的6S管理方法中的第6个"S"是指（　　）。
   A．素养　　　　　　B．安全　　　　　　C．系统　　　　　　D．服务
2. 按生产的专业化程度进行分类，制造类型不包括（　　）。
   A．大量生产　　　　B．定制生产　　　　C．成批生产　　　　D．单件生产
3. 生产过程的空间组织形式包括工艺专业化和（　　）。
   A．对象专业化　　　B．设备专业化　　　C．流水线化　　　　D．自动化
4. 每批零件只有在前道工序全部加工完之后，才整批地转送到下道工序进行加工的方式是指（　　）。
   A．平行移动生产方式　　　　　　　　B．顺序移动生产方式
   C．平行顺序移动方式　　　　　　　　D．车间生产方式
5. 在对象专业化生产线里（　　）。
   A．集中了同类型的设备，同工种工人，可以对不同类对象进行不同工艺的加工

B. 集中了同类型的设备，不同工种工人，可以对不同类对象进行相同工艺的加工

C. 集中了不同类型的设备，不同工种工人，可以对同类对象进行所有工艺的加工

D. 集中了不同类型的设备，同工种工人，可以对同类对象进行不同工艺的加工

二、判断题

1. 可以把制造性生产按企业生产组织的特点，分为备货型生产和订货型生产。（ ）
2. 生产运作的对象是生产运作系统。（ ）
3. 中期生产计划，又称为综合生产计划和生产计划大纲，其计划期一般为 3～5 年。（ ）
4. 产值指标是用货币表示的产量指标。（ ）
5. 在生产现场，人与物的结合状态有 A、B、C 三种。其中 B 状态是指人与物能马上结合并发挥效能的状态。（ ）

三、简答题

1. 简述生产过程组织的形式。
2. 简述 5S 管理思想。
3. 简述生产计划的主要指标。

四、计算题

有一批零件，需经四道工序加工，各工序单件加工时间分别为：T_1=15 分钟、T_2=10 分钟、T_3=15 分钟、T_4=10 分钟，设批量为 5 件，试计算顺序移动方式下的加工周期。

五、案例分析题

李老板的烦恼

李老板开了一家小工厂生产汽车零配件，最近有好几个订单延误了交期，导致客户不满，而李老板自己每天忙着筹集资金、拜访客户、拉订单、跑销售，忙得不可开交，但工厂的效益却不尽如人意。这天李老板愁眉苦脸地走进车间巡视了一遍，看到了以下情景：

（1）车间物品摆放太乱，没有秩序，使空间变得很小。车间内没把使用工具放好，员工找工具时难找或找不到，严重影响了工作效率。

（2）上班聊天现象比较普遍，员工没有好好地投入到工作中、一心二用。

（3）车间里物品摆设的地方，没有明确的标识。

（4）车间合格品和不良品没有明确地分开或做标识，使操作员在下机的时候会用错或把不良品下机，导致不良品批量性出现。

（5）车间里每个工位都没有明确的操作手法和工艺要求，使有些人或有些刚进来的新员工没有品质意识，也没有掌握正确的操作方法。

（6）车间内品质宣传标语过少，员工的品质意识很淡薄，只讲效率不讲品质。

（7）外来材料检验不严格，员工在生产时才发现外来材料的种种缺陷，在这样的情况下，员工不知道是凑合着用还是不用。

李老板回来后更加烦恼了。他不知道该怎么解决以上问题。

问题：

1. 李老板的问题出在哪？
2. 试运用 5S 管理方法帮李老板解决以上问题。

项目六
实施全面质量管理

> 质量是企业的生命线,是企业生存和发展的根本命脉。面对市场竞争愈加激烈的今天,质量管控显得尤为重要。越来越多的企业通过从国内外优秀企业引进或者自己探索实践的方式开展质量管理工作。
>
> 本项目旨在介绍质量管理理论的发展阶段、全面质量管理的方法和工具、质量认证的国际标准和认证方法等内容。

学习目标

学习完本项目后,你将能够:
- ➢ 了解质量管理理论的发展阶段
- ➢ 理解全面质量管理的方法
- ➢ 掌握全面质量管理的旧七种工具和新七种工具的应用
- ➢ 掌握 ISO 9000 分类标准的构成
- ➢ 掌握质量认证的主要模式

素质目标

通过学习质量要素相关知识,提升对产品和服务质量的追求,激发自身成为卓越人才的动机,树立高质量意识,践行高质量行为,塑造追求卓越的人格品质。通过质量管理的新旧方法的应用和训练,学会制定质量目标、控制关键因素,进而管理自身情绪,在行事时采取认真负责的态度与行为,在人际关系中为追求共同目标而努力,进而调节彼此的情感,增进彼此的信任度,促进人际关系的和谐,增强自我效能感与自信心。

任务驱动

1. 继续沿用前期确定的虚拟企业组织架构,CEO 对本公司员工的出勤率负责。
2. 由授课讲师介绍关于企业实施全面质量管理的具体知识和内容以及任务实战时制订企业全面质量管理计划的要求。
3. 本项目作为本课程中的第六个任务,由 CEO 负责组织本公司内全体成员共同讨论,确定公司全面质量管理计划(确定质量管理方法和工具、拟采用的质量管理标准及认证流程等)后,由 CQO 到台前汇报展示成果。
4. 各公司认真倾听、讨论,仍然按照表 1-2 的形式互相评分。
5. 每名学生的汇报得分求平均分,即为该生的期末考核成绩。

任务一 全面质量管理认知

> **案例导入**

海尔集团的全面质量管理

日本在第二次世界大战前生产的产品是"廉价货"的代名词,人们对其不屑一顾。而在战后,日本通过对质量飞跃式的改进,使产品质量普遍提高。日本制造的产品有:钢材、轮船、轿车、电子产品医疗设备等,实施全面质量管理不仅使日本产品质量普遍有所提高,也促使经济飞速发展。21世纪,人们对产品品质的要求越来越高,全面质量管理的地位日益重要。

我国的海尔集团是较早应用全面质量管理方式的企业。

1985年,海尔用铁锤砸烂了76台不合格冰箱,这不仅是公司创业的壮举,更是中国一代名牌的起点。海尔始终靠高质量赢得市场,而不是以价格取胜。"高质量"的内涵不仅仅是符合工厂或是国家规定的标准,更意味着不断满足顾客的期望。

从起步开始,海尔就实施了一种全面质量管理的驱动战略。简而言之,它的目标是要成为一个高质量的组织,干出高质量的工作,生产高质量的产品。以"零缺陷"为目标是质量百分之百合格。多数人认为这是荒诞的,但实际上,并不能这么轻易下判断。从统计学的观点上来说,"零缺陷"是没有道理的,在大公司里,根据大数定律,总会有残次品的出现。但是从另一方面来看,如果不为百分之百而奋斗,就是容忍错误,而错误也真的会发生。因此,海尔集团对全体员工进行了全面质量管理重要性的教育,使得全面质量管理深入人心,增强了每名员工的责任感。

海尔的做法是把质量的认同扩大到企业,即所谓"产品质量就是企业生命"。因此,海尔对上至企业管理层下至工厂里的生产线都进行了全面质量管理。首先改进生产线,使内部缺陷成本降到最低;并努力做好售后服务。其次是协调各部门的组织协作能力,全面质量管理重在"全面",各部门协调就显得非常重要了。消费者对海尔人多年来艰苦卓绝树立的海尔质量品牌具有深刻的形象认识,对其质量产生一致的认同,并以企业树立的良好质量形象作为购买依据,从而给海尔带来了综合效益。如今,"海尔"已经成为纯正的"中国造"精品的代名词,并以"产品零缺陷、使用零抱怨、服务零烦恼"的特色向全球展示自己的风采。

启示:

海尔建厂之初采用了德国的生产技术和生产设备,但生产出来的产品却出现很多缺陷,究其根本,原因就在于人的质量意识不够,因此实施全面质量管理应要求"全员参与""突出人的积极因素"。

一、质量及质量管理的含义

质量是指"一组固有特性满足要求的程度",是指反映产品、过程或服务满足规定或潜在需要(或要求)能力的特征和特性的总和。

对于质量的理解包括工作质量和工程质量两方面。

工作质量一般指与质量有关的各项工作对产品质量和服务质量的保证程度。工作质量涉及各个部门、各个岗位工作的有效性,同时决定着产品质量和服务质量。然而,它又取决于人的素质,包括人员的质量意识、责任心、业务水平。其中,最高管理者的工作质量起主导作用,一般管理层和执行层的工作质量起到保证和落实作用。

工程质量是指服务于特定目标的各项工作质量的综合质量。工程质量是产品质量的保证,产品质量是工程质量的体现,因此,质量管理工作应该着眼于对工程质量进行管理。

质量管理是指导和控制组织关于产品质量问题的相互协调活动。通常包括制定质量方针和质量目标,以及质量策划、质量控制、质量保证和质量改进。具体来说,质量管理是指为了保证和提高产品质量而进行的一系列技术、组织、计划、协调和控制等工作的总称。其重点是确定质量方针、目标和职责,并在质量体系中通过诸如质量策划、质量控制、质量保证、质量改进和实施的全部管理活动,对确定和达到质量要求所必需的职能活动的管理。它是企业管理的重要组成部分,是企业管理的中心环节,对促进企业的发展,甚至国民经济的发展具有重要意义。

二、质量管理的发展

质量管理发展成为一门科学是 20 世纪的事情。进入 20 世纪,人类跨入了以"加工机械化、经营规模化、资本垄断化"为特征的工业化时代。在过去的整整一个世纪中,质量管理的发展大致经历了三个阶段:

1. 质量检验阶段(QC)

20 世纪初,人们对质量管理的理解还只限于质量检验。质量检验所使用的手段是各种检测设备和仪表,方式是严格把关,进行百分之百的检验。其间,美国出现了以弗雷德里克·温斯洛·泰勒(Frederick Winslow Taylor)为代表的"科学管理运动"。"科学管理"提出了在人员中进行科学分工的要求,从而产生了一支专职检查队伍,构成了一个专职的检查部门,这样,质量检验机构就被独立了出来。

质量检验是在成品中挑出废品,以保证出厂产品的质量。但这是事后检验把关,而无法在生产过程中起到预防、控制的作用。废品已成事实,很难补救;且百分之百的检验,检验费用较多。1924 年,美国统计学家沃特·阿曼德·休哈特(Walter A. Shewhart)提出了控制和预防缺陷的概念,尝试运用数理统计学的原理,使质量检验既经济又准确,并成功创造了"控制图",把数理统计方法引入质量管理中,使质量管理推进到新阶段。

2. 统计质量控制阶段(SPC)

这一阶段的特征是数理统计方法与质量管理的结合。控制图的出现是质量管理从单纯事后检验转向检验加预防的标志,也是形成一门独立学科的开始。第一本正式出版的质量管理科学专著就是 1931 年休哈特所著的《工业产品质量经济控制》。第二次世界大战开始以后,统计质量管理得到了广泛应用。为了满足战争开始以后军工生产急剧发展的需要,美国军政部门随即组织一批专家和工程技术人员,于 1941—1942 年间先后制订并公布了 Z1.1《质量管理指南》、Z1.2《数据分析用控制图》、Z1.3《生产过程中质量管理控制图法》,强制生产武器弹药的厂商推行,并收到了显著效果。

但是,统计质量管理过分强调质量控制的统计方法,使多数人感到高不可攀、望而生畏。同时,它对质量的控制和管理只局限于制造和检验部门,忽视了其他部门的工作对质量的影响。20 世纪 50 年代以后,以火箭、宇宙飞船、人造卫星等为代表的大型、精密、复杂产品的出现,要求人们运用"系统工程"的概念,把质量问题作为一个有机整体加以综合分析研究,实施全员、全过程、全企业的管理。伴随着 60 年代"行为科学"理论的发展,质量管理又进入了一个新的阶段。

3. 全面质量管理阶段(TQM)

最早提出全面质量管理概念的是美国通用电气公司质量经理阿曼德·费根堡姆(Armand Feigenbaum),他在 1961 年出版的《全面质量管理》一书中提出:"全面质量管理是为了能够在最经济的水平上并考虑到充分满足用户要求的条件下进行市场研究、设计、生产和服务,把企业各部门的研制质量、维持质量和提高质量活动构成为一体的有效体系。"为全面质量管理理论做出突出贡献的还有美国人戴明和朱兰,以及石川馨、田口玄一等一批日本质量管理学家。这一时期,诞生了一系列质量管理方法和工具,如:准时制生产、看板生产、质量功能展开、田口方法、旧七种工具、新七种工具等。质量的概念也从狭义的符合规范发展到以"顾客满意"为目标。全面质量管理不仅提高了产品与服务的质量,而且在企业文化改造与重组的层面上,对企业有着深刻的影响,并被许多"世界级"企业的成功经验证明是一种能使企业获得持久竞争能力的质量管理战略。

全面质量管理理论产生于美国,而真正的成功是在日本,全面质量管理工作的推行促进了日本经济的极大发展。日本企业的成功使全面质量管理理论在世界范围内产生了巨大影响。在各国积极推行全面质量管理促进本国生产的同时,为了适应经济全球化和国际贸易的发展,需要在质量上有共同的语言和共同的准则,这又将质量管理推向了国际标准化阶段。

4. 三个阶段的比较

上述三个阶段的比较见表 6-1。

表 6-1 质量管理发展的三个阶段

阶段 项目	质量检验阶段	统计质量控制阶段	全面质量管理阶段
质量概念	狭义的质量	从狭义向广义发展	广义质量
管理范围	仅限于生产现场	由生产现场转向设计过程	产品形成全过程
管理特点	事后把关,管结果	从把关转向预防	预防为主,管条件因素
管理依据	重在产品质量符合质量规格	按质量标准控制质量	以用户需要为主,重在产品适用性
参与人员	质检人员	技术部门和质量部门	全体员工

三、全面质量管理的指导思想和方法

（一）全面质量管理的指导思想

全面质量管理（Total Quality Management，TQM）是企业管理的中心环节，是企业管理的纲，它和企业的经营目标是一致的。这就要求将企业的生产经营管理与质量管理有机地结合起来。全面质量管理的基本指导思想有以下几个方面：

1. 质量第一

市场的竞争归根结底就是质量的竞争，企业的竞争能力和生存能力主要取决于其满足社会需求的能力。任何产品都必须达到所要求的质量水平，否则就没有或未完全实现其使用价值，从而给消费者和社会带来损失。从这个意义上讲，质量必须是第一位的，"质量第一"的指导思想已成为世界各国的共同认识。

2. 用户至上

"用户至上"就是要树立以用户为中心，为用户服务的思想。要使产品质量与服务质量尽可能满足用户的要求，用户满意了产品才有销路，产品质量的好坏最终应以用户的满意程度为标准。企业的全体员工必须牢固树立用户至上的思想，不仅要做到产品质量达到标准，而且要服务周到。同时还要倡导"下道工序就是用户"的思想，不合格的零部件不能转给下道工序。只有这样，用户才能买得放心、用得满意。

3. 事前控制为主

质量是设计、制造出来的，而不是检验出来的，这说明事前控制是提高产品质量的关键所在。在生产过程中，检验属于事后控制，它可以避免不合格品流入市场，但不能决定不合格品的生产。所以，影响产品质量好坏的真正原因并不在于检验，而主要在于设计和制造。设计质量是先天性的，在设计时就已决定了质量的等级和水平；而制造只是实现设计质量，是符合性质量。但二者不可偏废，都应重视。

4. 强调用数据说话

数据是客观事物的定量反映，用数据说话就是用事实说话。这就要求在全面质量管理工作中必须具有科学的工作作风，在研究问题时不能满足于一知半解和表面现象，对问题的处理不但要有定性分析，还要进行定量分析，做到心中有"数"，这样可以避免主观盲目性。

5. 突出人的积极因素

与质量检验阶段和统计质量控制阶段相比较，全面质量管理阶段格外强调调动人的积极因素的重要性。这是因为现代生产多为大规模系统，环节众多，联系密切复杂，远非单纯靠质量检验或统计方法能奏效的。必须调动人的积极因素，加强质量意识，发挥人的主观能动性，以确保产品和服务的质量。全面质量管理的特点之一就是全体人员参加的管理，"质量第一，人人有责"。

要强化质量意识，调动人的积极因素，一靠教育，二靠规范，需要通过教育培训和考核，同时还要依靠有关质量的立法以及必要的行政手段等各种激励及处罚措施。

（二）全面质量管理的方法

1. 戴明循环

PDCA 循环又叫戴明环，是美国质量管理专家爱德华兹·戴明（Edwards Deming）博士提出的，它是全面质量管理所应遵循的科学程序。全面质量管理活动的全部过程，就是质量计划的制订和组织实现的过程，这个过程就是按照 PDCA 循环，不停顿地周而复始地运转的。

> **知识延伸**
>
> **PDCA 循环的四个阶段**
>
> P（Plan）——计划阶段，确定方针和目标，确定活动计划。
> D（Do）——执行阶段，实地去做，实现计划中内容的细节。
> C（Check）——检查阶段，总结执行计划的结果，注意效果，找出问题。
> A（Action）——处理阶段，对总结检查的结果进行处理，成功的经验加以肯定并适当推广、标准化；失败的教训加以总结，以免重现，未解决的问题放到下一个 PDCA 循环。

PDCA 循环可以使我们的思想方法和工作步骤更加条理化、系统化、图像化和科学化它具有如下特点：

（1）大环套小环，小环保大环，推动大循环。PDCA 循环作为质量管理的基本方法，不仅适用于整个工程项目，也适应于整个企业和企业内的科室、工段、班组以至个人。各级部门根据企业的方针目标，都有自己的 PDCA 循环，层层循环，形成大环套小环，小环里面又套更小的环。大环是小环的母体和依据，小环是大环的分解和保证。各级部门的小环都围绕着企业的总目标朝着同一方向转动。通过循环把企业上下或工程项目的各项工作有机地联系起来，彼此协同，互相促进。以上特点如图 6-1 所示。

（2）不断前进、不断提高。PDCA 循环就像爬楼梯一样，一个循环运转结束，生产的质量就会提高一步，然后再制定下一个循环，再运转、再提高，不断前进，不断提高。具体如图 6-2 所示。

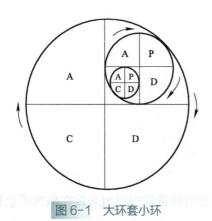

图 6-1　大环套小环　　　　图 6-2　PDCA 循环不停地转动和提高

（3）PDCA 循环是一个综合性的循环。PDCA 循环的四个阶段并非是截然分开的，而是紧密衔接，连成一体，各阶段之间也还存在着一定的交叉现象，如图 6-3 所示。在实际工作中，往往是边计划边实施，边实施边检查，边检查边总结边调整计划，也就是不能机械地去转动 PDCA 循环。

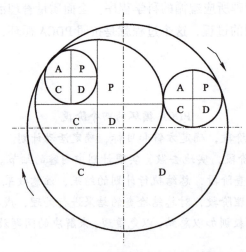

图 6-3　PDCA 循环四个阶段交叉现象

2．六西格玛管理

六西格玛（Six Sigma，6 Sigma）是一种能够严格、集中和高效地改善企业流程管理质量的实施原则和技术。它包含了众多管理前沿的先锋成果，以"零缺陷"的完美商业追求，带动质量成本的大幅度降低，最终实现财务成效的显著提升与企业竞争力的重大突破。

> **知识延伸**
>
> 六西格玛又称：六式码、六标准差、6σ、6Sigma。
>
> 其含义引申后指：一般企业的瑕疵率是 3～4 个西格玛。以 4 西格玛而言，相当于每 100 万个机会里，有 6 210 次误差。如果企业达到 6 西格玛，就几近完美地达成了顾客要求，在 100 万个产品里，只有 3.4 个瑕疵。

六西格玛管理的基本理念：
（1）真正关注顾客。
（2）无边界合作，也叫全面合作。
（3）以数据（事实）驱动管理。
（4）针对过程采取措施。
（5）主动（预防性）管理。
（6）追求完美，但容忍失败。

3．朱兰的质量管理三部曲

美国著名质量管理专家朱兰（J. M. Juran）最重要的质量管理思想表现在他的质量管理"三部曲"和质量"螺旋"理论。

朱兰博士认为，产品中的质量问题80%是由于管理不善引起的，要提高产品质量，就必须抓住计划、控制、改进这三个主要环节，即质量计划、质量控制和质量改进。这一管理模式称为"朱兰三部曲"。

> **知识延伸**
>
> 朱兰质量管理三部曲：质量计划、质量控制和质量改进
> （1）质量计划——为建立有能力满足质量标准化的工作程序，质量计划是必要的。
> （2）质量控制——为了掌握何时采取必要措施纠正质量问题，必须实施质量控制。
> （3）质量改进——质量改进有助于发现更好的管理工作方式。

四、质量管理工具

（一）质量管理的旧七种工具

1. 分层法

分层法又叫分类法，是整理质量数据的一种重要方法。它是把所收集起来的数据按不同的目的加以分类，将性质相同、生产条件相同的数据归为一组，使之系统化，便于找出影响产品质量的具体因素。

2. 排列图

排列图也叫巴雷特图、主次因素分析图和 ABC 法（见图6-4）。它是用来找出影响质量的主要因素的一种方法。它一般由两个纵坐标、一个横坐标、几个长方形和一条折线组成。左边的纵坐标表示频数（如件数、金额、时间等）；右边的纵坐标表示频率；横坐标表示影响质量的各种因素，按频数大小自左至右排列；长方形的高度表示因素频数的大小；折线由表示各因素的累计频率的点连接而成。

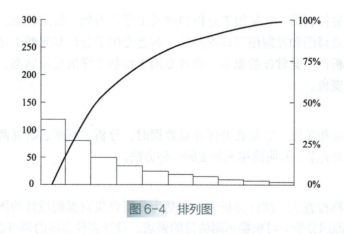

图6-4 排列图

3. 因果图

因果图是整理和分析影响产品（工程、工作）质量的各因素（原因）之间的关系，即表示质量特性与原因之间的关系的一种工作图，它又称因果分析图、树枝图或鱼刺图（见图6-5）。

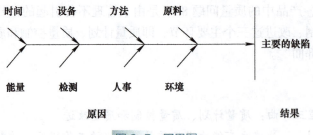

图6-5 因果图

4. 直方图

直方图又称质量分布图和质量散布图（见图6-6）。它是将数据按大小顺序分成若干间隔相等的组，以组距为底边，以落入各组的频数为高，所构成的矩形图。直方图是用来整理质量数据，从中找出规律，用以判断和预测生产过程中质量好坏的一种常用工具。

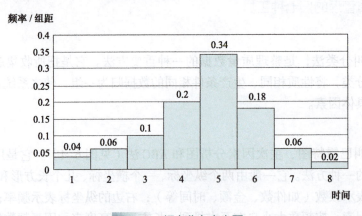

图6-6 频率分布直方图

5. 管理图

管理图，又称控制图。它是用于分析和判断工序是否处于稳定状态，带有管理界限的图。它有分析用管理图和控制用管理图两类。前者专用于分析和判断工序是否处于稳定状态，并且用来分析产生异常波的原因；后者专用于控制工序的质量状态，及时发现并消除工艺过程的失调现象。

6. 散布图

散布图，又称相关图。它是在处理计量数据时，分析、判断、研究两个相对应的变量之间是否存在相关关系，并明确相关程度的一种方法。

7. 调查表

调查表，又称检查表、统计分析表，它是为分层收集数据而设计的图表，用来进行数据整理和粗略的原因分析。可根据不同的目的要求，设计多种多样的调查表。

（二）质量管理的新七种工具

1. 关联图法

关联图法，又称关系图法，是指用连线图来表示事物相互关系的一种方法。如图6-7

所示，图中各种因素 A、B、C、D、E、F、G 之间有一定的因果关系。其中因素 B 受到因素 A、C、E 的影响，它本身又影响到因素 F，而因素 F 又影响着因素 C 和 G……如此找出因素之间的因果关系，便于综观全局、分析研究以及拟订出解决问题的措施和计划（见图 6-7）。

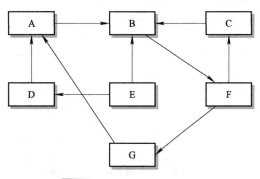

图 6-7　关联图法示意图

2．KJ 法

KJ 法是由日本学者川喜田二郎提出的。"KJ"是川喜田二郎英文名字（Kawakita Jiro）的缩写。这是一种从错综复杂的现象中，用一定的方式来整理思路、抓住思想实质、找出解决问题的新途径的方法。

3．系统图法

系统图法是指系统地分析、探求实现目标的最好手段的方法（见图 6-8）。

在质量管理中，为了达到某种目的，就需要选择和考虑某一种手段；而为了采取这一手段，又需考虑它下一级的相应的手段。这样，上一级手段就成为下一级手段的行动目的。如此把要达到的目的和所需要的手段按照系统展开，按照顺序分解，做出图形，就能对问题有一个全貌的认识。然后，从图形中找出问题的重点，提出实现预定目的最理想的途径。它是系统工程理论在质量管理中的一种具体运用。

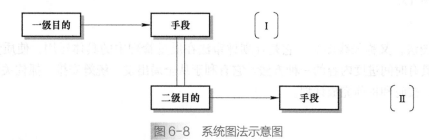

图 6-8　系统图法示意图

4．矩阵图法

矩阵图法是指借助数学上矩阵的形式，把与问题有对应关系的各个因素列成一个矩阵图；然后，根据矩阵图的特点进行分析，从中确定关键点（或着眼点）的方法。

这种方法先把要分析问题的因素分为两大群（如 R 群和 L 群），把属于因素群 R 的因素（R_1，R_2，…，R_m）和属于因素群 L 的因素（L_1，L_2，…，L_n）分别排列成行和列。行和列的交点表示 R 和 L 的各因素之间的关系，这种关系可用不同的记号予以表示（如用"○"表示有关系，用"△"表示不确定，用"◎"表示关系密切等）。

这种方法用于多因素分析时，可做到条理清楚、重点突出。它在质量管理中，可用于寻找新产品研制和老产品改进的着眼点，寻找产品质量问题产生的原因等方面。图 6-9 为矩阵图法示意图。

		R					
		R_1	R_2	R_3		R_i	R_m
L	L_1		○				
	L_2			◎			
	L_3	△					
	L_i					○	
	L_n	△					

◎密切关系　　○有关系　　△不确定

图 6-9　矩阵图法示意图

5. 矩阵数据分析法

矩阵数据分析法与矩阵图法类似。它区别于矩阵图法的是：不是在矩阵图上填符号，而是填数据，形成一个分析数据的矩阵。

矩阵数据分析法是一种定量分析问题的方法。目前，此法在日本尚未广泛应用，只是作为一种"储备工具"提出来的。应用这种方法往往需要借助电子计算机来求解。

6. 过程决策程序图法

过程决策程序图法（Process Decision Program Chart，PDPC），又称 PDPC 法。它是在制订达到研制目标的计划阶段，对计划执行过程中可能出现的各种障碍及结果，做出预测，并相应地提出多种应变计划的一种方法。这样，在计划执行过程中，遇到不利情况时，仍能有条不紊地按第二、第三或其他计划方案进行，以便达到预定的计划目标。它不是走着看，而是事先预计好。

7. 箭条图法

箭条图法，又称矢线图法。它是计划评审法在质量管理中的具体运用，使质量管理的计划安排具有时间进度内容的一种方法。它有利于从全局出发、统筹安排、抓住关键线路，集中力量，按时和提前完成计划。

任务二　认识质量管理标准及其认证体系

案例导入

陕西重型汽车公司的国际化质量管理

陕西重型汽车公司（以下简称陕西重汽）是陕西装备制造业的重点企业，也是陕西重点出口企业，在全国重型汽车行业出口量和创汇方面均处在领先位置。

产品进入国际市场，就要接受国际市场的检验，只有取得他国的认证，产品才能进入这些国家。而一些国家为保护本民族汽车工业的发展，纷纷实施严苛的国外汽车技术准入认证。例如，俄罗斯有 OTTC 认证，中东地区有 GCC 认证，伊朗、南非、巴西等国也都制定了各自的汽车产品认证标准，这无疑增加了汽车出口的难度，而陕西重汽则把通过国际认证当成提高产品质量的重要措施重点推进。

产品质量过硬是取得认证的先决条件。陕西重汽长期以来把质量当作第一要务持之以恒地抓，先后取得了伊朗、俄罗斯、巴西的产品认证，具备了远销国际市场的技术条件。

陕西重汽非常重视产品在开发、生产、售后等多方面的质量控制，对试制过程进行全程跟踪，建立新产品市场推广流程和有效落实的机制，保证质量整改落到实处。在各生产线开展自检、互检、专检、评审几个关口的严格控制，保证产品质量的稳定。成立以设计和工艺人员为主的质量问题处理小组，对生产现场出现的质量问题及时处理，并从根本上加以解决。

对出现重大、批量、重复性质量问题及售后故障率较高零部件的供应商，陕西重汽采取停用或质量处罚的措施，督促供应商查找原因、彻底整改。对质量不稳定或出现重大质量问题的供应商坚决予以淘汰。对出口产品的适应性，他们加强调查研究，不断总结创新，根据当地气候条件、工况、驾驶习惯等对整车不断改进，使产品可靠性连年提升。

陕西重汽注重主动查找质量问题。各海外办事处负责日常收集产品质量问题，定期汇总反馈给公司本部的质量管理部，质量管理部对反馈的每一个问题进行分析处理，并跟踪结果；同时开展客户满意度调查，根据调查中收集到的顾客意见和建议不断改进工作，从而拥有了一批忠诚度较高的客户，确保了海外市场份额。

启示：
国际质量认证是走出国门、消除国际贸易壁垒的通行证。

一、ISO 9000 族标准的产生和发展

全球经济的发展，要求贸易中质量管理和质量保证要有共同的语言和准则，作为质量评价所依据的基础。为适应全球性质量体系认证的多边互认、减少技术壁垒和贸易壁垒的需要，国际标准化组织（International Organization for Standardization，ISO）在总结世界各国，特别是工业发达国家质量管理的基础上，通过协调各国质量标准的差异，于 1987 年发布 ISO 9000《质量管理和质量保证系列国际标准》，并于 1994 年发布 ISO 9000 族国际标准版本。

ISO 9000 族标准可以帮助组织建立、实施并有效运行质量管理体系，是质量管理体系通用的要求或指南。它不受具体的行业或经济部门的限制，可广泛适用于各种类型和规模的组织，在国内和国际贸易中促进相互理解和信任。

ISO 9000 系列标准总结了工业发达国家先进企业质量管理的实践经验，统一了质量管理

和质量保证有关的术语和概念,有助于推动组织质量管理的国际化,在消除贸易壁垒、提高产品质量和顾客满意程度等方面产生了积极和深远的影响。

ISO 9000 系列标准的颁布,得到了世界各国的普遍关注和广泛采用,促使各国的质量管理和质量保证活动统一在 ISO 9000 族标准的基础之上。ISO 9000 族标准发布以来,被 100 多个国家和地区所采用,并转化为这些国家和地区的通用标准。

我国于 1988 年等效采用 ISO 9000 标准,1992 年将等效采用改为等同采用,1994 年后等同采用 ISO 9000 族标准版本。2000 年—2003 年,我国陆续发布了等同采用 2000 版 ISO 9000 族标准的国家标准,包括 GB/T 19000、GB/T 19001、GB/T 19004 和 GB/T 19011 标准。

2008 年、2015 年,ISO 9000 族标准进行了两次修订。

二、ISO 9000 族标准的构成

ISO 9000 族有四个核心标准:

(1) ISO 9000 质量管理体系基础和术语——讲述质量管理方面的基础理论和一些关键的名词解释。

(2) ISO 9001 质量管理体系要求——从保障顾客利益的角度出发提出一些基本的质量管理要求,常用于认证或顾客验厂。

(3) ISO 9004 质量管理体系业绩改进指南——围绕经营业绩,兼顾企业、顾客、员工等诸方面利益团队,强调做好每一项工作,为企业提供了改进业绩的参考方法。

(4) ISO 19011 质量和(或)环境管理体系审核指南——为认证审核、内部审核、验厂审核等审核工作提供了工作方法和参考。

三、我国现行 ISO 9000 族标准

(1) ISO 9000:2015 作为选用标准,同时也是名词术语标准,代替 ISO 9000:2008 标准。

(2) ISO 9001:2015 标准代替 ISO 9001:2008 标准。

(3) ISO 9004:2009 标准代替 ISO 9004:2000 标准。

(4) ISO 19011:2011 标准代替 ISO 19011:2002 标准。

四、质量体系认证程序

企业申请质量体系认证一般步骤如下:

1. 提出申请

申请者(例如企业)按照规定的内容和格式向体系认证机构提出书面申请,并提交质量手册和其他必要的信息。质量手册内容应证实其质量体系满足所申请的质量保证标准的要求。向哪一个体系认证机构申请由申请者自己选择。在我国,一般为中国质量认证中心(CQC)。

2. 受理申请

认证机构收到申请方的正式申请后,将对申请方的申请文件进行审查,包括填报的各项内容是否完整和正确,以及质量手册的内容总体上是否覆盖了相应的质量合格保证模式标准的要求等。

体系认证机构在收到认证申请之日起 60 天内做出是否受理申请的决定，并书面通知申请者。如果不受理申请，应说明理由。

3. 体系审核

体系认证机构指派审核组对申请对象的质量体系进行文件审查和现场审核。文件审查的目的主要是审查申请者提交的质量手册的规定是否满足所申请的质量保证标准的要求；如果不能满足，审核组需要向申请者提出，由申请者澄清、补充或修改。只有当文件审查通过后方可进行现场审核，现场审核的主要目的是通过收集客观证据检查评定质量体系的运行与质量手册的规定是否一致，证实其符合质量保证标准要求的程序，做出审核结论，向体系认证机构提交审核报告。审核组的正式成员应为注册审核员，其中至少应有一名主任审核员；必要时，可聘请技术专家协助审核工作。

4. 审批发证

体系认证机构审查审核组提交的审核报告，对符合规定要求的批准认证，对不符合规定要求的，应书面通知申请者。

5. 监督管理

（1）监督审核的要求。

① 每年至少 1 次，两次监督审核的时间间隔不超过 1 年。

② 审核人日数为初审的 1/3，若受审核方要求延长证书有效期，最后 1 次监督审核可与复评相结合。

（2）监督审核中发现问题的处置。

如果监督时发现不符合项，应在审核组审核委托方同意的期限内（期限应与不符合严重程度一致）得到有效的纠正，否则应缩小、暂停或撤销认证。

> **读一读**
>
> 一般来说，ISO 9001 证书的有效期为 3 年，但前提是企业必须接受认证机构的监督审核，即年审。
>
> 监督审核频率一般为每 12 个月一次，即一年一次，因此叫年审。
>
> 有些企业可能比较特殊，认证机构要求 6 个月或者 10 个月年审一次。
>
> ISO 所做的认证审核通常都会提前通知时间；但有些认证是飞行检查，即不提前通知，随时可能到达工厂突击检查。
>
> 有效期满后，可以通过复评再次延续换发新证。如果有效期内需要更改证书，或者 ISO 标准发生换版，可以在年检时实现换证。

五、质量认证制度的主要模式

国际上通用的质量认证制度模式可以归纳总结为 8 种见表 6-2。

表 6-2 国际上通用的质量认证制度模式

认证模式	型式试验	工厂质量体系评定	认证后监督		
			市场抽样检验	工厂抽样检验	质量体系复查
1	●				
2	●		●		
3	●			●	
4	●		●	●	
5	●	●	●	●	●
6		●			●
7	●			●	
8	●			●	

第 1 种认证模式——型式试验。按规定的方法对产品的样品进行试验，以证明样品是否符合标准或技术规范的全部要求。

第 2 种认证模式——型式试验+认证后监督（市场抽样检验）。这是一种带有监督措施的认证制度，监督的方法是从市场上购买样品，或从批发商、零售商的仓库中随机抽样进行检验，以证明认证产品的质量持续符合认证标准的要求。

第 3 种认证模式——型式试验+认证后监督（工厂抽样检验）。这种认证制度与第二种相类似，只是监督的方式有所不同，不是从市场上抽样，而是从生产厂发货前的产品中随机抽样进行检验。

第 4 种认证模式——型式试验+认证后监督（市场和工厂抽样检验），这种认证制度是第二种和第三种的综合。

第 5 种认证模式——型式试验+工厂质量体系评定+认证后监督（工厂和/或市场抽样+质量体系复查），此种认证制度的显著特点是在批准认证的条件中增加了对产品生产厂家质量体系的检查评定，在批准认证后的监督措施中也增加了对生产厂质量体系的复查。

第 6 种认证模式——工厂质量体系评定+认证后的质量体系复查，这种认证制度是对生产厂家按所要求的技术规范生产产品的质量体系进行检查评定，常称为质量体系认证。

第 7 种认证模式——批量检验。根据规定的抽样方案，对一批产品进行抽样检验，并据此对该批产品是否符合认证标准要求进行判断。

第 8 种认证模式——100% 检验。对每个产品在出厂前都要依据标准经认可独立的检验机构进行检验。

在以上 8 种认证方法中，第 6 种是质量管理体系认证，第 5 种是通行的产品认证模式，其认证结果的可信度较高。因此，这两种是各国普遍采用的，也是 ISO 向各国推荐的认证制度，ISO 和 IEC 联合发布的有关认证工作的国际指南，均以这两种认证方法为基础。

任务实战：制订企业全面质量管理计划

1. **任务名称**：制订企业全面质量管理计划
2. **实施步骤**：

（1）CEO 组织本公司全体成员共同讨论，制订企业全面质量管理计划（确定质量管理方法和工具、拟采用的质量管理标准及认证流程等）。

（2）CQO 到台前汇报设计成果。

（3）各公司互评打分。

（4）教师总结点评。

3. **任务模板**

××公司 2021 年质量工作计划

一、指导思想

根据公司《2021 年质量工作计划》文件精神，以公司"十四五"发展规划为指导，结合分公司实际情况，全面贯彻"以质取胜"的核心理念和全员质量管理意识，规范产品检验标准、加强产品生产过程控制，力争做到顾客满意，结合分公司 2021 年方针目标制订本质量计划。

二、主要目标

（一）产品制造与验收目标

铸件合格率≥90%，精加工合格率≥98%。

（二）产品性能目标

产品性能指标满足相关技术文件的要求，满足率 100%。

（三）质量管理体系建设

完成 TS16949 质量手册换版工作，顺利通过 TS 体系审核工作。

（四）顾客满意度

外部顾客满意度：军品≥95.5%，民品≥93.5%。

内部顾客满意度≥80%。

（五）生产现场管理目标

生产现象管理自评得分＞90 分。

（六）质量问题整改率

（1）顾客投诉、意见或建议落实处理率 100%。

（2）内外部发现的体系及产品问题整改率 100%。

（七）质量目标完成率

质量目标完成率≥85%。

（八）质量成本及损失率

计划财务部单独下发。

三、主要工作及控制措施

（一）加强质量体系建设，做好体系换版工作

1. 体系文件换版工作

根据新版质量管理体系标准，结合公司新版质量手册，落实公司现有 TS16949 质量体

系换版工作以及换版审核工作,保证体系的充分性、适宜性。

2. 二方审核

分公司目前生产的产品主要有汽车零部件、轨道交通件和工程机械三大类,顾客的二方审核是促进公司质量体系建设,保证产品实物质量的有效途径。各单位不仅要全力配合,更要以此为沟通、交流的契机,落实顾客的要求和建议并改进体系。

3. 管理评审

分公司的 TS16949 管理评审定于 6 月份召开。各单位要提前收集管理评审输入材料,梳理、发现 TS 体系和管理中的疏漏,制定针对性的改进措施,以确保公司质量管理体系的适应性、充分性、有效性。同时对措施实施跟踪,并督促相关责任单位落实。

4. 内部审核

根据 TS16949 体系的要求,定于 5 月份开展内部审核。

5. 产品审核

计划于 5 月、11 月开展产品审核,审核产品为新增的汽车零部件产品。

6. 过程审核

计划 6 月份开展过程审核。

(二)夯实质量管理基础,提升质量管理水平

认真按照军工集团生产现场的"42 条",在公司质量管理部的指导下,严格执行生产现场管理活动方案,积极组织、协调各部门开展现场管理活动指导工作,充分落实各项监督检查工作,严格执行生产现场管理奖惩制度,全力改造公司生产现场。

(三)严格过程控制,确保产品质量

1. 内部质量控制

铸造分厂:完善过程记录,对于工艺要求记录的各项控制点,铸造分厂要求有完整的记录,并且相应的炉批号记录要对应一致,做到有据可查、追溯性强。

精工分厂:运用 SPC 过程控制工具,对汽车零部件产品的部分重要尺寸进行控制,将检验工作前移。

2. 执行批次管理制度

新版批次管理制度执行"下道工序为上道工序的顾客"的思想,以下道工序制约上道工序,发布后将严格执行,对于制度不合理的地方将及时进行修改,对于不执行、执行不力的单位和个人将严肃处理。

3. 外协产品质量控制

外协产品暂时由综合管理部检验班按照 GB2828 的标准,及时对产品进行批量抽验,对检验出的不合格项进行不合格品评审,评审判断为不合格的产品,综合管理部将通知外协厂家返检;返检后的产品经重新检验合格后入库并由检验班开具合格证。

对于发生批量性产品不合格的厂家,综合管理部将对外协厂家进行工艺等检查,并提出控制要求,帮助外协厂家提高机加能力,以提高外协产品质量。同时,对于多次发生质量

问题且整改不力的外协厂家,将根据制度进行处罚。

4. 加强合格供方管理

一方面,分公司要加强原材料供方管理,将主要原材料供方纳入公司"合格供方名单"统一管理;另一方面,分公司要加强外协外包厂家管理,定期进行考核并制定相应的奖惩措施。

(四) 梳理产品目录,明确重点工作

分公司经历了两年多的发展,随着市场份额的扩大,新产品的种类也越来越多,出现了不能对号入座的情况。针对这种情况,公司应做好以下几方面的工作:

1. 建立健全产品目录档案

将公司在制品进行梳理并汇总,同时识别具体顾客要求,帮助更好地实现产品。

2. 完善产品技术文件

前期由于供货紧急等各种原因,各项技术文件未能齐全。在产品已经生产出来后,各部门应及时补齐相应的技术文件,重点有故障模式与影响(FEMA)分析、控制计划、作业指导书和检验指导书等。

3. 对铸造进行特殊过程确认

铸造分厂搬迁至新区后,需要对所有产品重新进行特殊过程确认。铸造分厂应以此为契机,严格执行工艺文件,努力提高产品质量。

4. 做好废品缺陷分类统计工作,提高铸造产品质量

缺陷分类统计作为一项重要的基础工作,应高度重视并严格执行。综合管理部在处理废品时,应做好缺陷分类统计工作。一方面,废品缺陷发生数量、状态上的异常时,及时反馈各相关单位;另一方面,统计结果作为铸造产品质量提高、持续改进的输入。

| 课后练习 |

一、单选题

1. 全面质量管理概念源于(　　)。
   A. 中国　　　　　　B. 日本　　　　　　C. 英国　　　　　　D. 美国
2. 质量检验的实质是(　　)。
   A. 事前预防　　　　B. 事后把关　　　　C. 全面控制　　　　D. 应用统计技术
3. (　　)阶段质量管理的重点主要是确保产品质量符合规范和标准。
   A. 早期质量管理　　B. 统计质量控制　　C. 全面质量管理　　D. 质量检验
4. 实现全面质量管理全过程的管理必须体现(　　)的思想。
   A. 预防为主、不断改进　　　　　　　B. 严格质量检验
   C. 加强生产控制　　　　　　　　　　D. 为顾客服务
5. 朱兰提出了质量管理三部曲,质量控制是实现质量目标的保障,它的具体内容不包括(　　)。
   A. 设定质量目标　　　　　　　　　　B. 评价实际绩效
   C. 将实际绩效与质量目标对比　　　　D. 对差异采取措施

6. 现代质量管理发展不包括哪个阶段（　　）。
   A. 质量检验阶段　　　　　　　　　B. 统计质量控制阶段
   C. 质量改进阶段　　　　　　　　　D. 全面质量管理阶段
7. （　　）是指对产品质量的产生、形成和实现过程进行的抽象描述和理论概括。
   A. 质量特性　　　B. 质量环　　　C. 质量圈　　　D. 全面质量管理

二、判断题

1. 质量是指产品或服务满足顾客需求的程度。　　　　　　　　　　　　（　　）
2. 从质量和企业关系方面看，提高质量是企业生存和发展的保证。　　　（　　）
3. 顾客满意是指顾客对其要求已被满足的程度的感受。　　　　　　　　（　　）
4. 国际标准化组织把产品分成了四个大类：硬件、软件、服务、流程性材料。（　　）
5. 提高质量能带来全社会的效益，但是生产企业的成本会增加。因为质量越高，成本也越高。　　　　　　　　　　　　　　　　　　　　　　　　　　　　（　　）
6. 质量检验阶段是一种事后把关型的质量管理，因此不是一种积极的质量管理方式。（　　）
7. 最早提出全面质量管理概念的是美国的戴明博士。　　　　　　　　　（　　）
8. 朱兰的质量管理三部曲是一个由质量策划、质量控制和质量改进三个互相联系的阶段所构成的一个逻辑的过程。　　　　　　　　　　　　　　　　　　　（　　）
9. 全面质量管理强调"始于识别顾客的需要，终于满足顾客的需要"，顾客就是指外部的最终的顾客。　　　　　　　　　　　　　　　　　　　　　　　　（　　）
10. 质量改进意味着质量水准的飞跃，标志着质量活动是以一种螺旋式上升的方式不断提高。　　　　　　　　　　　　　　　　　　　　　　　　　　　　（　　）

三、简答题

1. 简述质量管理的旧七种工具。
2. 简述质量管理的新七种工具。
3. 简述 ISO 9000 族标准的内容。

四、论述题

试论述全面质量管理的核心思想与实施方法。

五、案例分析

修合无人见，存心有天知

北京同仁堂是国内久负盛名的老药铺，是全国中药行业知名的老字号。同仁堂由乐氏创办于清朝康熙年间，乐氏总结前人制药经验，编写《乐氏世代祖传丸散膏丹下料配方》一书，书中明确提出"炮制虽繁必不敢省人工，品味虽贵必不敢省物力"的训条，以及"修合无人见，存心有天知"的理念，意思是说：药材在采集、加工、配制过程中，没有人看得见，但你所做的一切，上天都是知道的。

问题：
这个小故事带给我们哪些启示？

项目七
实施物流管理

据权威机构统计,我国贸易中的物流成本在 GDP 中占比较高,降低物流成本已经迫在眉睫。实践证明,高效物流能够大幅度降低企业的总成本,加快企业资金周转,减少库存积压,促进利润率上升,从而给企业带来可观的经济效益。国际上普遍把物流称为"降低成本的最后边界",认为它是排在降低原材料消耗、提高劳动生产率之后的"第三利润源泉",是企业整体利润的最大源泉。因此,各国的企业越来越重视物流,逐渐把企业的物流管理当成现代企业管理战略中的一个新的着眼点和战略新视角。企业通过制定各种物流战略,从物流这一巨大的利润空间去寻找出路,可增强企业的竞争力。

本项目旨在介绍物流管理中的采购计划编制、仓储管理流程、库存管理方法、配送流程、运输合理化等内容。

学习目标

学习完本项目后,你将能够:
➢ 掌握采购计划的编制流程
➢ 掌握仓储管理的流程
➢ 掌握库存管理的方法
➢ 掌握配送路线优化设计的方法

素质目标

通过学习物流管理相关知识,提升对采购、仓储、库存、配送等环节的认知,通过学习采购计划编制方法,树立风险防控意识,学会做风险评估;通过学习仓储入库、出库流程,养成一丝不苟认真做事的态度;通过学习 ABC 管理法等库存管理方法,学会对人、对事、对物进行轻重缓急划分,将时间、精力、资金用在价值最大化的事物之上,提升工作效率和价值回报率。通过学习配送路线规划,提升统筹规划能力和风险预判能力。

任务驱动

1. 继续沿用前期确定的虚拟企业组织架构,CEO 对本公司员工的出勤率负责。
2. 由授课讲师介绍关于物流管理的相关知识以及制订企业采购物流管理计划的要求。
3. 本项目作为本课程中的第七个任务,由 CEO 负责组织本公司内全体成员共同讨论计算,制订企业采购计划（MRP 物料需求计划表），由 CSO 到台前展示计算成果。

4. 各公司认真倾听、讨论，仍然按照表 1-2 的形式，互相评分。

5. 每名学生的汇报得分求平均分，即为该生的期末考核成绩。

任务一 制订采购计划

案例导入

由一次数码钢琴采购引发的思考

某市某校先后两次通过询价采购方式购置了 49 台雅马哈数码钢琴和 15 台雅马哈钢琴。后来，该校再次申报采购一套数码钢琴教学系统，包括 1 台教师用雅马哈数码钢琴、50 台学生用雅马哈数码钢琴以及 1 套集体教学音频主控系统。因前两次询价采购都很顺利，第三次也同样采用询价采购方式。询价公告发布 3 天内，采购中心先后收到 3 份质疑函，质疑认为，公告中指定了唯一的品牌和型号，具有明显的排他性；该品牌有区域保护，每个区域只有一家代理商，导致其他供应商不能参与公平竞争，属垄断行为。

收到质疑函后，采购中心组织专家对询价文件进行论证，决定暂时中止该项目采购，并与采购单位协商，决定将该项目退回，待重新进行市场调研提出详细的项目需求说明后，再继续采购。

数月后，该校重新申报采购计划，不同的是此次采购数量翻了一番：两套数码钢琴教学系统，包括两台教师用雅马哈数码钢琴、100 台学生用雅马哈数码钢琴以及两套集体教学音频主控系统。项目需求说明材料中明确推荐了钢琴的参考品牌和型号为罗兰 MPi-6 和雅马哈 CLP-430。

针对数量翻番的采购需求，采购中心随即着手组织市场调研，广泛听取本市多家琴行的意见，了解周边地区甚至省外高校公开招标的普遍做法，请教有相关项目采购经验的同志，就可能存在争议的评分标准和分值设置咨询专家意见。最终，在采购单位一再要求列出参考品牌的情况下，招标文件列出了 3 个参考品牌，但去除了推荐型号，减少带星部分不可偏离项的数目，并在项目需求里明确告知"可投参考品牌也可投参考品牌以外的品牌"，并提出"为鼓励不同品牌的充分竞争，如某主要技术参数属于个别品牌专有，则该主要技术参数不具有限制性，供应商可对该参数进行适当调整，并说明调整的理由"。

当采购中心正准备将审定好的招标文件上网公示时，采购单位递交了一份书面情况说明，要求撤回采购计划，暂不采购。

该项目至此虽已撤销，但很多问题值得深思。

一是新项目不调研，老项目险出岔。接到质疑函后，采购中心颇感意外：为什么按老方式再次采购却引来质疑？通过调研了解到，这个数量的数码钢琴采购对本市及周边地区的各家琴行都很有吸引力。前两次询价采购时，各家琴行已颇有想法，再次询价采购，各家决心讨个说法。其中一家琴行甚至把质疑函直接送至财政局局长办公室和纪检组。

启示： 新项目或重大项目采购必须进行市场调研。政府采购相关部门应尽快建立项目提前介入制度，以文件形式规定如何规范操作前期市场调研。

二是采购单位坚持定品牌、定型号，采购中心巧化解。市场调研发现，雅马哈品牌通过代理制和备案制进行区域保护，每个区域一般只设一家代理。这些情况采购单位对采购中心避而不谈，只是一再强调要雅马哈。质疑出现后，采购单位在坚持推荐雅马哈的同时，增加了罗兰钢琴，但不是同一档次的品牌无法真正实现竞争。最终，采购中心在招标文件中增加了"虽提出参考品牌但却实际鼓励其他品牌参与竞争"以及"如出现个别品牌专属参数，则该参数并不受限制"等句子，巧妙地解决了矛盾。

启示： 借助专家力量来提高采购中心话语权，让采购单位心服口服。

三是采购单位化整为零，规避公开招标。被质疑后，采购数量翻了一番，显然，采购单位本想以化整为零的方式规避公开招标。

建议： 尽快出台政府采购非招标采购方式管理办法，严格规定未达到公开招标限额标准的项目的操作。同时建议相关部门对在一个财政年度内同一个预算项目下的同一类别的货物以化整为零的方式规避公开招标的做法做出规范。

中华人民共和国国家标准《物流术语》（GB/T 18354—2021）将物流定义为"根据实际需要，将运输、储存、装卸、搬运、包装、流通加工、配送、信息处理等基本功能实施有机结合，使物品从供应地向接收地进行实体流动的过程"。

根据物流的定义，可以知道物流活动涵盖了企业生产经营的全过程。其中，采购是企业在进行生产活动时的第一步，制订采购计划是采购活动的第一步。采购计划的制订，对于企业维持正常的产销活动、物流活动、供应链管理活动，以及在特定时期内确定物料和服务安排都具有重要作用。

制订采购计划和其他计划一样，必须首先明确企业的总体经营目标，确定采购目标，进而再确定采购分目标。在此基础上收集相关信息，包括宏观的法律、经济政策、运输信息等和微观的物资需求情况、库存情况以及财务情况等。在掌握了大量准确可靠的信息后，按照采购数量预测及采购预算的方法制订合适的采购计划。

一、采购和采购计划概述

1. 采购的含义

采购，是指企业在一定的条件下从供应市场获取产品或服务作为企业资源，以保证企业生产及经营活动正常开展的一项企业经营活动。

所谓采购，就是从资源市场获取资源的过程，既是一个商流过程，也是一个物流过程。同时，采购是一种经济活动。在整个采购活动过程中：一方面，通过采购获取了资源，保证了企业正常生产的顺利进行，这是采购的效益；另一方面，采购过程中也会发生各种费用，这就是采购成本。

我们要追求采购经济效益的最大化，就是要不断降低采购成本，以最少的成本去获取最大的效益。而要做到这一点，关键的关键，就是要努力追求科学采购。制订采购计划是科学采购的第一环节，也是核心环节。

2. 采购计划的含义

采购计划（Procurement Plan），是企业管理人员在了解市场供求情况、认识企业生产经营活动过程和掌握物料消耗规律的基础上，对计划期内物料采购管理活动所做的预见性的安排和部署。采购计划是根据生产部门或其他使用部门的计划制订的包括采购物料、采购数量、需求日期等内容的计划表格。

3. 编制采购计划的作用

（1）可以有效地规避风险，减少损失。
（2）为企业组织采购提供了依据。
（3）有利于资源的合理配置，以取得最佳的经济效益。

4. 采购计划的类型

（1）按计划期的长短，可以把采购计划分为年度物料采购计划、季度物料采购计划、月度物料采购计划。
（2）按物料的使用方向，可以把采购计划分为生产产品用物料采购计划、维修用物料采购计划、基本建设用物料采购计划、技术改造措施用物料采购计划、科研用物料采购计划、企业管理用物料采购计划。
（3）按自然属性，可以把采购计划分为金属物料采购计划、机电产品物料采购计划、非金属物料采购计划。

二、采购计划的编制流程

采购计划的编制过程是根据生产或经营项目所需资源说明书、产品说明书、企业内采购力量、市场状况、资金充裕度等有关项目采购计划所需的信息，结合项目组织自身条件和项目各项计划的要求，对整个项目实施过程中的资源供应情况做出具体的安排，最后按照有关规定的标准或规范，编写出项目采购计划文件的管理工作过程。一个项目组织在编制采购计划中需要开展下列工作和活动：采购的决策分析、采购方式和合同类型选择、项目采购计划文件的编制和标准化等。表7-1显示了采购计划编制流程的主要内容。

表 7-1　项目采购计划编制流程的主要内容

采购计划编制的输入（依据）	工具与方法	采购管理计划的输出（结果）
项目过程资产 资源需求计划 项目范围说明 其他管理计划 风险识别清单 事业环境因素 外部约束条件 市场行情信息 计划假设前提	自制-外购权衡 短期租赁或长期租赁权衡 合同类型权衡 专家评估判断 招标标准文件	自制或外购决策 采购管理计划 采购需求计划 采购作业计划 采购标准化文件 采购要求说明 计划变更申请 招标评估标准

在编制采购清单和采购计划之前，必须做好充分的准备工作。采购准备的首要内容是进行广泛的市场调查和市场分析，熟悉市场，掌握有关项目所需要的产品和服务的市场信息。对货物采购而言，要掌握有关采购内容的最新国内、国际价格和供求行情，弄清楚是通过一家承包商采购所有或大部分所需要的产品和服务，还是多家承包商采购大部分所需的产品和服务；是采购小部分需用的产品和服务，还是不采购产品和服务（常用于研究和科技开发项目）。

1. 采购计划编制的输入（依据）

（1）项目过程资产。其主要包括项目各项管理计划的输出结果。

① 资源需求计划。采购是针对需求而言的，因此需要根据成本计划中的资源需求计划明确采购的种类和数量。

② 项目范围说明。项目范围说明包括了项目可交付成果的功能和特性要求，应达到的质量标准和技术规范。不同质量的产品，对选用材料的质量等级和工作人员的素质要求会有很大不同。即使同一种产品，军用和民用的质量及成本要求也不同，军用品往往因为质量刚性而不计成本，而民用品则要考虑性价比，对此需要选用不同等级的零配件来生产。

③ 其他管理计划。采购管理计划除了要求与项目的质量及成本计划紧密相关之外，还需要与其他的计划衔接。例如，需要与工期计划衔接，以便保证及时供应；需要与沟通计划衔接，以便建立与供应商的沟通渠道。

④ 风险识别清单。采购计划还需要与风险计划衔接，以便制订供应链意外断裂时的应对预案。

（2）事业环境因素。其主要包括各项外部约束条件、市场行情信息和计划假设前提。

① 外部约束条件。采购管理计划不但要受到项目质量、成本、时间这三个边界的约束，而且还可能受到国家法规、社会信誉环境、金融环境、法制环境、技术检验手段、交通运输条件、产品供求关系、国际贸易摩擦、价格及汇率水平和波动趋势等诸多因素的约束。这些都将成为制订供应管理计划不可或缺的参考依据。

② 市场行情信息。货源和品种的选择，需要建立在对市场信息充分了解的基础上。所需资源从何处可以获得？用什么方式获得？性价比如何？哪个供货商的服务更好？供货周期能否满足要求？这些都需要通过信息分析做出判断。

③ 计划假设前提。所有的计划都是以某些假设为前提的，例如采购的成本估算就是以市场平均价格及货币汇率不变的假设为前提测算的，采购供应的时间计划也是以当前运输效率的假设为前提制订的。假设条件的准确度直接关系到计划的精确性，如果假设前提估计不准确，整个计划就是建立在沙滩上的建筑。

2. 采购管理计划的输出（结果）

（1）自制或外购决策。这是关于采购管理，也是项目管理最根本的决策。当然，项目除了自制或外购决策外，还有短期租赁或长期租赁决策、国内购买或国外购买决策等。

（2）采购管理计划，包括对外的采购需求计划和对内的采购作业计划。

（3）采购需求计划，即获得资源的总体策略和指标体系。除自己制造的产品之外，哪些资源外购、外包、外租，选择产品和选择供应商的标准，如何确定最佳的订货批量及供应周期，如何争取有利的价格和交易条件等。

（4）采购作业计划，即制订实现上述采购需求计划的流程，作为采购供应人员的行动指南。因此，采购作业计划一定要制订得具体明确，应包括执行采购的具体时间、步骤、责任人、执行办法、对具体采购产品的要求及注意事项等。

（5）采购标准化文件。为了使采购作业规范统一，减少因采购人员的个人因素而产生的差错，便于统一管理，应当尽量将采购过程中所使用的文件制成标准化的文本。常用的标准格式的文件有标准的采购合同、标准的劳务合同、标准的招标文件等。文档的标准化实际上体现了我们前面曾论述过的框架式思维模式，它可以提高采购工作的效率，减少重复劳动，缩短组织的学习过程。

（6）采购要求说明。采购要求说明是采购方向供应商或分包商发放的正式文件，是今后与供应商和分包商进行谈判的基础，也是他们以后投标的决策依据。一般情况下，每项独立的采购工作都应有各自的采购要求说明文件，但这些说明文件并不是硬性规定，应当具有适当的灵活性，当市场行情发生变化时可以及时调整，还可以通过和卖方的谈判沟通进行适当修改。

（7）计划变更申请。采购计划的编制有可能引起其他计划的变更，需要提交变更申请以便通过集成变更控制，对所有变更进行综合评估和处理。

（8）招标评估标准。招标评估标准是买方用来对供应商所提供的建议书进行评价、打分（客观或主观）、排序等的标准，往往是采购文件的组成部分。

采购管理计划的信息分析处理和文件编制，会涉及大量技术问题，采购部门主管应会同项目组织内部有关部门主管共同进行。有很多项目组织为此专门聘请外部专业人员（如造价师）、设计院、专业咨询机构来协助制订采购计划。

三、影响采购计划编制的因素

从宏观方面讲，采购计划的制订要保证与企业整体经营目标相一致，微观方面还要和采购部门的预期目标相一致，但除此之外还要考虑到其他部门的影响因素以及相互关系。

1. 年度销售计划

除非市场出现供不应求的状况，否则企业年度的经营计划多以销售计划为起点；而销售计划的拟订，又受到销售预测的影响。影响销售预测的因素包括两方面：外界的不可控因素，如国内外经济发展状况（国民生产总值、失业率、物价、利率等）、人口增长、政治体制、文化及社会环境、技术发展、竞争者状况等；内部可控因素，如财务状况、技术水准、厂房设备、原料与零件供应情况、人力资源及企业声誉等。

2. 年度生产计划

一般而言，生产计划根源于销售计划。若销售计划过于乐观，将使产量变成存货，造成企业的财务负担；反之，过度保守的销售计划将使产量不足以满足顾客所需，丧失了创造利润的机会。因此，销售人员对市场的需求量估算失当，将造成生产计划朝令夕改，也使得采购计划必须经常调整修正，物料供需长期处于失衡状况。

3. 物料清单

在高科技行业，产品工程的产业变更层出不穷，致使物料清单（BOM）难以做出及时的反应与修订。因此根据产量所计算出来的物料需求数量,与实际的使用量或规格不尽相符,造成采购数量过与不及,物料规格过时或不易购得。因此,采购计划的准确性,有赖于最新、最正确的物料清单。

4. 库存管理卡

由于应购数量必须扣除库存数量,因此,库存管理卡的记载是否正确,将是影响采购计划准确性的因素之一。这包括料账是否一致,以及物料存量是否全为良品。若账上数量与仓库架台上的数量不符,或存量中并非全数皆为规格正确的物料,将使仓储的数量低于实际上的可取用数量,故采购计划中的应购数量将会偏低。

5. 物料标准成本的设定

在编制采购预算时,对将来拟购物料的价格预测不易,故多以标准成本替代。若此标准成本的设定缺乏过去的采购资料为依据,亦无相关人员严密精确地计算其原料、人工及制造费用等组合或生产的总成本,则其正确性值得怀疑。因此,标准成本与实际购入价格的差额,即是采购预算准确性的评估指标。

6. 生产效率

生产效率的高低,将使预计的物料需求量与实际的耗用量产生误差。产品的生产效率降低,会导致物料的单位耗用量提高,从而使采购计划中的数量不够生产所需。过低的产出率亦会导致经常进行修改作业,从而使得零组件的损耗超出正常需用量。因此,当生产效率有降低趋势时,采购计划必须将此额外的耗用率计算进去,才不会发生物料的短缺现象。

7. 价格预期

在编制采购预算时,应常对物料价格涨跌幅度、市场景气与否乃至汇率变动等情况多加预测,甚至列为调整预算的因素。不过,因为个人主观的判定与实际情况常有差距,亦可能会造成采购预算的偏差。

由于影响采购计划编制的因素很多,故采购计划与预算编制之后,必须与产销部门保持经常的联系,并针对现实的状况做必要的调整与修订,才能达成维持正常产销活动的目标,并协助财务部门妥善规划采购资金的来源。

读一读

京东慧采平台,是京东为企业级客户打造的研发零投入的专属采购平台。没有自建采购管理系统的企业,可直接使用京东的慧采平台,迅速打造出企业专属的采购平台。

京东的自营物流优势明显。有关负责人称:"京东的自营物流体系,对于B类客户来讲,最为合适,当企业客户采购几百种、上千种产品的时候,如果他面对的是海量的供货商,对他来说物流效率就是一个很大的问题。而京东的物流模式可以保证,从产品下单,一直到最终的配送,到后台的服务,能够提供一站式一揽子解决方案,对于客户来讲,可以提升效率,节省成本。"

思考: CRM(客户关系管理)中客户分为哪几类?B类客户的特点是什么?

任务二　优化仓储作业

> **案例导入**

苏宁智能化仓储"解放双手"提高效率,打造高品质服务

随着物流企业的高速发展,快速准时地收到快递成为消费者判断物流企业服务质量的关键指标之一。"智慧物流"成为物流行业的高频词汇。

位于南京雨花物流基地的苏宁云仓于2016年11月投产,建筑面积20万平方米,实现了全流程自动化应用。在云仓的工作区,智能机器人熟练地将各类商品依次放回"仓储位"。这些24米高的"巨型智能机器人"解放了一线操作员工的双手,改变了传统储存货物的模式,操作员只需把商品放在机器人上,机器会自动识别存放。取货时,这些"巨型智能机器人"能够按照货物码自主寻找,并传送到智能分拣区。

雨花物流基地一名名操作工,每天开着叉车穿梭在水饮区,为消费者搬运酒水饮料。高峰时,每天搬1000多箱酒水。在物流基地工作多年,他深刻体会到物流整个行业的变化,刚开始是平面仓,现在都是高密度智能储存仓库。

货物拣选是物流系统的核心工作,这一环节充分展示了该云仓的智能化。库内应用货到人拣选系统,作业人员不需要移动,只要站在固定位置,系统会自动把相应的货物送到面前。

在苏宁云仓,物流智能化随处可见。2018年5月,无人快递车"卧龙一号"落地北京、南京、成都三城社区配送,一年完成20000+单无人配送测试。苏宁不仅实现了"末端配送机器人——支线无人车调拨——干线无人重卡"的三级智慧物流运输体系,更完成了全流程无人化布局,实现无人物流技术应用的闭环。

苏宁多个智能化仓库都已经实现了拣选、分拣的智能化,下一步将重点围绕包装盒装车环节攻关,目标是实现卸货、拣选、包装、分拣、装车物流全环节的无人化。

早在成立之初,苏宁就将物流的发展放在了集团战略高度,多年来持续投入大量物资用于物流建设。苏宁物流从2014年起正式对外开放,将过去30年所积累的物流基础设施、经验和价值向全社会开放。

"服务是苏宁的唯一产品",以用户体验为核心,2019年苏宁物流加速末端服务场景的建设,丰富最后100米布局,打造全场景、多层次的末端服务网络建设,通过"苏宁小店生活帮+智能自提柜+社区快递点"三大基础站点组合,实现更智能、更绿色、更便捷的社区服务。

启示:

智能化仓库重新定义了仓储作业流程,流程中各环节的无人化,更是大大提高了仓储作业的效率。

仓储是仓库储存和保管的简称，一般是指从接受储存物品开始，经过储存保管作业，直至把物品完好地发放出去的全部活动过程。概括地讲，就是指通过仓库把暂时不用的物品进行收存、保管、交付使用的活动过程。这个活动过程包括存货管理和各项作业活动，即静态的物品储存和动态的物品存取。在理解仓储的意义时，要注意以下几点：

（1）仓储是确保社会生产顺利进行的必要条件。及时、齐备、按质、按量供应生产建设所需物资是确保社会生产顺利进行的重要条件。

（2）仓储是保持商品使用价值和合理使用的重要手段。任何一种商品，从生产出来至消费之前，由于其本身的性质、所处的条件以及自然的、社会的、经济的、技术的因素，都可能使其在数量上减少、质量上降低。如果不创造必要的条件，就会使商品不可避免地受到损害。因此，必须进行科学的管理，加强对商品的养护，搞好仓储活动，实现商品的保值。

（3）仓储可以加快资金周转、节约流通费用，降低物流成本。搞好物资的仓储活动，可以减少物资在仓储过程中的物质耗用和劳动消耗，可以加速物资的流通和资金的周转，从而节省费用支出，降低物流成本，开拓"第三利润源泉"，提高社会的、企业的经济效益。

仓储管理是指对仓库和仓库中储存的货物进行管理，是仓储机构为了充分利用所具有的仓储资源（包括仓库、机械、人员、资金、技术），提供高效的仓储服务所进行的计划、组织、控制和协调过程。仓储已不是单纯的货物存储，而是兼有包装、分拣、整理、简单装配等多种辅助性功能。

一、商品入库作业

商品入库业务也叫收货业务，它是仓储业务的开始。商品入库管理，是根据商品入库凭证，在接受入库商品时所进行的卸货、查点、验收、办理入库手续等各项业务活动的计划和组织。

1. 货物接运

由于货物到达仓库的形式不同，除了一小部分由供货单位直接运到仓库交货外，大部分要经过铁路、公路、航空和水路运输等运输方式转运。凡经过交通运输部门转运的商品，都必须经过仓库接运后才能进行入库验收。因此，货物的接运是入库业务流程的第一道作业环节，也是仓库直接与外部发生的经济联系的一个环节。做好商品接运业务管理的重要意义在于，防止把在运输过程中或运输之前已经发生的商品损害和各种差错带入仓库，减少或避免经济损失，为验收和保管、保养创造良好的条件。

2. 商品入库验收

凡商品进入仓库储存，必须经过检查验收，只有验收后的商品，方可入库保管。货物入库验收是仓库把好"三关"（入库、保管、出库）的第一道关，抓好货物入库质量关，能防止劣质商品流入流通领域，划清仓库与生产部门、运输部门以及供销部门的责任界线，也为货物在库场中的保管提供第一手资料。

商品入库验收程序包括验收准备、核对凭证、确定验收比例、检验货物、做出验收报告及验收中发现问题的处理。

（1）验收准备。验收准备是货物入库验收的第一道程序。仓库接到到货通知后，应根据商品的性质和批量提前做好验收的准备工作。

（2）核对凭证。入库商品需具备下列凭证：入库通知单和订货合同副本、材质证明书、装箱单、磅码单、发货明细表、说明书、保修卡及合格证等。

核对凭证，就是将上述凭证加以整理后全面核对。入库通知单、订货合同要与供货单位提供的所有凭证逐一核对，相符后才可以进入下一步的检验货物环节；如果发现有证件不齐或不符等情况，要与存货、供货单位及承运单位和有关业务部门及时联系解决。

（3）检验货物。检验货物是仓储业务中的一个重要环节，包括检验数量、检验外观质量和检验包装三方面的内容，即复核货物数量是否与入库凭证相符，货物质量是否符合规定的要求，货物包装能否保证在储存和运输过程中的安全。

（4）验收中发现问题的处理。在物品验收过程中，如果发现物品数量或质量的问题，应该严格按照有关制度进行处理。验收过程中发现的数量和质量问题可能发生在各个流通环节，可能是由于供货方或交通运输部门或收货方本身的工作造成的。按照有关规章制度对问题进行处理，有利于分清各方的责任，并促使有关责任部门吸取教训，改进今后的工作。

3．入库交接

入库物品经过点数、查验之后，可以安排卸货、入库堆码，表示仓库接受物品。在卸货、搬运、堆垛作业完毕，与送货人办理交接手续后建立仓库台账。

（1）交接手续。交接手续是指仓库对收到的物品向送货人进行的确认，表示已接受物品。办理完交接手续，意味着划清运输、送货部门和仓库的责任。

（2）登账。物品入库，仓库应建立详细反映物品仓储的明细账，登记物品入库、出库、结存的详细情况，用以记录库存物品动态和入出库过程。

登账的主要内容有：物品名称、规格、数量、件数、累计数或结存数、存货人或提货人、批次、金额，注明货位号或运输工具、接（发）货经办人。

（3）立卡。物品入库或上架后，将物品名称、规格、数量或出入库状态等内容填在料卡上，称为立卡。料卡又称为货卡、货牌，插放在货架上物品下方的货架支架上或摆放在货垛正面明显位置。

二、出库过程管理

出库过程管理是指仓库按照货主的调拨出库凭证或发货凭证（提货单、调拨单）所注明的货物名称、型号、规格、数量、收货单位、接货方式等条件，所进行的核对凭证、备料、复核、点交、发放等一系列作业和业务管理活动。

仓库必须建立严格的出库和发运程序，严格遵循"先进先出，推陈储新"的原则，尽量一次完成，防止出现差错。需托运物品的包装还要符合运输部门的要求。

1．物品出库的要求

物品出库要求做到"三不、三核、五检查"。"三不"，即未接单据不翻账，未经审单不备库，未经复核不出库；"三核"，即在发货时，要核实凭证、核对账卡、核对实物；

"五检查"，即对单据和实物要进行品名检查、规格检查、包装检查、件数检查、重量检查。商品出库要求严格执行各项规章制度，提高服务质量，使用户满意，包括对品种规格要求，积极与货主联系，为用户提货创造各种方便条件，杜绝差错事故。

2. 物品出库方式

出库方式是指仓库用什么样的方式将货物交付用户。选用哪种方式出库，要根据具体条件由供需双方事先商定。

（1）送货。仓库根据货主单位的出库通知或出库请求，通过发货作业把应发物品交由运输部门送达收货单位或使用仓库自有车辆把物品运送到收货地点的发货形式，就是通常所称的送货制。

仓库实行送货具有多方面的好处：仓库可预先安排作业，缩短发货时间；收货单位可避免因人力、车辆等不便而发生的取货困难；在运输上，可合理使用运输工具，减少运费。

（2）收货人自提。这种发货形式是由收货人或其代理持取货凭证直接到库取货，仓库凭单发货。仓库发货人与提货人可以在仓库现场划清交接责任，当面交接并办理签收手续。

（3）过户。过户是一种就地划拨的形式，物品实物并未出库，但是所有权已从原货主转移到新货主的账户中。仓库必须根据原货主开出的正式过户凭证办理过户手续。

（4）取样。货主由于商检或样品陈列等需要，到仓库提取货样（通常要开箱拆包、分割抽取样本）。仓库必须根据正式取样凭证发出样品，并做好账务记载。

（5）转仓。转仓是指货主为了业务方便或改变储存条件，将某批库存自甲库转移到乙库。仓库也必须根据货主单位开出的正式转仓单，办理转仓手续。

3. 出库业务程序

出库业务程序包括核单备货—复核—包装—点交—登账—清理等过程。出库必须遵循"先进先出，推陈储新"的原则，使仓储活动的管理实现良性循环。

不论是哪一种出库方式，都应按以下程序做好管理工作：

（1）核单备货。如属自提物品，首先要审核提货凭证的合法性和真实性；其次核对品名、型号、规格、单价、数量、收货单位、有效期等。

（2）复核。为了保证出库物品不出差错，备货后应进行复核。出库的复核形式主要有专职复核、交叉复核和环环复核三种。除此之外，在发货作业的各道环节上，都贯穿着复核工作。

（3）包装。出库货品的包装必须完整、牢固，标记必须正确、清楚，如有破损、潮湿、捆扎松散等不能保障运输中货品安全、完整的，应加固整理，破包、破箱不得出库。各类包装容器上若有水渍、油渍、污损，也均不能出库。

（4）点交。出库物品经过复核和包装后，需要托运和送货的，应由仓库保管机构移交调运机构，属于用户自提的，则由保管机构按出库凭证向提货人当面交清。

（5）登账。点交后，保管员应在出库单上填写实发数、发货日期等内容，并签名。然后将出库单连同有关证件资料及时交货主，以便货主办理货款结算。

（6）现场和档案的清理。经过出库的一系列工作程序之后，实物、账目和库存档案等都发生了变化。应及时更新账目、档案等，使保管工作重新趋于账、物、资金相符的状态。

> **读一读**
>
> **苏宁小店前置仓有多厉害，开业3天销售额破18万元！**
>
> 在2019年"618"发布会后的第二天，苏宁小店前置仓在石家庄丰收路又新开了一家店。并且在开业后的短短3天里，累计销售金额达就到了18万元，其中线上订单超过了8.6万元。
>
> 苏宁小店是什么？
>
> 苏宁小店其实就是一家以苏宁名义开的便利店，出售各种食品和日用品。但与传统便利店不同的是，苏宁小店主要围绕用户和用户家庭的"厨房"，主打生鲜、果蔬、热鲜食等品类，而一般的便利店不如苏宁小店品类齐全。
>
> 前置仓是什么？
>
> 顾名思义，前置仓即将仓库前置。苏宁把消费者高频次购买的商品进行"前置"，形成一个灵活、高效的小仓库，也可以称之为"社区生鲜前置仓库"。前置仓是保证生鲜配送及时性，降低商品损耗的重要基础设施。对于前置仓模式，苏宁易购总裁曾经表示"我们在全国有6 000多个苏宁小店，2 000多个前置仓，覆盖4万户家庭，我们构建了一个很好的网络渠道优势，我们也把它称为身边的苏宁"。前置仓对于配送速度的提高、交付成本的降低、货品品质的保证有着至关重要的作用。

03 任务三 降低库存成本

案例导入

玉清公司的库存管理变革

几年前，有两个数字让玉清公司的高层寝食难安：一个是库存数据，在玉清公司的分销体系中，有价值38亿美元的库存；另一个是脱销量，在零售店或折扣店最重要的2000种商品中，任何时刻都有11%的商品脱销，玉清公司的产品在其中占有相当的比重。有时没找到所需商品的客户会推迟购买，但很多客户会买别的品牌或干脆什么都不买。

令人不解的是，系统中的大量库存并未降低脱销量，货架上脱销的商品常常堆积在仓库中。虽然库存系统表明有货，库存管理人员却无法找到牙膏或纸巾的包装箱。库存堆积如山，而顾客却经常买不到玉清公司的产品。虽然尽了很大努力，但始终无法永久地解决这一矛盾。于是，玉清公司的经理们开始探索更激进的、突破性的解决方法。玉清公司定下了目标：在脱销问题不恶化的前提下，减少10亿美元库存。

急剧变化的环境要求玉清公司管理层的工作要变得更加敏捷、快速和高效，公司意识到，必须改革自己的库存管理。而现有的做法无法缩短订货至发货的循环周期，也难以削减不必要的安全存货（Safety Inventory，是指公司为了避免供应短缺而保留在手上的超出订购量的库存），从而影响向快速流通配送（Flow-through）的方向转变。

玉清公司曾经一直采用零售合作伙伴买进整车产品时给予折价的定价政策。然而，这一政策会导致客户经常推迟订货，直到他们能购买整车货物，甚至因此脱销也在所不惜；同时也使他们承担了高于其需求的存货。这一多余的存货导致两个主要问题：一是产品老化，如果渠道中有太多库存，客户必须在市场营销周期的末尾从零售商处回收产品，而增加的产品处理工作导致更多的产品受损；此外，与通常的逻辑相反，多余的库存事实上导致产品难以获得，因为零售商的库存空间有限，而产品如果淹没在拥挤的仓库中就更难找到了。研究表明，如果玉清公司允许客户更及时地订货，并且稍微放松有关满车的限制，会产生令人惊讶的效果。

另一个分析领域是后期分销。在后期分销环节，商店每晚检查自己的存货，每天将需求信息发送到总部。如果商店经理在一周的开始阶段发现卖出了三瓶某品牌洗发水，他便将订单发送给总部，总部再将订单转送到玉清公司，但这一产品从分销体系中返回要花 7～10 天。很多零售商在商品到达分销中心时会严格按照商店的订货量装运，但此时看到的数据可能已经是 10 天前的了，商店此时的存货情况已与订货时完全不同了。

根据以上分析，玉清公司采取了以下举措：

（1）建立实时需求启动装置。例如，可以从零售商的条码扫描器上直接获取销售点的销售信息。玉清公司 99% 的美国客户使用电子订货方式，这使玉清能在销售发生后 5～7 天获得实际的销售数据。玉清公司也在 50 个零售店中进行另一种销售点系统的试验计划。通过这一试验计划，玉清公司发现，更好的信息获取系统能将 11% 的脱销率下降至 2%～3%。

（2）改变规划和生产产品的方式。为达成这一目标，玉清公司与其 ERP 系统供应商共同开发了具有适应性的资源规划模型，从而可以在得到实时或接近实时的信息的情况下每天 2～3 次地更新规划，而不是每天进行一次批量规划。玉清公司已在其最大量的库存单位（SKU）中实现了 30% 的按需生产。

（3）放宽传统规则的限制。对于低于整车的送货量，玉清公司的管理层决定以最大 10% 的幅度调整满车装运规则。公司在美国西海岸的一个客户仓库进行试验：运送整箱的商品，不加以成本上的考虑，并监控效果。试验结果表明系统的总体不稳定性在下降。

综上所述：更少量但更容易取得的存货降低了脱销率，优化的客户需求信息使得产品流动更高效且库存更少。玉清公司的库存成本因此下降了，并预期会进一步下降 6 亿美元。

启示：

要建立供需协调的管理机制。降低配送数额条件限制，实现实时信息共享，本着互利互惠的原则，建立共同的合作目标和利益分配、激励机制，创造风险共担和资源共享的机会。

企业在经营过程中无法预测市场需求，为了保证正常运营，最常用的手段是设置库存。另外，库存还具有保持生产经营过程连续性、分摊订货费用、快速满足用户订货需求的作用。在企业经营中，虽然库存是出于种种经济考虑必要的存在，但是库存也是一种无奈的结果。它是由于人们无法预测未来的需求变化，才不得已采用的应付外界变化的手段，也是因为人们无法使所有的工作都做得尽善尽美，才产生一些并不想要的冗余与囤积——不和谐的工作沉淀。

一、库存管理概述

（一）库存的基本概念

库存的概念有狭义和广义之分。狭义的库存是指存放在仓库中的物品，一般仅指有形的商品。广义的库存是指为了满足未来需要而暂时闲置的资源。在理解这个概念的时候，要注意资源可以是有形的，也可以是无形的。汽车、家电是库存，医院闲置的床位是库存，数据库里面的客户资源也是库存。

（二）库存的分类

从不同的角度出发，库存可以有多种分类形式。

1. 按库存的作用分类

（1）周转库存：为满足日常生产经营需要而保有的库存。周转库存的大小与采购量直接有关。企业为了降低物流成本或生产成本，需要批量采购、批量运输和批量生产，这样便形成了周期性的周转库存，这种库存随着每天的消耗而减少，当降低到一定水平时就需要补充库存。

（2）安全库存：为了防止不确定因素的发生（如供货时间延迟、库存消耗速度加快等）而设置的库存。安全库存的大小与库存安全系数或者说与库存服务水平有关。从经济性的角度看，安全系数应确定在一个合适的水平上。例如，国家为了预防灾荒、战争等不确定因素的发生而进行的粮食储备、钢材储备、麻袋储备等，就是一种安全库存。

（3）调节库存：用于调节需求与供应的不均衡、生产速度与供应的不均衡以及各个生产阶段产出的不均衡而设置的库存。

（4）在途库存：处于运输状态以及停放在相邻两个工序或相邻两个组织之间的库存，在途库存的大小取决于运输时间以及该期间内的平均需求。

2. 按库存在生产或物流中所处的状态分类

（1）原材料库存：包括原材料、零件和部件，这是开展生产活动的必要条件。

（2）在制品库存：处于生产过程中不同阶段的半成品。

（3）维修库存：用于维修或保养的物品或零部件。

（4）成品库存：是已经生产加工完成的产品，是准备运送给经销商或消费者的最终产品。

3. 按物品需求的重复程度分类

（1）单周期需求，也叫一次性订货，这种需求的特征是偶发性和物品生命周期短，因而很少重复订货，如报纸、中秋月饼，这些都是单周期需求。

（2）多周期需求，在长时间内反复发生，库存需要不断补充，在实际生活中，这种需求现象较为多见。

（三）库存成本的构成

1. 订货成本

定义：订货成本是企业为补充库存而订货时发生的各种费用之和，通常包括订货手续费、物资运输装卸费、验收入库费、采购人员差旅费、通信费等。

特点：费用仅与订货次数有关，而与订货批量不发生直接的联系。

2. 库存持有成本

定义：库存持有成本是指与维持库存水平有关的那部分成本，其组成包括库存商品所占用的资金成本、库存服务成本（相关保险和税收）、仓储空间成本以及库存风险成本，通常是物流成本中较大的一部分。库存持有成本的发生主要由库存控制、包装、废弃物处理等物流活动引起。

特点：费用与订货次数无关，与库存数量和时间成正比。

3. 缺货成本

定义：缺货成本是由于无法满足用户的需求而产生的损失。一般由两部分组成，一是生产系统为处理延迟任务而付出的额外费用，如加班费、加急运输产生的额外运费等；二是延迟交货或缺货对企业收入的影响，如延迟交货的罚款、未能实现的销售收入等。

库存持有成本与库存数量和时间成正比，如果降低库存量，缩短库存周期，持有成本会降低；但降低库存量需要增加订货次数，会导致订货成本增加；为确保不发生缺货现象，降低缺货成本，则需要增加安全库存，就会导致库存持有成本的增加。由此可见，这三项成本之间是相互矛盾、相互制约的。因此，我们要以库存总成本最低为出发点进行综合分析，寻求一个合适的订货批量与订货周期。

如图 7-1 所示，随着订货规模（或生产数量）的增加，持有成本增加，而订货（或生产准备）成本降低，总成本线呈 U 形。U 形曲线的最低点即为最低总成本，对应的订货批量即为 EOQ——经济订货批量。

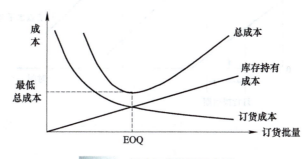

图 7-1 经济订货批量示意图

$$\text{EOQ} = \sqrt{\frac{2AC_2}{C_1}}$$

式中 A——每年的需求量；

C_2——每年的订货成本；

C_1——年库存持有成本。

在实际生产和经营过程中，企业为了合理设置库存，同时尽可能地降低库存成本，通常会采用一些先进的库存管理方法，下面将详细介绍订货点库存补给策略和 ABC 库存管理法。

二、订货点库存补给策略

传统生产制造企业经常采用的是订货点控制策略。订货点法又称订购点法，指的是某种物料或产品，由于生产或销售的原因而逐渐减少，当库存量降低到某一预先设定的点时，即开始发出订货单（采购单或加工单）来补充库存。直至库存量降低到安全库存时，发出的订单所定购的物料（产品）刚好到达仓库，补充前一时期的消耗，此次订货的数值点即称为订货点。

订货点法库存管理的策略很多，最基本的策略有4种：

①连续性检查的固定订货量、固定订货点策略，即（Q，R）策略。
②连续性检查的固定订货点、最大库存策略，即（R，S）策略。
③周期性检查策略，即（t，S）策略。
④综合库存策略，即（t，R，S）策略。

在这4种基本的库存策略基础上，又延伸出很多种库存策略，我们重点介绍4种基本的库存策略。

1. (Q, R) 策略

图 7-2 为（Q，R）策略的示意图。该策略的基本思想是：对库存进行连续性检查，当库存降低到订货点水平 R 时，即发出一次订货，每次的订货量保持不变，都为固定值 Q。该策略适用于需求量大、缺货费用较高、需求波动很大的情形。

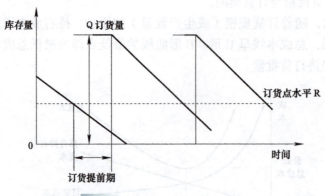

图 7-2 （Q，R）策略示意图

2. (R, S) 策略

该策略和（Q，R）策略一样，都是连续性检查类型的策略，也就是要随时检查库存状态。当发现库存降低到订货点水平 R 时，开始订货。订货后使最大库存保持不变，即为常量 S。若发出订单时库存量为 I，则其订货量即为（S-I）。该策略和（Q，R）策略的不同之处在于，其货量是按实际库存而定，因而订货量是可变的。

3. (t, S) 策略

该策略是每隔一定时期检查一次库存，并发出一次订货，把现有库存补充到最大库存水平 S，如果检查时库存量为 I，则订货量为 S-I。如图 7-3 所示，经过固定的检查期 t，发出订货，这时，库存量为 I_1，订货量为（$S-I_1$）。经过一定的时间（LT），库存补充（$S-I_1$），库存到达 A 点。再经过一个固定的检查时期 t，又发出一次订货，这时库存量为 I_2，订货量为（$S-I_2$），经过一定的时间（LT 为订货提前期，可以为随机变量），库存又达到新的高度 B。如此周期性检查库存，不断补给。

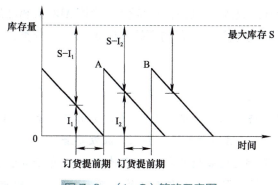

图 7-3　(t, S)策略示意图

该策略不设订货点,只设固定检查周期和最大库存量,适用于一些不很重要的,或使用量不大的物资。

4. (t, R, S) 策略

该策略是策略(t, S)和策略(R, S)的综合。这种补给策略有一个固定的检查周期 t、最大库存量 S、固定订货点水平 R。当经过一定的检查周期 t 后,若库存低于订货点,则发出订货,否则不订货。订货量的大小等于最大库存量减去检查时的库存量。如图 7-4 所示,当经过固定的检查时期到达 A 点时,此时库存已降低到订货点水平线 R 之下,因而应发出一次订货,订货量等于最大库存量 S 与当时的库存量 I_1 的差($S-I_1$)。经过一定的订货提前期后,在 B 点订货到达,库存补充到 C 点。在第二个检查期到来时,此时库存位置在 D,比订货点水平位置线高,无须订货。第三个检查期到来时,库存点在 E,等于订货点,又发出一次订货,订货量为($S-I_3$)。如此周期反复进行下去,实现周期性库存补给。

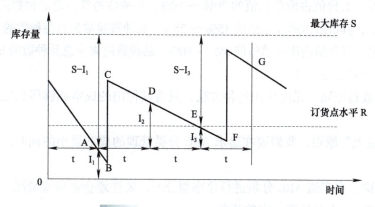

图 7-4　(t, R, S)策略示意图

三、ABC 库存管理法

1. ABC 分类法的原理

ABC 分类法的理论基础为"关键的少数和一般的多数"。在一个系统中,少数事物具有决定性的影响;相反,其余的绝大部分事物却不太有影响。很明显,如果将有限的力量重点用于解决这些关键的少数事物上,和将有限的力量平均分摊在全部事物上进行比较,

当然是前者可以取得较好的成效，而后者成效较差。当该ABC分析法应用于库存管理中时，叫作ABC分类法，其主要原理是把库存的商品进行A、B、C分类，然后对不同类别的商品采取不同的管理方法。

> **读一读**
>
> ABC分类法作为库存管理的技法自1951年由通用电气公司（GE）的迪基开发出来以后，在企业间迅速普及，运用于各类实务上，成效卓著。
>
> ABC分类的基础可溯自巴雷特分析。巴雷特在1897年研究社会财富分配时，收集多个国家的收入统计资料，得出收入与人口的关系，即占人口比重不大（20%）的少数人的收入占总收入的大部分（80%），而大多数人（80%）的收入只占总收入的很小部分（20%），所得分布不平等。他提出了所谓的"关键的少数和次要的多数"的关系，用来表示这种财富分配不平等的现象的统计图表即称为巴雷特曲线分布图。此后，美国通用电气公司董事长迪基经过对该公司所属某厂的库存物品调查后发现，上述原理适用于存储管理，将库存物品按所占资金也可分成三类，并分别采取不同的管理办法以及采购、存储策略，尤其是对重点物品施行ABC分类的重点管理的原则。ABC分类在原理上与巴雷特分析相同，但是在适当区分对象、改变管理重点的论点上具有重要的意义。

2. ABC分类法的标准和原则

（1）ABC分类法的标准

一般来说，企业按照年度货币占用量将库存分为三类：

①A类商品，其价值占库存总值的70%～80%，品种数通常为总品种数的5%～15%。

②B类商品，其价值占库存总值的15%～25%，品种数通常为总品种数的20%～30%。

③C类商品，其价值占库存总值的5%～10%，品种数通常为总品种数的60%～70%。

（2）ABC分类法的原则

①成本—效益原则，无论采用何种方法，只有其付出的成本能够得到完全补偿的情况下才可以实施。

②"最小最大"原则，我们要在追求ABC分类管理的成本最小的同时，追求其效果的最优。

③适当原则，在实施ABC分析进行比率划分时，要注意企业自身境况，对企业的存货划分A类、B类、C类并没有一定的基准。

3. ABC分类法实施的步骤

ABC分类法实施的一般步骤为：

（1）收集数据。按分析对象和分析内容，收集资料。一般来说，需要收集的资料有：每种库存物资的平均库存量、每种物资的单价。

（2）处理数据。对收集来的数据进行整理，按要求计算和汇总。以平均库存乘以单价，计算每种物资的平均资金占用额。

（3）制作 ABC 分析表（见表 7-2）。

表 7-2　ABC 分析表

物品名称	品目数累计	累计品目百分数	物品单价	平均库存	物品单价乘以平均库存	平均资金占用额累计	平均资金占用额累计百分数	分类结果

（4）根据 ABC 分析表确定分类。按照 ABC 分析表，观察第三栏累计品目百分数和第八栏平均资金占用额累计百分数，将累计品目百分数为 5%～15%，而平均资金占用额累计百分数为 70%～80% 的前几个物品，确定为 A 类；将累计品目百分数为 20%～30%，而平均资金占用额累计百分数为 15%～25% 的前几个物品，确定为 B 类；其余的为 C 类，其累计品目百分数为 60%～70%，而平均资金占用额累计百分数仅为 5%～10%。

（5）绘制 ABC 分析图（见图 7-5）。

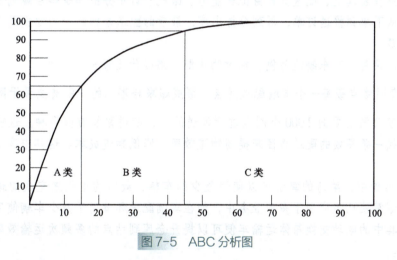

图 7-5　ABC 分析图

（6）确定重点管理要求。

①对 A 类物资应该进行重点管理，现场管理应该更加严格，应放在更安全的地方；为了保持库存记录的准确性，要经常进行检查和盘点，对 A 类库存进行预测应该更加仔细。

②对 B 类物资进行次重点管理，现场管理不必投入比 A 类物资更多的精力，库存检查和盘点周期也可以比 A 类物资更长一些。

③对 C 类物资只进行一般的管理，现场管理可以更粗放一些；但是由于品种多，差错出现的可能性也比较大，因此也必须定期进行库存检查和盘点，周期可以比 B 类物资长一些。

库存管理的方法还有零库存技术、供应商管理库存等很多方法，在这里不再一一介绍。

任务四　改进配送服务

案例导入

快递巨头如何优化物流配送路径

各大快递公司纷纷深扎末端配送领域，各显其能，采用无人车、无人仓、无人机等高端技术设备，为最后一公里护航。各大快递公司在配送时效上下足了功夫，由以往的次日达，到现在的分钟级配送、30 分钟必达等高效配送服务，不仅提升了物流运转效率，还升级了用户的消费体验。

随着行业竞争加剧，人力成本高涨，物流行业需要摆脱人力的束缚，才能获得进一步的发展；需要转向依靠科技的力量，在降低成本的同时完成物流效率的提升。大数据、AI 等技术成为物流行业发展的驱动力。

在高科技产品加持背后，车辆路径规划问题也成为运筹优化领域经典的解决方案之一。配送员距离消费者远近、配送员自身配送能力、路况、订单分配等是路径规划过程中需要考虑的因素，从下单到推送订单，再到分拣出库，最后的配送车辆路径问题也是各大快递公司所关注的问题。

下面将以菜鸟、京东物流为例，探讨物流配送路径优化带来的成效。

▶ 菜鸟网络点缀每一个末端配送网点，形成超聚合形态的一张智能骨干网。

如果一家公司需要向 1000 个网点进行配送的话，配送路径有很多种。这就需要合理配置网点，寻找一条高效的配送路径来提高物流效率、降低物流成本。这其中离不开菜鸟的算法布局。

在物流场景中，菜鸟的算法可以使用最少的车辆、最短的里程来完成配送任务。菜鸟车辆路径规划算法已经应用于多项业务中，如在车辆配送环节用于减少车辆使用数量和车辆行驶距离，其中的电动交换箱体运输车便可以提升仓库到站点的多频次运输效率，满足多频点送货需求。

在仓库内部拣选环节，车辆路径规划算法可以减少拣选人员行走距离。颠覆以往"人找货"的场景，依靠智能分单技术和动态定位技术，直接实现前置分拣，并将货物直接送到快递员手中，在智能仓储环节缩短拣货时间。

此外，车辆路径规划算法还可帮助外卖配送员规划配送路线，减少从前端订单下发到末端货物配送的周转，直接根据路线配送，从而提升用户体验，大幅降低配送成本。

AI 技术已经应用到了物流行业的商家端、仓储端、配送端和网络末端。

菜鸟通过在零售通城配业务中应用车辆路径规划算法，降低了订单配送成本，提升了仓库货物流转效率，并缩短了仓库集货周转时间。

车辆路径规划也广泛应用在农村物流体系中，降低了农村地区配送成本，提升了用户体验。

> 京东的"无界物流"——快的优势在于"智能优化路径"。

京东自主研发的智能路径优化系统是用算法技术打造的决策系统,将用户的消费习惯、收货地址、配送员坐标以及配送员的配送习惯等参数融入算法技术当中,根据参数来匹配配送员的订单和用户的货物,实现最短的配送路径,满足客户的精准需求

路径优化过程也有赖于京东配送员的手持一体机。通过手持一体机,根据订单类型和配送时效计算出可视化地图,给出最佳配送建议和预估时间,让配送员在指导下完成配送。

这一智能优化路径采用增强学习和迁移学习等深度学习技术,随着算法求解速度的提升和数据库的扩容,智能路径规划结果会更加精确,无论是农村,还是社区、写字楼密布的区域,不同场景的用户需求都可以应用智能路径规划来满足,实现配送线路智能化。

京东智能优化路径系统的上线,也说明了物流行业在争分夺秒加大布局和缩短配送距离。在各类硬件和软件的支持之下,不仅要做好智能化产品的研发,还要做好前端到末端配送途中的路径规划,全面提升物流配送效率。

其他快递企业也在积极将大数据、算法、AI等智慧技术运用到车辆路径规划过程中。

路径优化系统作为物流行业配送端的数据智能化产品,运用数据、场景、技术和算法对人、车、货进行合理调度,在实现路径优化的基础之上来降低成本,从而实现整个行业的降本增效,并通过大数据等高科技实现车货高效匹配,减少空驶损耗,优化配送线路,减少污染,打造绿色物流;同时可以帮助企业塑造更好的服务能力,提升用户的体验感。因此,在末端配送的环节上更不可忽视对路径的规划。

随着大数据及云计算、物联网、人工智能技术的成熟,物流行业也将得益,菜鸟、京东、顺丰等将继续领跑物流行业,并以大数据为指导来赋能产业升级,推动资源联动、共享。

启示:

如何利用高科技手段优化配送路线、提效降本,是快递行业亟待解决的问题。

配送是物流活动中一种非单一的业务形式,它与商流、物流、资金流紧密结合,并且主要包括了商流活动、物流活动和资金流活动。可以说,物流是包括了物流活动中大多数必要因素的一种业务形式。

一、配送及其功能

1. 配送的概念

配送是指按用户订货的要求,以现代送货形式,在配送中心或其他物流据点进行货物配备,以合理的方式送交用户,实现资源最终配置的经济活动。这个概念说明了以下几个方面的内容:明确指出按用户订货的要求,配送的实质是现代送货,配送是从物流节点至用户的一种特殊送货形式,配与送有机地结合,强调以合理的方式送达用户,配送是对资源的配置,是最终配置。

京东众包

2. 配送的作用

配送与运输、仓储、装卸搬运、流通加工、包装和物流信息融为一体,构成了物流系

统的功能体系，其作用表现在以下几个方面。

（1）配送可以降低社会物资的库存水平。发展配送，实行集中库存，社会物资的库存总量必然低于各企业的分散库存总量。同时，配送有利于灵活调度，有利于发挥物资的作用。此外，集中库存可以发挥规模经济优势，降低库存成本。

（2）配送有利于提高物流效率，降低物流费用。采用批量进货、集中发货，以及将多个小批量集中于一起大批量发货的配送方式，可以有效节省运力，实现经济型运输，降低成本，提高物流经济效益。

（3）对于生产企业来说，配送可以实现零库存。一方面，对于产成品而言，需要多少就生产多少，实现产成品零库存；另一方面，对于原材料而言，需要多少，供应商就供应多少，因此也可以做到零库存，从而大大降低经营成本。

（4）对于广大用户而言，配送提高了物流企业的服务水平。配送能够按时按量、品种配套齐全地送货上门，一方面简化了手续，节省了成本，提高了效率；另一方面保障了物资供应，满足了人们生产生活所需要的物资和服务享受。

（5）配送对于整个社会和生态环境来说，也起着重要的作用，它可以减少使用运输车辆、缓解交通紧张状况、减少噪声和尾气排放等运输污染。

3．配送的构成要素

集货、分拣、配货、配装、配送运输、送达服务以及配送加工等是配送最基本的构成单元。

（1）集货。将各个用户所需要的各种物品，按需要的品种、规格、数量，从仓库的各个货位拣选集中起来，以便进行装车配送的作业。

（2）分拣。将物品按品名、规格、出入库先后顺序进行分门别类的作业；分拣分为订单拣取和批量拣取。

（3）配货。使用各种拣选设备和传输装置，按客户的要求将商品分拣出来，配备齐全，送入指定发货区。

（4）配装。将客户所需的各种货品，按其配送车辆的装载容量进行装载组配。在单个用户配送数量不能达到车辆的有效载运负荷时，就会出现如何集中不同用户的配送货物，进行搭配装载以充分利用运能、运力的问题，这就需要配装。

（5）配送运输。配送运输属于运输中的末端运输、支线运输，和一般运输形态的主要区别在于：配送运输是较短距离、较小规模、额度较高的运输形式，一般使用汽车作为运输工具。

（6）送达服务。配好的货物运输到用户还不算配送工作的完结，这是因为送达货物和用户接货往往还会产生不协调，使配送前功尽弃。因此，要圆满地实现运货的移交，并有效、方便地处理相关手续并完成结算，还应讲究卸货地点、卸货方式等。

（7）配送加工。按照配送客户的品种要求所进行的流通加工活动。它可以扩大配送品种的实用度，提高客户的满意程度，提高服务水平和配送的吸引力。在配送中，配送加工这一功能要素不具有普遍性，但往往是具有重要作用的功能要素。

4．配送的功能

配送中心是物流领域社会分工、专业分工细化的产物，它适应了物流合理化、生产社会化、商场扩大化的客观需求，集集货、储存、分货、集散、流通加工、信息等多项功能于一体，通过集约化经营取得规模效益。配送中心的功能包括以下几个方面。

（1）集货功能。为了能够按照用户的要求配送货物，首先必须集中用户需求规模备货，从生产企业取得种类、数量繁多的货物，这是配送中心的基础功能，是配送中心取得规模优势的基础所在。一般来说，集货批量应大于配送批量。

（2）储存功能。配送中心的服务对象是众多的企业和商业网点（如超级市场和连锁店），为了顺利而有序地完成向用户配送商品（货物）的任务及更好地发挥保障生产和消费需要的作用，通常情况下，配送中心都要兴建现代化的仓库并配备一定数量的仓储设备、储存一定数量的商品，形成对配送的资源保证。

（3）分拣功能。为了将多种货物向多个用户按不同要求、种类、规格、数量进行配送，配送中心必须有效地将储存货物按用户要求分拣出来，并能在分拣基础上，按配送计划进行理货，这是配送中心的核心职能。为了提高分拣效率，应配备相应的分拣装置，如货物识别装置、传送装置等。

（4）集散功能。在物流实践中，配送中心凭借其特殊的地位和其拥有的各种先进的设施和设备，能够将分散在各个生产企业的产品（即货物）集中到一起，而后经过分拣、配装，向多家用户发运。与此同时，配送中心也可以做到把各个用户所需要的多种货物有效地组合（或配装）在一起，形成经济、合理的货载批量。配送中心在流通实践中所表现出的这种功能，即（货物）集散功能，也有人把它称为"配货、分放"功能。

（5）流通加工功能。经济高效的运输、装卸、保管一般需要较大的包装。但在配送中心下游的零售商、最终客户，一般需要较小的包装。为了解决这一矛盾，有的配送中心设有流通加工功能。流通加工与制造加工不同，它对商品不做性能和功能的改变，仅仅是商品尺寸、数量和包装形式的改变。

（6）信息功能。配送中心在干线物流与末端物流之间起衔接作用，这种衔接不但靠实物的配送，而且靠情报信息的衔接。配送中心的信息活动是全物流系统中重要的一环。

二、配送作业管理

1. 配送作业的基本环节

从总体上看，配送是由备货、理货和送货等三个基本环节组成的，其中每个环节又包含着若干项具体的、技术性的活动。

（1）备货。备货指准备货物的系列活动，它是配送的基础环节。备货应当包括两项具体活动：筹集货物和储存货物。

①筹集货物。若生产企业直接进行配送，那么，筹集货物的工作自然是由企业自己去组织的。筹集货物由订货、进货、集货及相关的验货、结算等一系列活动组成。

②储存货物。储存货物是购货、进货活动的延续。在配送活动中，货物储存有两种表现形态：一种是暂存形态，另一种是储备形态。暂存形态的储存，是按照分拣、配货工序要求，在理货场地储存少量货物。储备形态的储存是按照一定时期配送活动要求和根据货源的到货情况有计划地确定的，它是使配送持续运作的资源保证。

备货是决定配送成败与否、规模大小的最基础的环节，也是决定配送效益高低的关键环节。

（2）理货。理货是配送的一项重要内容，也是配送区别于一般送货的重要标志。理货包括货物分拣、配货和包装等经济活动。货物分拣是采用适当的方法和手段，从储存的货物中分出用户所需要的货物。分拣货物一般采取两种方式来操作：一种是摘取式，一种是播种式。

（3）送货。送货是配送活动的核心，也是备货和理货工序的延伸。在物流活动中，送货的现象形态实际上就是货物的运输，因此，常常以运输代表送货。但是，组成配送活动的运输与通常所讲的"干线运输"是有很大区别的。由于配送中的送货需面向众多的客户，并且要多方向运动，因此，在送货过程中，常常要进行运输方式、运输路线和运输工具三种选择，按照配送合理化的要求，必须在全面计划的基础上，制定科学的、距离较短的货运路线，选择经济、迅速、安全的运输方式和适宜的运输工具。

2. 配送作业的一般流程

配送作业的一般流程即配送活动必须经过的基本工艺流程，也是各种货物的配送活动共同具有的工艺流程。配送的一般流程基本上是这样一种运动过程：进货—储存—分拣—配货—配装—送货。每个流程的作业内容如下所述。

（1）进货。进货即组织货源，其方式有两种：一种是订货或购货，另一种是集货或接货。前者的货物所有权属于配送主体，后者的货物所有权属于用户。

（2）储存。储存即按照用户提出的要求并依据配送计划，对购到或收集到的各种货物进行检验，然后分门别类地储存在相应的设施或场地中，以备拣选和配货。储存作业一般包括这样几道程序：运输—卸货—验收—入库—保管—出库。储存作业依产品性质、形状不同而形式各异：有的利用仓库进行储存，有的利用露天场地储存，特殊商品则需储存在特制的设备中。为了提高储存的作业效率及使储存环节合理化，目前，许多商家普遍采用了先进的储存技术和储存设备。

（3）分拣、配货。分拣和配货是同一个工艺流程中有着紧密关系的两项经济活动。有时，这两项活动是同时进行和同时完成的。在进行分拣、配货作业时，少数场合是以手工方式进行操作的，更多的场合则是采用机械化或半机械化方式去操作的。随着一些高新技术的广泛应用，自动化的分拣/配货系统已在很多国家的配送中心建立了起来，并发挥了重要作用。

（4）配装、送货。在送货流程中，包括这样几项活动：搬运、配装、运输和交货。其作业程序为：配装—运输—交货。送货是配送的终结。在送货这道工序中，运输是一项主要的经济活动，因此，在进行送货作业时，选择合理的运输方式和使用先进的运输工具，对于提高送货质量至关重要。

三、配送路线优化设计

在有很多配送去向的情况下，使用多少辆车，各辆车按照什么路线运行才能使整个运行距离最短，或使配送费用最低，这就是配送路线优化的问题。配送路线优化对于企业改进配送服务、降低配送成本有着至关重要的作用。下面介绍解决这类问题的方法：节约里程法。

节约里程法是用来解决运输车辆数目不确定问题的启发式算法，又称节约算法或节约法，可以用并行方式和串行方式来优化行车距离。

节约里程法的核心思想是依次将运输问题中的两个回路合并为一个回路，每次使合并后的总运输距离减小的幅度最大,直到达到一辆车的装载限制时,再进行下一辆车的优化。

网络图(Vehicle Scheduling Program,VSP),是节约里程法的一种,可称为车辆安排程序方法,其基础是节约的概念。基本方法是对所有配送地点计算节约量。

如果以 P 为配送中心,向 A、B 两个配送地点配送货物(见图 7-6)。

如图 7-6a 所示,从 P 分别向 A、B 两点往返运输,其配送距离应为 2PA+2PB。

如图 7-6b 所示,从 P 点出发,再从 A 到 B 巡回运输,其配送距离为 PA+AB+PB。

因此,节约量的一般公式为:(2PA+2PB)-(PA+AB+PB)=PA+PB-AB。按照节约量的大小制定配送路线。

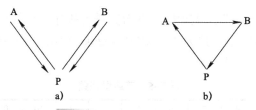

图 7-6 节约里程法示意图

例 1:O 点为配送中心,M、N 为两个配送点,O 点到 M、N 的距离分别为 10km、12km,MN 之间的距离为 10km,求节约量。

解:由 O-M-O-N-O,配送距离为:2OM+2ON=2×(12+10)km=44km

由 O-M-N-O,配送距离为:OM+ON+MN=10km+12km+10km=32km

节约量为:(2OM+2ON)-(OM+ON+MN)=OM+ON-MN=12km。

则,应选择 O-M-N-O 的配送路径,可节约量为 12km。

例 2:某配送中心 A 要向所在城市 B、C、D、E、F、G 共 6 个客户点配送货物,它们之间的距离和每一处的配送货物量见表 7-3,运输车辆有 2.5t 和 4t 两种货车,试确定路线。

表 7-3 配送距离和配送量

地点	AB	AC	AD	AF	AE	AG	BC	CD	DF	EF	EG	FG
距离/km	9	12	12	24	20	21	9	10	19	6	1	6
货物量/t	0.8	0.7	1.0	1.1	1.75	1.15	—	—	—	—	—	—

解:①计算配送中心 A 到各配送点、各配送点之间的最短的距离。

最短距离的计算方法:从终点开始逐步逆向推算。由于配送中心与各配送点只有一个节点,故它们之间的距离即为最短距离。因这些数据从表中已知,所以只需要计算各客户点之间的最短距离即可,即计算 BD、BE、BF、BG、CE、CF、CG 和 DE 的距离。

以 CE 的计算为例,如图 7-7 所示,与重点 E 相联结的有 A 和 F,从 C 至 E 的最短距离为 C-A-E,即为 12km+20km=32km。同理可求得其他客户之间的最短距离,见表 7-4。

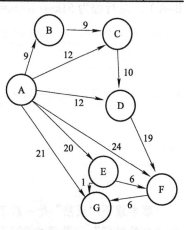

图 7-7 各配送点之间的
运输路线(单位:km)

表 7-4 客户间的最短距离　　　　　　　　　　　　　　　　（单位：km）

	A	B	C	D	E	F	G
A	0	9	12	12	20	24	21
B		0	9	19	29	33	30
C			0	10	32	29	33
D				0	25	19	25
E					0	6	1
F						0	6
G							0

② 计算各配送点组合的节约里程数，并对其进行排序。节约里程数可由节约量的一般公式求得。如 EG 间的节约里程数为 AE+AG−EG=20km+21km−1km=40km。同理可求得其他客户之间的节约里程数（见表 7-5）。

表 7-5 节约里程数　　　　　　　　　　　　　　　　（单位：km）

序号	1	2	3	4	5	6	7	8	9	10	B	B	B	C	C
组合	EG	FG	EF	DF	CD	BC	DG	CF	DE	BD	E	F	G	E	G
节约里程	40	39	38	17	14	12	8	7	7	2	0	—	—	—	—

由表 7-5 可知：

a）EG 节约里程最大。从题目中已知，它们的配送货物量是：1.75t+1.15t=2.9t，在货车载重限度内，可以入选。

b）FG 的配送货物量 1.1t，正好可以与 2.9t 拼装在一辆载运量为 4t 的货车内，它们相互衔接成为一条配送路线 A–E–G–F–A。全程为 20km+1km+6km+24km=51km。

因 4t 的货车已装满，所以应考虑第二条配送路线。

c）C、D 配送货物量是 1.0t+0.7t=1.7t，在货车载重限度内，可以将 B 点的 0.8t 货物集中在一起，拼装在一辆载运量为 2.5t 的货车内，形成第二条配送路线 A–B–C–D–A 或 A–D–C–B–A，全程为 9km+9km+10km+12km=40km。

此案例的配送路线优化后确定为两条，即 A–E–G–F–A 和 A–B–C–D–A（或 A–D–C–B–A），总行程为 51km+40km=91km，使用 4t 和 2.5t 的货车各一辆。

任务五　开展合理化运输

案例导入

顺丰"顺陆"之路

顺丰旗下"顺陆"是一款车货匹配 App。按照顺陆官网解释："顺陆"孵化于顺丰，前身为"丰驰畅行"，是顺丰 2017 年推出的一款内部管理应用工具，主要面向顺丰自营车队、供应商及企业司机，以成为全国领先的运输解决方案服务商为愿景，整合货运资源，依托顺丰覆盖全国的运输线路与车辆、中转场/仓库、快递员等物流资源，致力于打造端到端的全产业链运输服务。

宁波一家小物流公司和顺丰签订两条线的运输合同，该公司为此买了6辆车并聘请了若干专职司机，而2008年二三月份，顺丰突然单方面下达通知，取消了这些合作线路。双方多次交涉后，顺丰速运让这家公司到顺丰的顺陆平台上进行报价竞选，几十万的投资，对一家小物流公司来说不算一个小数目，这家小物流公司因此而陷入了困境。

顺丰之所以取消了合同，其主要原因就是顺丰推出了"顺陆"App。客户如果要继续和顺丰合作，就只能上顺陆App去竞价，只要价格低，理论上还是能拿到原先的业务的，显然这家小型物流公司没有"低价竞争实力"。

顺丰为什么会在这个时间点上推出这样一款很多人认为已经有点"过时"的车货匹配平台呢，"顺陆"的诞生会给一些合作伙伴及行业带来什么样的影响呢？"顺陆"会顺利"着陆"嘛？

顺陆最初只是顺丰推出的一个内部运力管理软件，2018年末正式改名为"顺陆"，并取得了无车承运人资质，内部一直在测试使用。2013年，车货匹配就已兴起，在经过几轮洗牌之后，市场已趋于平静，最后只剩下了货车帮和运满满这两家合并而成立的"满帮"，其他剩余的一些小的车货匹配软件已基本无力影响市场。而此时顺丰推出"顺陆"并不是要与"满帮"对抗，因为大家的路数不一样：顺丰的主要目的是加强对运输车辆管控，提升运输时效，进一步降低运输成本。"满帮"车货匹配平台的目的是让货主找到合适的车辆，而"顺陆"的主要目的是让顺丰的货能找到合适的车。一个是为社会服务，针对社会第三方货主们；一个是为了自己的业务服务，暂时还不主要针对社会货主。

既然是一个内部使用软件，那么顺丰什么会在当时又把"顺陆"推到前台呢？

2018年，顺丰利润率负增长，这对顺丰来说压力非常大：一方面，投资的诸多新业务板块未能见效；另一方面，三通一达，加上京东、菜鸟的围追堵截，市场压力巨大，新业务不能突破，而似乎只能通过内部降本增效来解决利润率的问题。顺丰每年的运力采购就达上百亿元，这中间还有巨大潜力可挖，所以"顺陆"经过一段时间测试后走上前台，也可以理解了，目的就是进一步降低顺丰的运力成本。

"顺陆"的推出，从纯粹成本的角度来考虑是好事。顺陆拥有两款移动App产品，分别为顺陆司机版和企业版。司机版主要面向广大个体司机，支持个体司机抢单，通过线路智能匹配，减少司机"空返"现象，提升运输效率。顺陆企业版主要面向企业承运商，支持企业承运商抢单，并进行司机任务指派，企业可对名下司机进行管理与任务监控，保证运输质量。

司机和承运商的竞价和抢单，这明显就是价低者得，这将会大大降低顺丰的运力采购成本。但同时带来的问题是顺丰怎么去保证那些低价获得项目的承运商和司机能提供好的服务，这个如果控制不好，将会严重影响顺丰的服务品质，搞不好就是降低了成本，但同时也丢失了服务，从而失去了客户的信任。

这是"顺陆"对顺丰可能带来的不良影响。而顺丰的签约运力供应商可能会首当其冲。"顺陆"的出现，对这些供应商而言，如果想继续承接顺丰的业务，就需要在顺陆平台竞价接单（当然，初期顺丰针对不同类型的程运输可能会有一些区别政策）。另外，受顺陆影响最大的可能还是那些大车队和运力调度平台，比如狮桥、福佑卡车等。大车队的主要业务就是承接各家快递快运网络的整车线路业务，其中顺丰也是重要一块，对这些公司来说，

"顺陆"的出现很可能会让这些大车队们失去顺丰的业务，最可怕的是，如果"顺陆"这条路走通了，后面的"三通一达"们可能都会建立类似的运力池平台，因为他们都具有这样的货运流量。实际上，百世（优货）、韵达的（优配），还有京东早就已经开发了类似的平台，去运力中间化早就成为这些企业要解决的问题，如果快递公司的这些自建运力采购平台都能顺利跑通，也许未来国内将再无"大车队"。

另外，"顺陆"们如果能够安全"着路"，整个行业运输价格将进一步被压低，行业竞争将会变得更加惨烈，一大批围绕着为这些快递企业服务的运力公司也许都将面临转型和关闭。

顺陆能否成功取决于顺丰自己。"顺陆"如果大规模推广，顺丰怎么能控制那些低价获得业务的司机和承运商们既能保证低价又能保证服务质量？如果那些司机们在运输过程中出现问题，顺丰怎么去完成售后服务？过去这些都是由第三方承运商来把控的，而现在这些工作都可能要由顺丰自己来把控，因此而付出的成本能否通过"顺陆"降低的成本实现平衡，这有待时间来检验。

通过平台竞价，选择合适的供应商这个思路本身没问题，但在顺丰这个庞大的体系中，如何把这个思路正确地贯彻下去而不跑偏，对顺丰来说是一个巨大考验。

启示：

面对每年上百亿元的运输成本，顺丰公司不得不寻求应对策略。顺陆的推广，降低了干线运输成本，使得运输更加合理化。

在物流的所有功能中，运输是一个最基本的功能，是物流的核心。提到物流，首先让人想到的便是运输。

运输是社会物质生产的必要条件之一，是国民经济的基础，是生产过程的继续。运输活动和一般生产活动不同，它不创造新的物质产品，不增加社会产品数量，不赋予产品以新的使用价值，而只是变动其所在的空间位置；但这一变动能使生产继续下去，使社会再生产不断推进并且是一个价值不断增值的过程。因此，马克思将运输称为"第四个物质生产部门"。运输是"第三个利润"源泉。首先，运输承担大跨度空间转移的任务，活动的时间长、距离远、消耗大。消耗的绝对数量大，其节约的潜力也就大。其次，从运费来看，运输在物流成本中占据最大的比例，一般占物流成本的近50%。有些产品的运费高于其生产成本，因此节约的潜力大。

一、运输的内涵

1. 运输的概念

运输是使用设备和工具，将物品从一个地点向另一个地点运送的物流活动，其中包括集货、分配、搬运、中转、装入、卸下、分散等一系列操作。

运输是人和物的载运和输送，有时专指物的载运和输送。它是在不同地域范围内以改变物品的空间位置为目的的活动，对物品进行空间位移。

2. 运输的功能

在物流管理过程中，运输主要提供产品转移和产品储存两大功能。

（1）产品转移。运输的目的就是以最短的时间、最低的成本将产品转移到规定的地点。因此，运输的主要功能就是产品在价值链中实现位移，从而产生空间效用和时间效用。

（2）产品储存。运输的另一大功能就是在运输期间进行临时储存，也就是将运输工具（车辆、船舶、飞机、管道等）作为临时储存设施，而且这种储存是免费储存、自然储存。

3. 运输方式及特点

（1）铁路运输（Railway Transport）是指在铁路上以车辆编组成列车、由机车牵引以载运货物的一种运输方式。

特点：

①运输能力大。一般每列火车可装载 3 000～4 000t 货物，重载列车可装载 5 000t 以上的货物；单线、单向年最大货物运输能力达 1 800 万 t，复线可达 5 500 万 t。

②运行速度快。铁路列车运行时速一般在 80～120km 之间，高速铁路运行时速可达 350km。在长途运输条件下，铁路的送达速度高于水路和公路运输，但在短途运输上则低于公路运输。

③运输成本低。一般来说，铁路运输的单位成本比公路运输、航空运输低得多，甚至低于内河运输。

④运输经常性好。铁路运输不易受大雪、大雨、台风等气象和自然环境的影响，能保证运送时间，且到发时间准确性高。

⑤能耗低。铁路运输每千吨公里消耗标准燃料为汽车运输的 1/15～1/11，为航空运输的 1/174，但是高于沿海和内河运输。

⑥通用性好。铁路能运输各类不同的货物，并可以实现驮背运输、集装箱运输等。

⑦机动性差。铁路运输只能在固定的线路上实现运输，较难实现"门到门"的运输，需要汽车等其他运输方式的配合和衔接。

适用范围： 适用于大宗低值货物的中、长距离运输，如散装货物（煤炭、谷物、矿石等）、罐装货物（化工、石油产品）的运输；大批量、时间性强、可靠性要求高的一般货物和特种货物的运输；经济里程：200～1 000km。

（2）公路运输（Highway Transport）是指在公路上使用机动车辆或是人力车、畜力车等非机动车辆载货运输的一种运输方式。

特点：

①机动灵活，能够实现门到门运输。

②包装简单，货损少。汽车载运量小，所以货物受压状况较好，对包装要求不高。道路运输环境对车辆运行中的震动及货损会有影响，一般情况下，汽车运输无须中转装卸作业，因此，包装可以简单，货损也少。

③运输成本高。公路运输成本分别是铁路运输的 11.1～17.5 倍，水路运输的 27.7～43.6 倍，管道运输的 13.7～21.5 倍，但只有航空运输的 6.1%～9.6%。

④运输能力小。每辆普通载货汽车每次至多仅能运送 50t 左右的货物，约为货物列车的 1/100。同时，由于汽车体积小、载重量不高，因此运送大件货物较为困难。

⑤劳动生产率低。公路运输的劳动生产率只有铁路运输的 10.6%，水运的 1.5%～7.5%，

但比航空运输高,约为其3倍。

适用范围: 近距离的独立运输作业,主要是中短途运输(50km 内为短途运输,200km 内为中途运输)。由于高速公路的兴建,远程运输也越来越有市场;可用于补充和衔接其他运输方式;经济里程在 200km 以内。

(3) 水路运输(Water Transport)是指利用船舶和其他浮运工具在江河、湖泊、水库等天然或人工水道和海洋上运送旅客与货物的一种运输方式。

特点:

① 运输能力强。在五种运输方式中,水路运输能力最大。长江干线上,一支驳船船队的载运能力可达 3.2 万 t,世界上最大的油轮总吨位高达 56.3 万 t。

② 能耗低。1 加仑(约合 4.54L)燃油,大型卡车可完成 59 吨英里,铁路可完成 202 吨英里,内河船舶可以完成 514 吨英里。

③ 运输成本低。船舶吨位大,运输成本一般较铁路低。长江干线的运输成本为铁路的 84%。

④ 平均运距长。水路运输的平均运距是铁路的 2.3 倍,公路的 59 倍,管道运输的 2.7 倍,但只有航空运输的 68%。

⑤ 运输速度慢。船舶运输平均航速较慢,在途时间长,不能快速将货物运达目的地。

⑥ 受自然条件影响大。水上运输容易受台风或其他气候条件影响,内河航道枯洪水期水位变化大,有些海港冬季结冰,不能实现全年通航;

适用范围: 适宜于运距长、运量大、对送达时间要求不高的大宗货物运输;集装箱运输。

(4) 航空运输(Air Transport)是指利用飞机或其他航空器在空中进行乘客与货物运输的一种运输方式。

特点:

① 高速可达性。飞机运行速度一般在 800~1 000km/ 小时,而且在空中较少受自然地理条件的影响和限制。

② 安全性高。按单位货运周转量或单位飞行时间损失率统计,航空运输的安全性比其他运输方式都高。

③ 经济价值独特。航空运输比其他任何运输方式成本都高,但考虑时间价值,航空运输具有其他运输方式不具备的独特经济价值。

④ 载运量小。航空运输由于机身容量限制,只能载运小批量、小体积的货物。

⑤ 投资大,成本高。飞机造价高,购置、维修费用高,能耗大,所以导致航空运输成本高昂。

⑥ 易受气候条件影响。因飞行条件要求高,航空运输在一定程度上受气候条件的限制,不能保证客货运送的准时性和正常性。

适用范围: 适宜运送价值高、体积小、时效性要求高的特殊货物,如电子仪器设备、鲜活易腐货物、邮件等;经济里程大于 1 000km。

(5) 管道运输(Pipeline Transport)是指由钢管、泵站和加压设备等组成的利用管道加压输送气体、液体、粉状固体的运输方式。

特点:

① 运输量大。输油管道每年的输油量可达百万吨到几千万吨,甚至超过亿吨。直径

720mm 的输煤管道,每年可运送煤炭 2 000 万 t。

② 灵活性差。管道运输功能单一,仅能运输石油、天然气及煤炭等固体料浆,且管线固定。

③ 运输经常性好。管道密封且多埋藏于地下,不受气候影响,可长期稳定地运行,可靠性高。

大陆桥运输

二、运输合理化

物流运输合理化就是从物流系统的总体目标出发,按照货物流通的规律,运用系统理论和系统工程方法,合理利用各种运输方式,选择合理的运输路线和运输工具,以最短的路径、最少的环节、最快的速度和最少的劳动消耗组织好货物的调运。

1. 影响运输合理化的因素

(1)运输距离。在运输过程中,运输时间、运输工具周转率、运输货损以及运费等技术经济指标,都与运输距离存在正比例关系,运输距离的长短是影响运输合理化的最基本的指标。

(2)运输环节。运输环节越多,运费越高,运输货损率也随之增加。衔接两种运输方式的装卸搬运作业对运输环节的副作用最大。运输环节过多也将影响运输的速度。

(3)运输工具。运输工具主要是由运输方式决定的,比如陆运中铁路运输和公路运输的选择。但是同一种运输方式也可以选择不同运输工具,如公路运输可以选择普通货车或者集装箱货车。对运输工具进行优化选择,按运输工具的特点进行装卸搬运作业,发挥运输工具的作用,也是运输合理化的重要措施。

(4)运输时间。运输是物流过程中花费时间较长的环节,如远程海运的运输时间可达 2 个月。运输时间过长会造成运输成本增加。

(5)运输费用。运费在全部物流费用中占有最大的比例,运费降低可以提高整个物流系统的竞争力。降低运费也是托运与承运双方的基本经营目标。

2. 不合理运输的类型

(1)单程空载。空车或无货载行驶是最不合理的运输形式。在实际运输过程中,由于货物离运输工具过远,需要单程去装货,必须将这段空驶成本计入运费。如果因调运不当,货源计划不落实而造成空驶,就构成严重的运输不合理。

(2)对流运输。同一种货物,或两者可以相互代用又不影响技术与管理和效益的货物,在同一线路上或平行线路上做相对运动的运送,而与对方运程的部分或全部发生重叠交错的运输就是对流运输。对流运输有两种:一种是明显的对流运输,即在同一路线上运送同样的货物但向相反方向行驶的对流运输,明显的对流运输是由于信息不畅造成的。另一种是隐蔽的对流运输,即同一种货物违背近产近销的原则,沿两条平行路线的相对方向运输。隐蔽的对流运输往往是非正常经济行为造成的。

(3)重复运输。重复运输是指一种货物可直达目的地,但由于批发机构或商业仓库设置不当,或计划不周,在中途停卸重复装运的不合理运输形式。重复运输虽然没有延长运输里程,却增加了中间装卸环节和装卸搬运费用,降低了运输效率。

（4）过远运输。过远运输是放弃近距离市场而追逐远距离市场的不正常运输现象。物品销售舍近求远会造成运输距离过远，这是由于正常商品交易受阻或地方保护主义造成的。

（5）运输方式选择不当。没有发挥运输工具的优势，不正确利用运输工具造成的不合理运输。常见的有以下几种：

①终端运输选择不当。"门到门"运输只有公路运输可以实现。在铁路或水路运输方式下采用干线转支线运输，将最末端的公路运输限制在很短的距离内，没有发挥汽车两端的优势，而且增加了干线转支线，甚至支线转二次运输的转运时间和装卸搬运成本。

②经济里程运用不当。铁路运输与水运成本低。但是在500km经济里程内，铁路运输和水运的装卸成本、时间成本以及运输频率，均不如公路运输。

3．合理化运输的实施途径

（1）提高运输工具的实载率。实载率是指在一定时期内车船等运输工具实际完成的货物周转量占车船载重吨位与行驶里程之乘积的百分比。提高实载率的意义在于充分利用运输工具的额定能力，减少运输工具空驶和不满载行驶的时间，减少浪费，从而求得运输的合理化。

我国曾在铁路运输上提倡"满载超轴"，其中"满载"的含义就是充分利用货车的容积和载重量，多载货，不空驶；"超轴"的含义就是在机车能力允许的情况下，多加挂车皮。我国在客运紧张时，也采取加长列车、多挂车皮等方法，以求在不增加机车的情况下增加运输量。

（2）开展联合运输。将公路两端运输的优势与铁路、水运、航空的干线长距离运输结合起来，由一个总承运人安排"门到门"运输。

（3）配载运输。配载运输是提高运输工具实载率的扩展方式，它充分利用运输工具的载重量和容积，合理安排装载的货物和载运方法。配载运输可以混合配载轻重产品，这样既增加了重货的载重量，又容纳了较大体积的轻货。

提高运输车辆吨位利用率的具体办法如下：

①研究各类车厢的装载标准，不同货物和不同包装体积的合理装载顺序，努力提高装载技术和操作水平，力求装足车辆核定吨位。

②根据客户所需的货物品种和数量，调派适宜的车型承运，这就要求保持合适的车型结构。

③凡是可以拼装运输的，尽可能拼装运输，但要注意防止差错。

（4）扩大集装箱运输的份额。集装箱运输既节省了装卸搬运的时间成本，又解决了散货发货前与到达后的短暂仓储成本。只要货物的销售价格可以消化集装箱运输相对较高的成本，就应尽可能采用集装箱运输，以时间成本优势弥补较高的运输成本。

（5）"四就"直拨运输。"四就"直拨运输是指包括就厂直拨、就车站直拨、就仓库直拨、就车船直拨的运输方式。"四就"直拨运输减少了中转运输环节和中转次数，提高了运输作业效率。一般批量到站或到港的货物先进批发仓库，再按程序销售给用户，这就容易出现不合理运输。"四就"直拨运输由管理机构先行筹划，其后就工厂、就车站或码头、就仓库，就车（船）将货物分拨给用户，而不需要再入库。

（6）发展特殊运输技术和运输工具。依靠科技进步是运输合理化的重要途径。例如，专用散装及罐车解决了粉状、液态物运输损耗大、安全性差等问题；"滚装船"解决了车载货的运输问题；集装箱船比普通货船能容纳更多的箱体，集装箱高速直达车船加快了运输速度等。

任务实战：制订企业采购物流管理计划

1. 任务名称：制订企业采购物流管理计划

2. 实施步骤：

（1）CEO组织本公司全体成员共同讨论计算，制订企业采购计划（MRP物料需求计划表）。

（2）CSO到台前展示计算成果。

（3）各公司互评打分。

（4）教师总结点评。

3. 任务分析：

已知：X、Y两种商品对原材料A、B、C、D、E、F、G的需求见图7-8，完成MRP采购计划的制订。其中，LT为提前期，（x）为数量倍数。

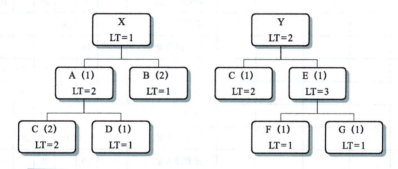

图7-8　X、Y两种商品对原材料A、B、C、D、E、F、G的需求

（1）推算毛需求（见表7-6）。

表7-6　毛需求统计表

提前期	物料号	时段	1	2	3	4	5	6	7	8
	X	MPS计划产出量		10		10		20		10
		MPS计划投入量								
	A	毛需求								
	B	毛需求								
	C	毛需求								
	Y	MPS计划产出量			20		20		20	
		MPS计划投入量								
	C	毛需求								
	E	毛需求								
	C（合计）	毛需求								

（2）商品X、Y对原材料A、B、C的需求情况计算（见表7-7）。

表7-7 商品X、Y对原材料A、B、C的需求情况

批量	提前期	现有量	已分配量	安全库存	物料号	时段	当期	1	2	3	4	5	6	7	8
1	1				X	MPS 计划产出量			10		10		20		10
						MPS 计划投入量		10		10		20		10	
1	2				Y	MPS 计划产出量				20		20		20	
						MPS 计划投入量		20		20		20			
1	2	15			A	毛需求			10		10		10		
						计划接收量									
						PAB 初值	15	5	5	−5	0	−20	0	−10	
						预计可用库存量	15	5	5	0	0	0	0	0	
						净需求				5		20		10	
						计划产出量				5		20		10	
						计划投入量			5		20		10		
10	1				B	毛需求			20		20		40		20
						计划接收量		10							
						PAB 初值	0	10	−10	0	−20	0	−40	0	−20
						预计可用库存量	0	10	0	0	0	0	0	0	0
						净需求			10		20		40		20
						计划产出量			10		20		40		20
						计划投入量		10		20		40		20	
20	2	50	5	10	C	毛需求			40		40		60		20
						计划接收量		50							
						PAB 初值	45	55	55	15	15	−45	15	−5	
						预计可用库存量	45	55	55	15	15	15	15	15	
						净需求						55		15	
						计划产出量						60		20	
						计划投入量					60		20		

| 课后练习 |

一、单选题

1. 某冰箱厂明年要生产3万台电冰箱，需采购3万台压缩机，则压缩机对该厂属于何种需求的物料（　　）。

　　A．独立需求　　　　B．相关需求　　　　C．离散需求　　　　D．连续需求

2. 在生产性导向的企业中，采购部门通常隶属于（　　）。
   A. 总经理　　　　　　　　　　　　B. 行政副总经理
   C. 营销副总经理　　　　　　　　　D. 生产副总经理
3. 下列选项不属于仓储管理特点的是（　　）。
   A. 复杂性　　　　B. 经济性　　　　C. 技术性　　　　D. 综合性
4. 仓储成本控制是企业增加盈利的（　　）。
   A. 第三利润源　　B. 第四利润源　　C. 第二利润源　　D. 第一利润源
5. 人们设置库存的目的，不包括（　　）。
   A. 增加固定资产　　　　　　　　　B. 防止缺货
   C. 保持生产连续性　　　　　　　　D. 快速满足订货需求
6. 传统的企业库存管理侧重于（　　）。
   A. 从存储成本和订货成本出发确定经济订货量和订货点
   B. 注重生产进度信息的收集
   C. 关心顾客需求
   D. 注重与下游企业的合作和协调
7. 在制造商管理库存法中，仓库的所有权属于（　　）。
   A. 制造商　　　　　　　　　　　　B. 供应商
   C. 供应商和采购商共有　　　　　　D. 零售商

二、多选题

1. 我们所说的仓库包括（　　）。
   A. 仓库及配送中心　　　　　　　　B. 货物存储
   C. 流转的集中场所　　　　　　　　D. 建筑物
   E. 货物批发
2. 自动化立体仓库的组成包括（　　）。
   A. 货架　　　　　B. 巷道机　　　　C. 输送系统　　　D. 控制系统
   E. 公路
3. 采购预算的编制方法包括（　　）。
   A. 零基预算　　　B. 概率预算　　　C. 随机预算　　　D. 弹性预算
   E. 滚动预算
4. 采购绩效评估的标准为（　　）。
   A. 历史绩效标准　B. 目标绩效标准　C. GDP 增长率　　D. 采购经理人指数
   E. 预算标准
5. 采购合同按有效性分类包括（　　）。
   A. 短期合同　　　　　　　　　　　B. 长期合同
   C. 可撤销的采购合同　　　　　　　D. 无效的采购合同
   E. 分期付款合同

三、论述题
1. 简述采购计划的编制方法。
2. 简述仓储管理的流程。
3. 简述库存管理的 ABC 分类法。

四、案例分析题
美国 ×× 机械公司是一家以机械制造为主的企业，该企业长期以来一直以满足顾客需求为宗旨。为了保证供货，该公司在美国本土建立了 500 多个仓库。但是仓库管理成本一直居高不下，每年大约有 2 000 万美元。该公司特聘请一家调查公司做了一项细致调查，结果为：以目前情况，如果减少 202 个仓库，就会使总的仓库管理成本下降 200 万～300 万美元，但是由于可能会造成供货不及时，销售收入会下降 18%。

问题：
1. 如果你是企业总裁，你是否会依据调查公司的调查报告减少仓库？为什么？
2. 如果不这样做，你又如何解决仓库管理成本居高不下的问题？

项目八
实施财务管理

　　财务管理处于企业管理核心地位，从资金的角度参与企业管理，凡涉及资金的方方面面都在财务管理的范畴内，而企业的运营离不开资金，因而造成了财务管理的综合性。面对激烈的竞争，企业要想求得生存、获得发展就必须重视财务管理，因为财务管理水平的高低直接影响到企业管理水平的高低，进而影响到企业经济效益的好坏。因此，优化财务管理，挖掘财务管理各功能，对于促进企业经济效益具有重要意义。

　　越来越多的人认同财务管理在企业管理中的地位和作用。这一地位和作用具体表现为：企业管理以财务管理为中心或者核心，财务管理是企业管理的重要组成部分并始终贯穿于企业管理的全过程。

　　本项目旨在介绍企业财务管理的基本含义、内容、筹资方式、投资程序、资产管理方法、利润分配方法、财务分析的指标构成等内容。

学习目标

学习完本项目后，你将能够：
- 了解企业财务管理基础知识
- 理解企业的筹资渠道和方式
- 理解企业的投资程序
- 理解企业的资产管理方法
- 理解企业的利润构成
- 理解企业的财务分析程序

素质目标

　　通过学习财务管理相关知识，熟悉财务管理全流程，通过运用资金筹集、资金运用、资金分配和资金监督等管理职能，学会透过现象看本质，及时发现企业财务报表中隐藏的实质问题，使企业经济效益得到价值最大化的同时，也不断提升个人"财商"，为创业和走上管理岗位做好准备。

任务驱动

1. 继续沿用前期确定的虚拟企业组织架构，CEO对本公司员工的出勤率负责。
2. 由授课讲师介绍关于企业财务管理的具体知识和内容以及任务实战时制订筹资方案的要求。

3. 本项目作为本课程中的第八个任务，由 CEO 负责组织本公司内全体成员共同讨论。确定公司的筹资方案后，由 CFO 到台前分析备选方案。

4. 各公司认真倾听、讨论，仍然按照表 1-2 的形式互相评分。

5. 每名学生的汇报得分加总后求平均分，即为该生的期末考核成绩。

01 任务一 财务管理认知

案例导入

华为公司的财务管理模式

华为技术有限公司是一家 1987 年成立的通信科技公司，它的主要业务为生产销售通信设备，总部位于中国广东省深圳市龙岗区坂田华为基地。2018 年 2 月 23 日，世界移动通信大会（MWC）召开前夕，华为公司选择积极发展对外合作，与沃达丰公司共同宣布完成了全球首个 5G 通话测试，两家公司采用了非独立的 3GPP 5G 新无线标准和 Sub6 GHz 频段。

在公司运营管理方面，华为也大胆创新。华为打破法人实体概念，对公司的运行逻辑进行重新建构，财务方面实行集中管理，华为财务管理最大的特色就在于此。财务管理的有效开展有赖于华为全球统一的会计核算与审计监控。企业核心的运营方法之一是做好财务管理，其公司的财务管理体系为华为公司的成功奠定了坚实的基础。

首先，"收支两条线"制度。所谓"收支两条线"，是指企业销售人员只负责打单，不经手财务，关于财务方面的收支都是由总部直接控制的。华为公司采用了这项制度，资金的考核与监督更加便捷，这种方法让华为公司的财务安全能够得到最大限度的保障，不至于失去控制。不过，随着公司发展规模日益壮大，越来越严格规范的公司财务管理制度的制定也是大势所趋。

其次，实行财务集中管理。有着近 2000 家没有独立财务核算部门子公司的华为公司，正积极寻找模式对他们进行管理。这种财务管理模式的运用，将法人实体的概念打破。这种做法是华为公司财务管理的一大特色。这样一来，整个集团就变成了核算的主体，管理子公司的需求就虚拟化了，实体的形态以及实质的业务也就不具备了。

再次，多维度数据处理模式。在财务管理的数据处理上，华为公司有个基本的要求，那就是尽可能针对每个数据进行多维度的运算，并且能够在财务核算中体现数据维度。再按照不同的财务需求生成相应的各种报表。例如，公司向税务机关报税时，按照数据维度生成法人实体报表；公司内部考核时，区域报表、客户报表可根据数据维度生成等。

最后，财务管理岗位分布。自 2000 年起，华为公司就聘用四大会计师事务所之一的毕马威为独立审计师，负责审计公司的年度财务报表，评估财务报表的真实性和公允性，并对财务报表发表审计意见。此外，华为公司还设置以下几个财务管理岗位：①员工薪酬中心：主要负责全球员工的工资、奖金和福利的核算；②员工费用中心：主要负责全球员工费用报销的相关事宜的核算；③应付中心：负责公司采购业务的核算；④应收中心：负责公司销售业务的核算；⑤总账：负责公司总账的核算，以及全部经济业务的登记，保证总分类核算进行；⑥共享中心：负责公司数据的收集和整理；⑦报告中心：负责不同管理维度数据的加工。

启示：

企业以盈利为目的。财务管理占有十分重要的地位是由企业的这种本质所决定的。对资金运动和企业价值的管理是财务管理的重要内容。财务管理在企业各种管理职能中处于核心地位，与其他管理职能相比，更直接地与企业本质相关。

财务管理也称理财，是在一定的整体目标下，企业组织财务活动，处理财务关系的一项经济管理工作。财务管理的对象是资金及其流转，包括资金筹集、资金投放、资金分配等方面。

财务管理的内容主要包括财务活动的管理控制和财务关系的处理两个方面。

一、企业的财务活动

企业的财务活动具体包括资金的筹集、运用、回收及分配等一系列行为。这些财务活动不断进行，同时伴随着企业的资金运动。根据资金运动的性质，可以将财务活动分为以下4个方面：

1. 筹资活动

筹资活动是指企业为了满足生产经营活动的需要，从一定的渠道，采用特定的方式，筹措和集中所需资金的过程。筹集资金是企业进行生产经营活动的前提，也是资金运动的起点。一般而言，企业可以从三个方面筹集并形成三种性质的资金来源：一是从所有者处取得权益性资金；二是从债权人处取得债务性资金；三是从企业获利中留存一部分权益性资金。企业筹集的资金可以是货币资金，也可以是实物资产或无形资产。从资金的运动状态看，筹资活动表现为资金的流入。

2. 投资活动

企业在取得资金后，必须将资金投入到生产经营活动中去，以谋取最大的经济效益，否则，筹资不仅会失去意义，还会给企业带来损失。投资有广义和狭义之分。广义的投资是指企业将筹集的资金投入使用的过程，包括企业内部使用资金的过程和企业对外投资的过程。就前者而言，企业主要是通过购买原材料和机器设备、聘用员工、建造生产设施、开展研发活动等行为将筹集的资金投放到生产经营中，形成各种生产资料，如流动资产、固定资产、无形资产和其他资产等；然后营运这些资金，开展生产经营活动，并合理确定和控制资金在使用过程中的耗费，最终通过生产经营收入使这些耗费得以补偿，重回资金起点。狭义的投资仅指企业将现金、实物或无形资产等投放于企业外部的其他企业或单位而形成的股权型投资或债权性投资。从资金的运动状态看，投资活动表现为资金的流出。

3. 资金营运活动

资金营运活动是指在日常生产经营活动中所发生的一系列资金的收付活动。相对于其他财务活动而言，资金营运活动是最频繁的财务活动。资金营运活动围绕着营运资金展开，如何加快营运资金的周转，提高营运资金的利用效果，是资金营运活动的关键。资金营运活动既包括用于支付工资、营业费用及其他各项费用的现金支出，又包括由于企业销售产品或提供劳务所取得收入的现金回收。从资金的运动状态看，资金营运活动既表现为资金的流出，又表现为资金的流入。

4. 分配活动

企业凭借资金的投放和使用，必然会取得各种收入。这些收入首先要弥补生产耗费及期间费用，缴纳流转环节的税费，剩余部分则成为企业的营业利润。营业利润和对外投资净收益、营业外净收支构成企业的利润总额。利润总额首先要按国家规定缴纳所得税，税后利润要提取公积金，分别用于扩大积累、弥补亏损和改善职工集体福利设施，其余利润分配给投资者或暂时留存企业。企业必须根据国家有关法律、法规和制度所确定的分配原则，合理确定分配的规模和分配的方式，这是一项重要的财务管理工作。从资金的运动状态看，分配活动表现为资金的流出。

筹资活动、投资活动、资金营运活动和分配活动等共同构成了财务活动的主要内容，同时，这些财务活动之间也是密切相关的。例如，筹资活动是投资活动的前提与基础；资金营运活动是投资活动取得成功的保证；分配活动是其他财务活动的必然结果和归宿，同时也为其他财务活动的正常开展提供了动力。总之，以上财务活动伴随着企业生产经营活动反复进行，按既有的轨迹不断运动，共同构成了企业财务管理的主要内容。

二、财务关系

企业在筹资、投资、资金营运和利润分配等财务活动中必然要与企业的利益相关者发生广泛的经济联系，从而产生与利益相关者的经济利益关系。这种经济利益关系，也称财务关系，主要包括以下几个方面：

1. 企业与国家之间的财务关系

企业与国家之间的财务关系主要体现在两个方面：一是国家为了实现自身职能，以社会管理者的身份，无偿参与企业收益的分配。企业必须按照法律规定向国家缴纳各种税费，包括所得税、流转税、资源税、财产税、矿产资源补偿费和教育费附加等；二是国家作为投资者，通过授权部门或机构以国有资产向企业投入资本金，并根据投资比例参与企业利润的分配。前者体现的是强制的、无偿的分配关系，后者则是体现所有权性质的投资与受资的关系。

2. 企业与投资者之间的财务关系

企业的资产除来自国家投资者之外，还来自其他投资者，从而形成企业与这些投资者之间的财务关系。现行有关法律明确规定，投资者凭借其出资，有权参与企业的重大经营管理决策，分享企业的利润并承担企业的风险；被投资企业必须依法保全资本，并有效运用资本实现盈利。投资者是企业最重要的利益相关者，因为投资者拥有企业的所有权。企业与投资者之间的财务关系体现为所有权性质的投资与受资的关系。

3. 企业与债权人之间的财务关系

企业与债权人之间的财务关系主要是指企业向债权人借入资金，并按借款合同的规定按时支付利息和本金所形成的经济关系。企业除利用投资者投入的资本进行经营活动外，还要借入一定数量的债务资本，以扩大企业的经营规模，并相应降低企业的资本成本。企业的债权人主要为本公司的债券持有人、金融信贷机构、商业信用提供者及其他出借资金给企业的单位和个人。企业利用债权人的资金，要按约定的利率及时向债权人支付利息。债务到期时，要合理调度资金，按时向债权人归还本金。企业与债权人的财务关系在性质上属于债务与债权关系。

4. 企业与受资企业之间的财务关系

企业与受资企业之间的财务关系，主要是指企业以购买股票或直接投资的形式向其他企业投资所形成的经济利益关系。随着市场经济的不断发展，企业的经营规模和经营范围不断扩大，企业收购或兼并其他企业并对其他企业进行参股、控股越来越普遍。企业向其他企业投资，应按约定履行出资义务，并根据其出资额参与受资企业的利润分配。企业与受资企业的财务关系在性质上也属于所有权性质的投资与受资的关系。

5. 企业与债务人之间的财务关系

企业与债务人之间的财务关系，主要是指企业以购买债券、提供贷款或商业信用等形式将资金出借给其他企业所形成的经济利益关系。企业将资金借出后，有权要求债务人按约定的条件支付利息和归还本金。企业与债务人的关系体现的是债权与债务关系。

6. 企业内部各单位之间的财务关系

企业内部各单位之间的财务关系，主要是指企业内部各单位之间在生产经营各环节中相互提供产品或劳务所形成的经济关系。企业内部各单位之间既分工又合作，共同形成一个完整的生产经营系统。企业内部每个单位是一个相对的子系统，各子系统既要履行自身独立的职能，又要相互协调、配合，只有这样，企业整个系统才能高效而稳定地运行，从而实现企业既定的生产目标。在实行企业内部经济核算制和企业内部经营责任制的情况下，企业供、产、销各个部门以及各个生产车间相互提供产品和劳务时，要按内部转移价格进行核算，以便客观考核和评价各部门之间的工作业绩与利益关系。

7. 企业与员工之间的财务关系

企业与员工之间的财务关系，主要是指企业向员工支付劳动报酬过程中所形成的经济关系。企业应向员工及时足额支付工资、津贴、奖金等劳动报酬，从而实现按照员工提供劳动数量和质量对消费品的分配。企业与员工之间的财务关系，体现着员工个人与企业在劳动成果上的分配关系。

8. 企业与社会公众之间的财务关系

企业与社会公众之间的财务关系主要体现在两个方面：一方面，作为商品或劳务的提供方和接受方，应该遵循等价交换的原则；另一方面，企业作为社会的组成部分，不仅不能将环保成本转嫁给社会，而且必须拿出一定的财力支持社会公益事业。企业与社会公众之间的财务关系体现为一种责任与义务关系。

上述财务关系广泛存在于企业财务管理中，体现了企业财务管理的实质，从而构成了企业财务管理的另一重要内容。企业应该通过正确处理和协调与利益相关者之间的财务关系，创造良好的财务管理的内、外部环境，为最终实现企业的财务管理目标服务。

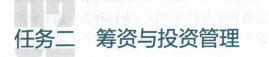

任务二　筹资与投资管理

> **案例导入**
>
> ### 阿里巴巴的 8 次融资历程及股权结构的演变
>
> 阿里巴巴经过多年的发展，已经成长为全球知名的互联网企业，旗下业务分为七大板块：电子商务服务、蚂蚁金融服务、菜鸟物流服务、大数据云计算服务、广告服务、跨境贸易服务、电子商务服务以外的互联网服务。
>
> 阿里巴巴公司能够像滚雪球一样飞速发展壮大，得益于一轮轮融资所带来的雄厚的资本力量。
>
> 从 1999 年成立到 2014 年在美国上市，阿里巴巴一共进行了 8 次融资，见表 8-1。
>
> 表 8-1　阿里巴巴 8 次融资概览
>
> | 融资轮数 | 时间 | 融资金额 | 主要参与方 |
> |---|---|---|---|
> | 第一轮 | 1999 年 10 月 | 500 万美元 | 高盛牵头，联合新加坡 TDF、Investor AB 等基金 |
> | 第二轮 | 2000 年 | 2 500 万美元 | 软银提供 2 000 万美元，其余来自富达、汇亚资金、联合新加坡 TDF、瑞典 AB 投资等 |
> | 第三轮 | 2004 年 2 月 | 8 200 万美元 | 软银出资 6 000 万美元，富达、新加坡 TDF 等四家风投公司出资 2 200 万美元 |
> | 第四轮 | 2005 年 8 月 | 10 亿美元 | 雅虎 |
> | 第五轮 | 2007 年 11 月 | 15 亿美元 | 中国香港联交所上市，市值约 280 亿美元 |
> | 第六轮 | 2011 年 9 月 | 20 亿美元 | 美国银湖、俄罗斯 DST、新加坡淡马锡以及中国云峰基金 |
> | 第七轮 | 2012 年 8 月 | 43 亿美元 | 中投、中信资本、博裕资本、国开金融等机构成为新股东，银湖、DST、淡马锡分别增持 |
> | 第八轮 | 2014 年 9 月 | 220 亿美元 | 美国纽交所上市，市值约 2 300 亿美元 |
>
> 2014 年 9 月，阿里巴巴在美国成功上市，成为美国股票市场有史以来最大 IPO，首个交易日总市值达到 2 285 亿美元，成为仅次于谷歌的全球第二大市值的互联网公司。
>
> **启示：**
>
> 投资公司的资金注入，使那些有创意、有实力但缺乏资金的公司和组织得以获得发展壮大的机会，而投资公司在这个过程中获得可观的收益，形成双赢的局面。投资公司的资金已成为越来越多企业的重要筹资渠道。

一、筹资管理

企业筹资是指企业根据生产经营活动对资金需求数量的要求，通过金融机构和金融市场，采取适当的方式获取所需资金的一种行为。

从摩拜单车的困境理解企业筹资

（一）筹资的要求

资金是企业的血液，如果供血不足，企业就会陷入倒闭的绝境。筹集资金是企业的基本财务活动之一，是使用和分配资金的前提条件。筹资管理是一项重要而复杂的工作，成功的企业管理人员应该具备筹资能力，善于利用有效的筹资渠道和方式，化解资金匮乏问题，使企业不断发展壮大。为了经济且有效地筹集资金，企业必须满足一些基本要求。

① 合理确定资金需求量，努力提高筹资效果。
② 适时取得资金，保证资金投放需要。
③ 周密研究投资方向，大力提高投资效果。
④ 认真选择投资渠道，力求降低资金成本。
⑤ 综合安排资本结构，保持适当偿债能力。

（二）筹资的渠道和方式

1. 筹资渠道

筹资渠道是指企业筹措资本的来源和通道。认识和了解各种筹资渠道及特点，对企业充分拓宽和正确利用筹资渠道是很有必要的。企业筹资渠道主要有以下 6 种形式。

（1）国家财政资金。国家对企业的直接投资是国有企业最主要的资本来源渠道，特别是国有独资公司，其资本全部由国家投资形成，产权归国家所有。

（2）银行信贷资本。银行信贷资本是各类企业筹资的重要来源。我国银行分为商业性银行和政策性银行两种：商业性银行是以营利为目的，从事信贷资金的投放；政策性银行是为特定企业提供政策性贷款。我国商业性银行主要有：中国工商银行、中国农业银行、中国建设银行、中国银行、交通银行等；政策性银行主要有：国家开发银行、农业发展银行和中国进出口银行。银行信贷资本拥有居民储蓄、单位存款等经常性的资本来源，贷款方式灵活多样。

（3）非银行金融机构资本。非银行金融机构是指除了银行以外的各种机构及金融中介机构，在我国主要有信托投资公司、保险公司、租赁公司、证券公司等。他们有的集聚社会资本，融资融物；有的承销证券，提供信托服务，为一些企业直接筹集资本或为一些公司发行证券集资提供服务。

（4）民间资本。我国企业和事业单位的职工以及广大城乡居民持有大量的货币资金，这些人可以对一些企业直接进行投资，为企业筹资提供资本来源。

（5）企业内部资本。企业内部资本主要是指企业通过提留盈余公积金和保留未分配利润而形成的资本。这是企业内部形成的融资渠道，比较便捷，成本低，有盈利的企业都可以利用。

（6）外商资本。外国的投资者持有的资本也可以加以利用，从而形成所谓的外商投资企业的筹资渠道。

2．筹资方式

筹资方式是指企业取得资金的具体形式。目前，我国企业有6种筹资方式：吸收直接投资、发行股票、银行借款、发行债券、融资租赁、商业信用。其中，通过吸收直接投资和发行股票筹集的资金为永久性的权益资本；发行债券和融资租赁主要是为企业获取长期债务资本；商业信用通常是为企业筹集短期债务资本；银行借贷既可以用于筹集长期债务资本，也可以用于筹集短期债务资本。

（1）吸收直接投资。吸收直接投资是指企业以协议等方式吸收国家、其他企业、个人和外商直接投入的资本，形成企业资本金的一种筹资方式。

（2）发行股票。股票是公司为筹集自有资本而发行的有价证券，是持股人拥有公司的凭证，代表持股人在公司中拥有的所有权。股票持有人即为公司的股东，股东凭股票从公司分得红利，并可根据规定行使某些权力。股票融资是公司最主要的资金来源。

（3）银行借贷。银行借贷是指企业根据合同向银行（或其他金融机构）借入的需要还本付息的款项。期限在1年以上的为长期借款，在1年以下的为短期借款。银行借款是企业筹集债务资本的常用方式。

（4）发行债券。债券是企业依照法定程序发行的，约定在一定时期内还本付息的有价证券，是债券持有人拥有企业债券的凭证。债券持有人可按期取得固定利息，到期收回本金，但无权参与企业的经营管理，也不参与分红，持券人对企业的经营亏损不承担责任。由于购买债券的投资者来自社会的各个层面，因而从某种程度上来说，发行债券是向社会借钱。企业发行债券通常是为其大型投资项目一次性筹集大笔长期资本。

（5）融资租赁。融资租赁是指当企业需要筹措资金、添置设备时，不是以直接购买的方式投资，而是以付租金的形式向租赁公司借用设备。租赁公司按照企业选定的机器设备，先行融通资金。融资租赁是现代租赁的主要类型，是承租企业筹集长期资本的一种特殊方式。通过租赁，企业可不必预先筹措一笔相当于设备价款的资金，即可获得所需设备。

（6）商业信用。商业信用是指商品交易中因延期付款或延期交货而形成的借贷关系。它是企业之间的一种直接的短期信用行为。商业信用已经成为企业短期融资的主要来源。一般来说，中小企业从其他渠道融资比较困难，只好借助于商业信用融资。

二、投资管理

企业投资是指企业投入财力，期望在未来获取收益的一种行为。

投资贯穿于企业整个存续期内，是企业生存和发展的基础，具有特殊的意义。投资决策始终是企业管理的重要内容。对于创造价值而言，投资决策是所有决策中最重要的决策。投资决定了企业购置的资产类别，不同的生产经营活动需要不同的资产，因此，投资决定了企业日常经营活动的特点和方式，投资的方法和策略决定着企业的前景。

（一）企业投资的动机

获取投资收益是企业投资的主要动机，其根本目的是增强企业竞争力，降低风险，获取更大的利润。具体来说，企业投资的动机主要有以下几种。

1. 发展性动机

企业发展有两种方式：一是以提高企业效率为特征的内涵型发展方式；二是以扩大企业规模为特征的外延型发展方式。企业规模的扩展必然需要增加厂房、设备等固定资产或技术等无形资产，管理效率的提高和管理方式改善往往也需要增加管理技术方面的投入，如管理软件、管理方案、计算机硬件的购置及管理人员的培训等，这些方面的投入都是投资，均来自企业的发展动机。

2. 恢复性动机

在企业的存续期间，正常的经营耗费、技术的进步或管理上的损失，都会使原有的生产经营能力逐步减弱。为了维持自身的生存能力，企业必须不断补充已消耗的能力，及时维护或更新设备，改进技术和管理，由此产生企业正常经营活动中的投资需要。

3. 挑战性动机

企业的经营战略要随着经济形势、发展趋势和市场需求变化进行调整，以适应快速变化的竞争需要。企业的战略调整涉及产品方向、经营方式等诸多内容的改变，有时甚至涉及资产重组。无论资产调整还是经营调整，往往都需要改变企业的生产场所、设备技术与工艺，为此也需要资金的投入。

（二）企业投资的分类

1. 直接投资和间接投资

按投资与企业生产经营的关系，投资可分为直接投资和间接投资两类。直接投资是指把资金投放于生产经营性资产，以便获取利润的投资。在非金融性企业中，直接投资所占比重很大。间接投资又称证券投资，是指把资金投放于证券等金融资产上，以便获取股利或利息收入的投资。随着我国金融市场的完善和多筹资渠道的形成，企业间接投资正越来越广泛。

2. 短期投资和长期投资

按投资回收时间的长短，投资可分为短期投资和长期投资两类。短期投资又称为流动性投资，是指投资期不超过一年或一个营业周期的投资，如短期票据、存货等投资，能随时变现的长期有价证券亦算是短期投资。长期投资则是指超过一年或一个营业周期的投资，主要是对厂房、机器设备等固定资产的投资，也包括对无形资产和长期有价证券的投资。其中，固定资产是长期投资的最基本类别，因为长期投资有时专指固定资产投资。

3. 对内投资和对外投资

根据投资的方向，投资可分为对内投资和对外投资两类。对内投资即项目投资，是指把资金投放在企业内部，购置各种生产经营用资产的投资。对外投资是指以现金、实物、无形资产等方式，或者以购买股票、债券等有价证券的方式对其他企业的投资。对内投资都是直接投资，对外投资主要是间接投资，也可以是直接投资。随着企业横向经济联合的开展，对外投资变得越来越重要。

4. 初始投资和后续投资

根据投资在生产过程中的作用，可将投资分为初始投资和后续投资。对企业的整个生命周期而言，初始投资是在建立新企业时所进行的各种投资，其特点是投入的资金通过建设形成企业的原始投资，为企业的生产、经营创造必要的条件。后续投资则是指为巩固和发展企业再生产所进行的各种投资，主要包括为维持企业简单再生产所进行的更新性投资、为实现扩大再生产所进行的追加性投资、为调整生产经营方向所进行的转移性投资等。对企业的一个具体投资项目而言，初始投资是在新项目开始时所投入的第一笔资金，后续投资则是在新项目取得阶段性成果后所进行的追加型投资。

（三）企业投资的基本程序

1. 投资项目的提出

投资项目的提出是项目投资程序的起点，要根据企业投资战略，对各投资机会加以初步分析，主要关注所投资行业的成长性、竞争情况等方面。投资方向初步确定以后，在投资方案设计前应进行广泛的信息分析与收集工作，从财务决策支持网络中调出并补充收集有关总市场规模、年度增长率、主要或潜在对手的产品质量、价格、市场规模等信息，分析自己的优、劣势，选择合适的投资时间、投资规模、资金投放方式，制订出可行的投资方案。

企业的股东、董事、经营者都可提出新的投资项目。一般而言，企业的最高层提出的投资多数是大规模的战略性投资，其方案一般由生产、市场、财务等各方面专家组成的专门小组提出；基层或中层提出的主要是战术性投资项目，其方案由主管部门组织人员拟订。

2. 投资项目的评价

投资项目的评价主要涉及如下工作：一是把提出的投资项目进行分类，为分析评价做好准备；二是计算有关项目的预计收入和成本，预测投资项目的现金流量；三是运用各种投资评价指标，把各项投资按可行性顺序进行排队；四是编制项目可行性报告。

项目正式立项后，由项目小组负责对项目进行下一步可行性分析，一般从以下几个方面评估：

① 相关法规、政策是否对该业务已有或有潜在的限制。
② 行业投资回报率。
③ 企业能否获取与行业成功要素相对应的关键能力。
④ 企业是否能筹集项目投资所需资源。

如果项目不可行，应通报相关人员并解释原因；如可行，则向董事会或项目管理委员会递交可行性分析报告。如果董事会通过了投资项目的可行性分析报告，那么投资管理部门应申请对投资项目的实施进行下一步的论证，包括建设规模、建设依据、建设布局和建设进度等内容，作为项目决策的最后依据，并开始投资项目的洽商，以确定其实际可行性。项目小组确认项目的可行性后，编制项目计划书提交总经理参考并指导项目实施。

> **读一读**
>
> 项目计划书的主要内容包括：
> ① 项目的行业背景（市场规模、增长速度等）介绍。
> ② 项目可行性分析。
> ③ 项目业务目标。

④ 业务战略实施计划。
⑤ 财务分析。
⑥ 资源配置计划。
⑦ 项目执行主体。

3. 投资项目的实施与控制

对项目做出进行投资的决定后,要积极筹措资金,按照拟订的投资方案有计划、分步骤地实施项目。在投资项目的执行过程中,要对项目进度、项目质量和项目概算等进行监督、控制和审核,防止项目建设中的舞弊行为,确保项目质量,保证按时完成。

在投资项目的实施过程中和实施后都要对项目的效果进行评价,以检查项目是否是按照原先的计划进行的,是否取得了预期的经济效益,是否符合企业总体战略和投资战略规划。

项目实施控制的关键点有以下3个。

(1)项目质量的控制。这是项目成功的关键。企业应规定工作质量标准,并以此为尺度来衡量项目的目标,同时监督这些目标的进度。

(2)项目成本的控制。企业应把预算的和实际的项目进度、成本和工作状况结合起来,组成成本控制系统,采用关键路线法控制项目时间进度,并成立一个项目成本办公机构,监督、检查项目进度和成本支出。

(3)对项目施工时间的控制。制定施工项目进度表,根据各项工作的先后顺序安排完成时间。

任务三 资产管理与利润管理

案例导入

中国联通资产管理案例分析

2009年1月6日,中国联合网络通信集团有限公司(以下称中国联通)成立,其在原中国网通和原中国联通的基础上合并组建,其分支机构遍布全国及国外多个国家和地区。作为我国唯一一家在纽约、香港、上海三地同时上市的电信运营企业,中国联通连续多年在"世界500强企业"榜上有名。上千亿元的资产覆盖多个领域,全国范围的电信基础设施和各种功能各种型号的电信网络设备是其资产的主要部分。中国联通资产现状和特点主要表现在以下几方面:

1. 数量庞大

经过多年的发展,中国联通已经积累了数量非常庞大的资产,网络建设不断完善,机构不断壮大,固定资产规模庞大。截至2018年12月,中国联通的固定资产原值已达9000亿元。对联通资产管理部门来说,如何管理好数量如此庞大的资产是一项挑战。

2. 价格昂贵

作为电信运营商的联通公司，其资产中包括价格特别昂贵的生产类资产，而且其价值主要通过板卡一级体现。以交换机为例，其一张板卡的价值就超过一辆小汽车的价值。这些高价值资产的管理和利用，对企业资金方面的利用以及减少重复投资具有重要意义。

3. 地点分散

中国联通公司下辖31个分公司和多个分支机构，主要经营移动通信业务、固定通信业务、国内和国际通信设施服务业务、卫星国际专线业务、数据通信业务、网络接入业务、各类电信增值业务、与通信信息业务相关的系统集成业务等。大量的资产都在被全国各地遍及乡镇的营业网点和大量的基站管理着，具有地点分散的特点。

4. 涉及岗位、人员众多

中国联通部门人员众多，资产的占用者或使用者包括每个部门、每个人员，管理好资产依赖于资产占用人或使用人的参与。

5. 增长速度快

随着用户的增长，中国联通在高速发展的快车道上，升级换代的系统提出新的要求——建设、扩容、升级、更新资产。

6. 资产形态多样

中国联通资产主要包括生产类资产和管理类资产，其中具有联通专有特点的生产资产，主要是通过工程转过来的，主要分为三个阶段，在建工程、暂估资产和固定资产。在建工程完工交付后转为暂估资产，结算完成的暂估资产，转为固定资产。

7. 管理难度大

动态管理与监控资产，主要是因为：一方面，其数量庞大、地点分散、人员众多、资产增长快……甚至导致平时比较简单的例行清查盘点都变得非常困难。另一方面，由于通信网络运营的特点和市场竞争的压力，资产快速频繁地调动、转移以及管理变革所引起的机构、人员调整等，都使资产管理变得难上加难。管理者很难做到真正的账实相符，责任分明往往是心有余而力不足。

8. 内控制度对资产管理提出新的要求

美国《萨班斯法案》的执行以及我国《上市公司内控指引》的推出，使中国联通这家同时在纽约、香港、上海三地上市的公司，不得不努力提高资产管理内部控制方面的要求，资产的内控制度建设不断加强，尽力找出并控制风险点，建立规范流程时采用信息化手段，以确保资产安全完整。中国联通在资产管理方面的首要任务是防止企业潜亏，这对中国联通的持续发展也具有战略意义。

启示：

没有良好的信息化手段导致管理难以落到实处，是中国联通资产管理的主要难题，资产管理变得低效；同时因为涉及部门多，处理流程烦琐，反映信息不及时；加之资产数量庞大、建设周期长，从而无法全程监控其变动情况；另外，由于数据不一致、不完整、跟踪难度大，资产清查采用手工方式进行比较困难。

资产管理是指企业运用各种手段对资产进行组织、协调、控制，以达到保值、增值的效果。资产是企业过去的交易或者事先形成的、由企业拥有或控制的、预期会给企业带来经济利益的资源。资产是企业、自然人、国家拥有或控制的，能以货币来计量收支的经济资源，包括各种收入、债权等。资产是会计最基本的要素之一，与负债、所有者权益共同构成的会计等式成为财务会计的基础。

一、资产管理

（一）资产的分类

1. 按照流动性对资产进行分类，可以分为流动资产和非流动资产

流动资产是指可以在一年或超过一年的一个营业周期内变现或者耗用的资产，主要包括货币资金、短期投资、应收和预付款项、存货、待摊费用等。除流动资产以外的其他资产，都属于非流动资产，包括长期投资、固定资产、无形资产和其他资产。

2. 按照有无实物形态对资产进行分类，可以分为有形资产和无形资产

有形资产有狭义和广义之分。狭义的有形资产通常是指企业的固定资产和流动资金。广义的有形资产则包括企业的资金、资源、产品、设备、装置、厂房、人才信息等一切生产要素在内，即有形资产就是有一定实物形态的资产。

无形资产是指企业长期使用而没有实物形态的资产，包括专利权、非专利技术、商标权、著作权、土地使用权、特许权等。

（二）流动资产的管理

流动资产是指能够在一年或超过一年的一个营业周期内变现的资产。

流动资产包括：现金、短期投资、应收票据、应收账款、存货、待摊费用、待处理财产损益、一年内到期的长期投资等。

加强对流动资产的管理有利于企业生产经营活动的顺利进行；有利于提高企业流动资金的利用效果；有利于保持企业资产结构的流动性，提高偿债能力，维护企业信誉。因此，流动资产的管理目标就是合理安排结构，加快周转，实现流动性与收益性双赢。

1. 现金管理

现金是指在生产过程中暂时停留在货币形态的资金，包括库存资金、银行存款、银行本票、银行汇票等。

现金是变现能力最强的资产，既可以满足企业生产经营开支的各项需求，又是企业贷款还本付息和履行纳税义务的保证。拥有足够的现金对于降低企业的风险，增强企业资产的流动性和债务的清偿性具有十分重要的意义。但是，由于现金属于非营利性资产，即使是银行存款，其活期利润也是非常低的，因此，现金的持有量并非多多益善，现金的持有量过多，它所提供的流动性边际效益便会随之下降，从而导致企业的收益水平降低。因此，加强企业的现金管理，首先是必须合理确定企业的现金持有量，并保持现金持有量的实际值与理论值相对均衡。

2. 应收账款的管理

应收账款是指因对外销售产品、材料，供应劳务及其他原因，应向购货单位或者接受劳务的单位及其他单位收取的款项，包括应收销售款、其他应收款、应收票据等。

应收账款是流动资产管理的一个重要内容。企业通过赊销、委托代销和分期收款等商业信用形式利用应收账款，可以扩大销售，减少存货，从而增加销售利润，但是也会相应增加应收账款成本，包括：机会成本，即因资金被占用在结算过程中而失去可用于投资所能获取的收益；管理成本，即在客户信用状况的调查、有关信息的收集以及记账和催收账款等方面发生的费用；坏账成本，即应收账款因故无法收回而造成的损失。

3. 存货管理

存货是指企业在日常活动中持有的、以备出售的产成品或商品、处在生产过程中的产品、在生产过程或提供劳务过程中耗用的材料和物料等。

存货是反映企业流动资金运作情况的晴雨表，因为它不仅在企业营运资本中占很大比重，还是流动性较差的资产。企业持有存货的最终目的是为了出售，无论是可供直接出售的存货（如企业的产成品、商品等），还是需要经过进一步加工后才能出售的存货（如原材料等）。

存货管理的基本目标是在其成本与收益之间权衡利弊，实现二者的最佳组合。

（三）固定资产的管理

固定资产通常是指使用期限超过一年的房屋、建筑物、机器、机械、运输工具，以及其他与生产经营有关的设备、器具和工具等。

固定资产属于产品生产过程中用来改变或者影响劳动对象的劳动资料，是固定资本的实物形态。固定资产在生产过程中可以长期发挥作用，长期保持原有的实物形态，但其价值则随着企业生产经营活动逐渐转移到产品成本中去，并构成产成品价值的一个组成部分。

1. 固定资产的特点

周转时间比较长，固定资产变现能力差，固定资产数量相对稳定，固定资产的价值和实物形态可以分离。

2. 固定资产的分类

企业固定资产种类很多，根据不同的分类标准可以分成不同的类别。企业应当选择适当的分类标准对固定资产进行分类，以满足经营管理的需要。

（1）按经济用途分类，分为生产固定资产和非生产固定资产。生产固定资产，是指直接服务于企业生产经营过程的固定资产。非生产固定资产，是指不直接服务于生产经营过程的固定资产。

固定资产按经济用途分类，可以反映企业生产经营用固定资产和非生产经营用固定资产之间的组成变化情况，借以考核和分析企业固定资产的管理和利用情况，从而促进固定资产的合理配置，充分发挥其效用。

（2）按使用情况分类，分为使用中的固定资产、未使用的固定资产和不需用的固定资产。使用中的固定资产，是指正在使用的经营性和非经营性固定资产。由于季节性经营或修理等原因，暂时停止使用的固定资产仍属于企业使用中的固定资产；企业出租给其他单位使用的固定资产以及内部替换使用的固定资产，也属于使用中的固定资产。未使用的固定资产，是指已完工或已购建的尚未交付使用的固定资产，以及因进行改建、扩建等原因而停止使用的固定资产。不需用的固定资产，是指本企业多余或不适用，需要调配处理的固定资产。

固定资产按使用情况进行分类，有利于企业掌握固定资产的使用情况，便于比较、分析固定资产的利用效率，挖掘固定资产的使用潜力，促进固定资产的合理使用，同时也便于企业准确、合理地计提固定资产折旧。

（3）按所有权进行分类，分为自有固定资产和租入固定资产。自有固定资产是指企业拥有的、可供企业自由支配使用的固定资产，租入固定资产是指企业采用租赁方式从其他单位租入的固定资产。

按经济用途和使用情况进行综合分类，分为生产经营用固定资产、非生产经营用固定资产、租出固定资产、不需用固定资产、未使用固定资产、融资租入固定资产。

3. 固定资产管理的要求

① 保证固定资产完整无缺。

② 提高固定资产的完整程度和利用效果，减少固定资产占用，节省固定资产寿命周期的费用支出。

③ 正确核定固定资产需用量。

④ 正确计算固定资产折旧额，有计划地计提固定资产折旧。

⑤ 进行固定资产的投资预测。

（四）无形资产的管理

1. 无形资产的内容

无形资产作为以知识形态存在的重要经济来源，在经济增长中的作用越来越大。一切与企业生产经营有关、能为企业带来经济效益的、没有物质实体的资产，都属于无形资产，主要包括以下几种。

（1）专利权。专利权是国家专利机关依照有关法律规定批准的发明人或其权利受让人对其发明创造成果，在一定期限内享有的专有权或独占权。

（2）商标权。这是指专门在某类指定的商品或产品上使用特定的名称或图案的权利。

（3）著作权。这是指制作者对其创作的文学、科学和艺术作品依法享有的某些特殊权利。

（4）土地使用权。这是指国家准许某企业在一定期间内对国有土地享有开发、利用和经营的权利。

（5）非专利技术。也称专有技术，是指不为外界所知的、在生产经营活动中应用的、可以为企业带来经济效益的各种技术和诀窍。

（6）特许权。又称经营特许权，是指企业在某一地区经营或销售某种特定商品的权利或是一家企业允许另一家企业使用其商标、商号、技术秘密等的权利。

2. 无形资产的确认

无形资产在满足以下两个条件时，企业才能加以确认。

① 该资产产生的经济利益很可能流入企业。

② 该资产的成本能够被可靠地计量。

企业能够控制无形资产所产生的经济利益。例如，企业拥有无形资产的法定所有权，或企业与他人签订了协议，使得企业的相关权利受到法律的保护。在判断无形资产产生的经济利益是否能流入企业时，企业管理部门应对无形资产在预计使用年限内存在的各种因素做出稳健的估计。企业自创商誉以及内部产生的品牌、报刊名等，不应确认为无形资产。

3. 无形资产的转让和投资

（1）无形资产的转让。无形资产的转让包括所有权转让和使用权转让两种类型。无论哪种转让取得的收入，均计入企业其他销售收入。

（2）无形资产的投资。无形资产的投资，是指企业用无形资产的所有权对其他企业所进行的长期投资。投资时按评估确认或按合同、协议约定的价值作为投资额。这一数额与无形资产账面净值的差额，作为资本公积金处理。

4. 无形资产管理的要点

无形资产管理是指企业对无形资产资源进行筹划、控制、配置、运用，使之得到有效保护，充分实现保值、增值效果的管理活动，其核心在于构建和完善知识产权战略。对无形资产的管理包括以下几点：

① 正确评估无形资产的价值。
② 提高无形资产的利用效果。
③ 按规定在其有效使用期内平均摊销已使用的无形资产。
④ 加强对无形资产的法律保护。

二、利润管理

利润分配

利润管理是企业目标管理的组成部分，原指以目标利润为中心，统一管理企业的各种经营活动。另一个含义是指在不违背会计准则的前提下，通过选择会计政策或其他方法，使上市公司利润既不过高，又不太低，是恰到好处的利润处理行为。

利润是企业生存发展的核心指标，不论投资人、债权人还是企业经理人员，都非常关心企业的盈利能力。

（一）企业的利润构成

企业利润是企业在一定时期内生产经营的财务成果，包括营业利润、投资收益和营业外收支净额。

1. 营业利润

营业利润是指企业从事生产经营活动所产生的利润，通常表现为企业在某一会计期间的营业收入减去为实现这些营业收入所发生的费用、成本、税金后的数额。营业利润是企业通过自身的生产经营活动所取得的。

2. 投资收益

投资收益是指企业进行投资所获得的经济利益，如企业对外投资所分得的股利和收到的债券利息等。投资活动也可能遭受损失，如投资到期收回的或到期前转让所得款低于账面价值的差额，即为投资损失。投资收益减去投资损失则为投资净收益。

3. 营业外收支净额

营业外收支净额是指企业在一定会计期间内，正常经营活动以外的各项收入与支出相抵后的余额。营业外收入即减去营业外支出的余额，包括固定资产盘盈、处置固定资产净收益、处置无形资产净收益、罚款净收入等。营业外支出包括固定资产盘亏、处置固定资产净损失、处置无形资产净损失、债务重组损失、计提的无形资产减值准备、计提的固定资产减值准备、计提的在建工程减值准备、罚款支出、捐赠支出、非常损失等。

营业外收支虽然与企业生产经营活动没有多大的关系，但从企业考虑，同样带来收入或形成企业的支出，也是增加或减少利润的因素，对企业的利润总额及净利润有直接的影响。

（二）企业利润分配

利润分配是将企业实现的净利润，按照国家财务制度规定的分配形式和分配顺序，在国家、企业和投资者之间进行的分配。

利润分配的过程与结果，是关系到所有者的合法权益能否得到保护，企业能否长期、稳定发展的重要问题。为此，企业必须加强利润分配的管理和核算。

利润分配的主体一般有国家、投资者、企业和企业内部员工；利润分配的对象主要是企业实现的净利润；利润分配的时间，即确认利润分配的时间是利润分配义务发生的时间和企业做出决定，决定向内、向外分配利润的时间。

1. 利润分配的相关规定

根据《中华人民共和国公司法》（以下简称《公司法》）等有关法规的规定，企业当年实现的净利润一般应按照下列内容、顺序和金额进行分配：

（1）提取法定盈余公积金。法定盈余公积金按照税后净利润的10%提取。法定盈余公积金已达注册资本的50%时可不再提取。提取的法定盈余公积金用于弥补以前年度亏损或转增资本金。但转增资本金后留存的法定盈余公积金不得低于注册资本的25%。

（2）提取法定公益金。根据《公司法》规定，法定公益金按税后利润的5%～10%提取。提取的公益金用于企业职工的集体福利设施。

（3）向投资人分配利润。企业以前年度未分配的利润可以并入本年度分配。

需要指出的是，不同所有制形式和经营形式的企业都应遵循上述分配顺序。但股份有限公司有其特殊性，股份有限公司在提取了法定盈余公积金和法定公益金之后，应按照下列顺序进行分配：支付优先股股利，提取任意盈余公积金。任意盈余公积金按照公司章程或者股东会决议提取和使用，支付普通股股利。

股份有限公司当年无利润时，不得向股东分配股利，但在用盈余公积金弥补亏损后，经股东大会特别决议，可以按照不超过股票面值6%的比例用盈余公积金分配股利。在分配股利后，企业法定盈余公积金不得低于注册资本金的25%。

另外，企业发生的年度亏损，可以用下一年度实现的税前利润弥补；下一年度税前利润不足弥补的，可以在5年内延续弥补；5年内不足弥补的，应当用税后利润弥补。企业发生的年度亏损以及超过用利润抵补期限的，也可以用以前年度提取的盈余公积金弥补。

需要指出，企业以前年度亏损未弥补完，不得提取法定盈余公积金和法定公益金。在提取法定盈余公积金和法定公益金之前，不得向投资者分配利润。

2. 股利政策

股利政策是股份公司关于是否发放股利、发放多少以及何时发放的方针和政策。

股利政策有狭义和广义之分。狭义上，股利政策就是指探讨保留盈余和普通股股利支付的比例关系问题，即股利发放比率的确定。而广义的股利政策则包括股利宣布日的确定、股利发放比例的确定、股利发放时的资金筹集等问题。

股利政策有以下几种：

（1）剩余股利政策，是以首先满足公司资金需求为出发点的股利政策。

（2）稳定股利额政策，是指以确定的现金股利分配额作为利润分配的首要目标，一般不随资金需求的波动而波动。

（3）固定股利率政策，这一政策要求公司每年按固定的比例从税后利润中支付现金股利；从企业支付能力的角度看，这是一种真正稳定的股利政策。但这一政策将导致公司股利分配额的频繁变化，给外界传递一个公司不稳定的信息，因此很少有企业采用这一股利政策。

（4）正常股利加额外股利政策。按照这一政策，企业除每年按固定股利额向股东发放称为正常股利的现金股利外，还在企业盈利较高、资金较为充裕的年度向股东发放高于一般年度的正常股利额的现金股利，其高出部分即为额外股利。

04 任务四 财务分析

> **案例导入**
>
> **成本是怎么算出来的**
>
> 某电冰箱制造公司连续两年亏损，总经理召集有关部门的负责人研究扭亏为盈的办法。会议要点如下：
>
> 总经理：我厂2021年亏损500万元，比2020年还糟。金融机构对于连续3年亏损的企业将停止发放贷款，如果2022年不扭亏为盈，企业将被迫停产。
>
> 销售副总：问题的关键是我们以每台1600元的价格出售冰箱，而每台冰箱的成本是1700元。如果提高价格，就要面临竞争，冰箱就卖不出去，出路只有降低成本，否则销售越多，亏损越大。
>
> 生产副总：我不同意销售副总的观点。每台冰箱的制造成本只有1450元，我们的设备和工艺在国内处于领先水平，技术力量强，熟练工人多，控制物耗成本的经验得到了行业协会的肯定与表扬。问题在于生产线的设计能力是10万台，而因为销路打不开，2021年只生产了4万台，所销售的5万台中还有1万台是2020年生产的。由于开工不足，内部矛盾加码，人心涣散。
>
> 总经理：成本到底是怎么回事？

财务经理：每台冰箱的变动生产成本是1050元，全厂固定制造费用总额是1600万元，销售和管理费用总额是1250万元。我建议生产部门满负荷生产，通过扩大产量来降低单位产品的固定制造费用。这样，即使不提价、不扩大销售，也能使企业扭亏为盈、度过危机。为了降低风险，2022年应追加50万元改进产品质量，这笔费用计入固定制造费用；再追加50万元做广告宣传；并追加100万元进行员工销售奖励。

问题：

1. 2021年亏损的500万元是怎么计算出来的？
2. 请向总经理说明"成本"到底是什么。
3. 如果采纳财务经理的意见，2022年能够盈利多少？
4. 对财务经理的建议产生的结果进行分析，说明为什么不提价、不增加销售也能使企业扭亏为盈，并讨论成本与损益计算的弊端与可能的改进办法。

财务分析是以会计核算和报表资料及其他相关资料为依据，采用一系列专门的分析技术和方法，对企业等经济组织过去和现在的有关筹资活动、投资活动、经营活动、分配活动的盈利能力、营运能力、偿债能力和增长能力状况等进行分析与评价的经济管理活动。

一、财务分析的方法

财务分析的方法有很多，下面仅介绍三种常用的财务分析方法。

1. 比较分析法

比较分析法是通过对比两期或连续数期财务报告中的相同指标，确定其增减变动的方向、数额和幅度，以说明企业财务状况或经营成果变动趋势的一种方法。

比较分析法的具体运用主要有重要财务指标的比较、会计报表的比较和会计报表项目构成的比较三种方式。

采用比较分析法时，应当注意以下问题：

① 用于对比的各个时期的指标，其计算口径必须保持一致。
② 应剔除偶发性项目的影响，使分析所利用的数据能反映正常的生产经营状况。
③ 应运用例外原则对某项有显著变动的指标做重点分析。

2. 比率分析法

比率分析法是通过计算各种比率指标来确定财务活动变动程度的方法。比率指标的类型主要有构成比率、效率比率和相关比率三类。

（1）构成比率。构成比率又称结构比率，是某项财务指标的各组成部分数值占总体数值的百分比，反映部分与总体的关系。

（2）效率比率。效率比率是某项财务活动中所费与所得的比率，反映投入与产出的关系。

（3）相关比率。相关比率是将某个项目和与其有关但又不同的项目加以对比所得的比率，反映有关经济活动的相互关系。比如，将流动资产与流动负债进行对比，计算出流动比率，从而可以判断企业的短期偿债能力。

采用比率分析法时，应当注意以下几点：
① 对比项目的相关性。
② 对比口径的一致性。
③ 衡量标准的科学性。

3. 因素分析法

因素分析法是依据分析指标与其影响因素的关系，从数量上确定各因素对分析指标的影响方向和影响程度的一种方法。

因素分析法具体有两种：连环替代法和差额分析法。

采用因素分析法时，必须注意以下问题：
① 因素分解的关联性。
② 因素替代的顺序性。
③ 顺序替代的连环性。
④ 计算结果的假定性。

二、财务分析的工作内容

财务分析的工作内容主要有以下几点：

① 资金运作分析：根据公司业务战略与财务制度，预测并监督公司现金流和各项资金的使用情况，为公司的资金运作、调度与统筹提供信息与决策支持。

② 财务政策分析：根据各种财务报表，分析并预测公司的财务收益和风险，为公司的业务发展、财务管理政策制度的建立及调整提供建议。

③ 经营管理分析：参与销售、生产的财务预测、预算执行分析、业绩分析，并提出专业的分析建议，为业务决策提供专业的财务支持。

④ 投融资管理分析：参与投资和融资项目的财务测算、成本分析、敏感性分析等活动，配合上级制订投资和融资方案，防范风险，并实现公司利益的最大化。

⑤ 财务分析报告：根据财务管理政策与业务发展的需求，撰写财务分析报告、投资财务调研报告、可行性研究报告等，为公司财务决策提供分析支持。

三、财务分析的程序和步骤

财务分析是一项难度很大的工作，它涉及面广、不确定性大、需要的知识多（如会计、财务、经济学、战略管理、证券市场、法律等）。在思考有效的财务分析模式时，既要看到经济和产业分析在评估企业未来发展前景中的重要地位，又要看到财务报表的意义和局限性，并尽可能避免盲目地使用财务比率和相关分析指标。有效的财务分析必须包括以下五个相互关联的步骤：

1. 确定企业所处特定产业（或行业）的经济特征

财务分析并不能够在企业范围内完全解决，财务报表与企业财务特性之间关系的确定离不开产业经济特征的分析。同样的财务报表放在不同产业的企业中，它所体现的经济意义和财务特性很可能完全不同，如零售业、钢铁业、房地产业就有着差别很大的财务比率；

又如，高科技产业与传统产业不仅在产业经济特征上有很大的差别，而且决定其竞争地位的因素也各不相同。在进行财务分析时，产业经济特征是一个非常重要的分析基础，只有了解和确定一个企业所处的特定产业的经济特征，才有可能真正理解财务报表的经济意义，并发挥财务分析在管理决策中的作用。

确定企业所处产业的经济特征是有效进行财务分析的第一步。透过产业经济特征的确定，一方面为理解财务报表数据的经济意义提供了一个"航标"；另一方面又缩短了财务比率和相关指标与管理决策之间的距离，从而使得财务分析的信息对管理决策更有意义。

2．确定企业为增强竞争优势而采取的战略

财务分析与企业战略有着密切的联系，如果说产业经济特征是财务分析人员理解财务报表数据经济意义的"航标"，那么企业战略就是财务分析人员在财务分析中为管理决策做出相关评价的具体指南。离开企业战略，财务分析同样会迷失方向，财务分析就不可能真正帮助管理决策做出科学的评价。因此，在有效的财务分析模式中，紧接着产业经济特征分析之后的就是要确定企业战略。

企业之所以要确立其战略，并将其与竞争者区分开来，完全是出于竞争的需要。尽管一个产业的经济特征在一定程度上限制了企业竞争战略的弹性，但是许多企业仍然通过制定符合其特定要求的、难于被仿制的战略以创造可持续的竞争优势。影响企业战略的主要因素包括地区和产业多元化、产品和服务特征等，有效的财务分析应当是建立在对企业战略的理解基础之上的。

3．正确理解和净化企业的财务报表

尽管财务报表是用于管理决策的，但是财务报表编制的目的与财务分析的目的毕竟有很大的差别。财务分析人员在利用财务报表时，对财务报表本身也有一个理解和净化的过程。所谓理解，是指要了解财务报表的局限性，如企业管理部门所做的"盈利管理"导致财务报表不可靠、不公允；所谓净化，是指财务分析人员对财务报表中的关键项目（如利润额）所做的调整，以增强其可靠性和公允性。

财务分析人员在净化财务报表的过程中，应当注意以下主要方面：

（1）不重复发生项目或非常项目。这些项目对盈利的影响是暂时性的，在评估企业真正的经营业绩之前应重点考虑剔除。

（2）研究与开发等支出。研究与开发、广告、人力资源培训等支出的人为安排直接影响到企业在不同会计期间的盈利，在进行财务分析时，对这些支出的人为安排保持一定的警惕是十分必要的。同样，在评估一个企业的持续的经营业绩时，对这些人为的安排进行调整或许是有必要的。

（3）"盈利管理"。许许多多的实证研究表明，企业中存在大量的盈利管理行为。例如，在会计方法的选择上提前确认收入和延迟确认费用；又如，在对固定资产折旧和工程完工进度等会计方法的应用，会计估计的变动、会计方法运用时点的选择以及交易事项发生时点的控制过程中刻意去迎合管理部门的要求，这些盈利管理都可能导致企业财务报表的偏差和不准确，在进行财务分析时对它们进行调整是必不可少的。所有这些调整对财务分析人员来说都是对财务报表的净化。

4. 运用财务比率和相关指标评估企业的盈利能力与风险

在财务分析中，人们比较熟悉财务比率和相关指标的计算，如流动比率、资产负债率、权益回报率等财务比率，以及共同比报表、有关的增长率和完成百分比等。但是，对于如何科学地运用这些比率和指标评估企业的盈利能力与风险做得还很不够，目前还没有一套标准的财务比率和指标。传统的数据认为流动比率等于 2 算是正常，但 20 世纪 60 年代的一项实证研究表明：正常而持续经营的企业的平均流动比率超过 3，而破产企业的流动比率则平均在 2～2.5 之间。很明显，财务比率没有标准，只有将它们与产业特征、企业战略，甚至商业周期等联系起来才会有意义。因此，财务分析不仅是对于财务会计数据的分析。在财务分析中，最重要的工作应当是将某一企业的财务数据放在产业经济、证券等资本市场大环境中进行多方对比和深入分析，将财务数据与企业的战略联系起来考察现有的优势和劣势，并科学地评估企业的盈利能力和风险。

5. 为管理决策做出相关的评价

财务分析的主要目的是为管理决策做出相关的评价。管理决策是一个范围很广的概念，就财务分析而言，这里的管理决策主要包括两个类别：一是投资决策；二是信贷决策。其实这两种决策都涉及企业估价问题，而要对企业的价值进行评定，又必须回到盈利能力和风险的评估上，盈利能力和风险一个都不能少。

为了发挥财务分析在管理决策，特别是企业估价中的作用，必须运用以上五个相互关联的步骤，这五个步骤构成了一个有效的财务分析模型，因为它不仅给分析人员提供了管理决策评价的合理的假设（产业经济特征、企业战略和净化了的财务报表），而且还为财务分析本身如何为管理决策服务提供了一个合乎逻辑的理性指南。

任务实战：制订企业筹资方案

1. **任务名称**：制订企业筹资方案
2. **实施步骤**：
① CEO 组织本公司全体成员共同讨论，确定公司的筹资方案。
② CFO 到台前分析备选方案。
③ 各公司互评打分。
④ 教师总结点评。
3. **任务分析**

天天超市的筹资备选方案分析

天天超市是一家规模较大的民营连锁超市公司，公司计划在未来 10 年将连锁超市数量增加一倍，实施这个计划最大的困难在于缺乏大量资金。为了实现企业发展目标，解决筹资问题，总经理决定召开财务会议讨论这个问题。

会上，财务总监提出了以下 5 个筹资方案。

方案 1：发行股票。通过公司或下属企业发行股票成为上市公司，直接从资本市场筹资。

方案 2：发行公司债券。通过发行公司债券或可转换债券，从资本市场筹资。国内发行债券有额度控制和事先审批制。目前的政策导向强调为国有企业服务。

方案3：金融机构借款。从金融机构取得长期借款。国家主要通过产业政策导向调控贷款结构，可尽可能获得：①出口信贷，包括买方和卖方借贷；②国内或国际银团贷款；③政府贴息或优惠的政策性资金。

方案4：融资租赁。租赁又分为融资租赁和实物租赁。在租用期间，出租人拥有财产所有权，承租人只有使用权。为扩大资金流量，可运用杠杆租赁或出售回租办法。其中，后者是将企业不动产或其他长期资产出售给金融机构取得资金，然后再租回使用。

方案5：内部融资。具体方案和渠道有：①运用自有资本金；②企业增资扩股吸纳新资本金；③企业经营利润滚动投入；④对外投资收益运用；⑤出售劣质资产或与企业战略不符的资产；⑥员工持股或集资；⑦经理层收购公司（股份）。

针对财务总监提出的方案，财务顾问进行了进一步的分析。

1. 发行股票的优缺点：

优点：①能提高公司的信誉，发行股票筹集的是主权资金；②没有固定的到期日，不用偿还；③没有固定的利息负担。

缺点：①资金成本过高；②容易分散控制权。

2. 发行公司债券的优缺点：

优点：①资金成本较低；②每股收益不会降低，可带来财务杠杆作用；③保障控制权。

缺点：①财务风险大；②限制条件严格。

3. 金融机构借款的优缺点：

优点：①借款速度较快；②筹资成本较低；③款项使用灵活。

缺点：①借款利息率高；②限制条款较多。

4. 融资租赁的优缺点：

优点：①能够及时获得所需设备的使用权；②不承担设备提前淘汰报废的风险。

缺点：资金成本较高。

5. 内部融资的优缺点：

优点：做此融资决策时不需听取任何企业外部组织或个人的意见，可以节省融资成本。

缺点：资金来源有限，数量不足。

总经理听完两位主管的报告后，陷入了沉思：到底哪一种方案是公司的最优选择呢？

要求：请你思考后，帮总经理做出最终决策，并说明你的理由。

| 课后练习 |

一、单选题

1. 在资本市场上向投资者出售金融资产，如借款、发行股票和债券等，从而取得资金的活动是（　　）。

　　A. 筹资活动　　　　　　　　　　B. 投资活动
　　C. 收益分配活动　　　　　　　　D. 扩大再生产活动

2. 财务关系是企业在组织财务活动过程中与有关各方所发生的（　　）。

　　A. 经济往来关系　　　　　　　　B. 经济协作关系
　　C. 经济责任关系　　　　　　　　D. 经济利益关系

3. 在下列各项中，从甲公司的角度看，能够形成"本企业与债务人之间财务关系"的业务是（　　）。
   A. 甲公司购买乙公司发行的债券
   B. 甲公司归还所欠丙公司的货款
   C. 甲公司从丁公司赊购产品
   D. 甲公司向戊公司支付利息
4. 在下列各项中，能够引起企业自有资金增加的筹资方式是（　　）。
   A. 吸收直接投资
   B. 发行公司债券
   C. 利用商业信用
   D. 留存收益转增资本
5. 企业实施了一项狭义的"资金分配"活动，由此而形成的财务关系是（　　）。
   A. 企业与投资者之间的财务关系
   B. 企业与受资者之间的财务关系
   C. 企业与债务人之间的财务关系
   D. 企业与供应商之间的财务关系

二、判断题

1. 企业的收入首先要支付生产耗费及税费，剩余部分才能形成企业的营业利润。（　）
2. 企业与社会公众之间没有财务关系。（　）
3. 企业的筹资形式中可以有民间资本的介入。（　）
4. 吸收直接投资包括发行股票。（　）
5. 企业为扩大生产经营规模而进行的投资称为发展性动机投资。（　）

三、简答题

1. 简述企业筹资的渠道和方式。
2. 简述企业投资的渠道。
3. 简述企业投资的程序。
4. 简述企业财务分析的程序和步骤。

四、案例分析题

巨人集团跌宕起伏的发展史

巨人集团曾经是一个红遍全国的知名企业，从保健品、房地产到互联网游戏，涉足了许多领域，也经历了巨大起伏。请上网查阅关于巨人集团的案例，回答下列问题。

问题：
1. 巨人集团成功的原因有哪些？
2. 巨人集团曾经失利的原因有哪些？
3. 回顾巨人集团的兴衰史，可以得到哪些启示？

项目九
塑造企业文化

企业文化是企业核心价值观、行为方式的集中体现,它是企业精神浓缩后的精华,是企业前进和发展的动力。优秀的企业文化能够引领全体员工目标一致、团结协作地解决企业内部问题和应对外部挑战,从而带领企业快速、稳定、持续发展。企业文化是企业一项重要的无形资源,同时也是企业获得经济利润的源泉之一。

本项目将带领大家学习企业文化,告诉大家如何构建企业文化和优化企业形象。

学习目标

学习完本项目后,你将能够:
- 了解企业文化的内涵和功能
- 熟知企业文化的层次及建设过程
- 掌握企业形象的构成及塑造
- 能够运用本项目所学理论分析现实中企业文化的特点
- 能够运用企业文化建设理论找出企业实际运营中文化建设的不足

素质目标

通过学习企业文化中所包含的企业行为准则、企业信念、企业价值观等内容,认识到企业文化的重要性,提升员工对企业文化的认同感和归属感,提高员工的职业忠诚度。学会用企业文化提高企业市场竞争力,打造企业长盛不衰的核心力量,对内提升员工凝聚力,最大限度地激发员工的潜能;对外塑造企业形象,创造最大的经济效益和社会效益。在遵守、认同企业文化的同时,学习如何构建和打造企业文化体系,学会与企业共同成长。

任务驱动

1. 继续沿用前期确定的虚拟企业组织架构,CEO 对本公司员工的出勤率负责。
2. 由授课讲师介绍关于塑造企业文化的具体知识和内容以及任务实战时构建企业文化的要求。
3. 本项目作为本课程中的最后一个任务,由 CEO 负责组织本公司内全体成员共同讨论,确定公司的企业文化建设方案(企业形象的视觉识别系统,包括企业名称、标识、企业象征图案;企业文化宣传语,包括核心价值观、愿景、使命等)后,由 CCO 到台前汇报展示成果。
4. 各公司认真倾听、讨论,仍然按照表 1-2 的形式互相评分。
5. 每名学生的汇报得分求平均分,即为该生的期末考核成绩。

任务一　构建企业文化

案例导入

小米公司的企业文化

小米是一家拥有"粉丝文化"的高科技公司。对于小米而言,用户非上帝,用户应是朋友。

小米搭建起企业和用户紧密联系的虚拟社区,构建一种企业和用户相互依存、相互作用的生态关系,让用户成为社区的一员或者朋友。在这个虚拟社区里,用户可以借此得到某方面的满足,并彰显自己的生活方式。因此,小米社区聚集了大量的粉丝,他们十分追捧小米。

为感谢"米粉"的一路相伴,小米将4月6日这一天定为"米粉节",每年4月初都会举办盛大活动与米粉狂欢。自2015年起,每年年底小米都会举办小米家宴,邀请米粉回家吃"团圆饭"。同时,小米员工还会自发地为米粉手写10万张明信片,这是小米不一样的地方,是小米人发自内心、一笔一画亲手表达的情感,这是对愿景的最好诠释,这是和米粉交朋友的实际行动。

得益于独特的"粉丝文化",小米迅速成长,创造了"小米奇迹"。

启示:

企业文化的建设是一项系统工程,既包括内部管理模式、制度、文化的打造,又包括对外的展示、对客户的定位、与客户的关系。

企业文化是在一定的历史阶段,在民族文化、道德、伦理文化的背景下,由企业家和员工在长期实践活动中倡导、培育产生的,它具有企业的鲜明个性和时代特征。一般认为,企业文化在企业经营管理中具有导向功能、凝聚功能、激励功能、约束功能、辐射功能和调适功能。

根据系统论的观点,企业文化是一个复杂的系统,构成这一系统的各个有机组成部分即为其要素。由于人们对于企业文化概念的理解不尽相同,因此对企业文化的构成要素也存在诸多不同的看法。企业形象是企业自身的一项重要的无形资产,因为它代表着企业的信誉、产品质量、人员素质、股票的涨跌等。塑造企业形象虽然不一定马上给企业带来经济效益,但它能创造良好的社会效益,获得社会的认同,最终会收到由社会效益转化来的经济效益。

一、企业文化的内涵

我国著名企业家张瑞敏在分析海尔经验时曾说过:"海尔过去的成功是观念和思维方

式的成功。企业发展的灵魂是企业文化，而企业文化最核心的内容应该是价值观。"至于个人在海尔充当的角色，张瑞敏认为"第一是设计师，在企业发展中如何使组织结构适应企业发展；第二是牧师，不断地布道，使员工接受企业文化，把员工自身价值的体现和企业目标的实现结合起来"。实际上，海尔的扩张主要是一种文化的扩张，若收购一家企业，派去一名总经理、一名会计师、一套海尔的文化即可。

企——上面一个人字，下面一个止字，如果去了上面的人字，就只剩下止了，企业也就变成了"止业"了。企业是由人组成的，没有了人，企业当然就只有"止业"而不能存在了。这也许只是一种巧合，却引导着我们去思考。

对于企业文化，国内外的定义大约有 400 多种，但基本含义是一致的，即指企业在一定价值体系指导下所选择的那些普遍的、稳定的、一贯的行为方式的总和。

20 世纪 80 年代，美国哈佛大学教授特伦斯·迪尔（Terrence E. Deal）和管理顾问艾伦·肯尼迪（Allan A. Kennedy）合著的《企业文化——企业生存的礼仪与仪式》一书出版，标志着企业文化理论的诞生。正如每个人都具有一定的个性特征一样，每个企业也具有自己的个性特征。也就是说，每个企业都有一种文化，它潜移默化地对企业的运营产生重要的影响，从企业的决策、人事的升迁到员工的行为举止等，都受到企业文化的影响。

《企业文化》一书提到，企业文化包括五要素：企业环境、价值观、英雄人物、文化仪式和文化网络。

企业文化五要素理论

威廉·达内说："一个公司的文化由其传统和风气所构成。此外，文化还包含一个公司的价值观。经理们从雇员们的事例中提炼出这种模式，并把它传达给后代的工人。"

企业文化是企业逐步形成的为全体员工所认同、遵守且带有本企业特点的价值观念。广义的企业文化是指企业所创造的具有自身特点的物质文化和精神文化，狭义的企业文化是指企业所形成的具有自身个性的经营宗旨、价值观念和道德行为准则的综合。

企业文化的内涵可以从以下几个方面进一步理解。

（1）企业总是要把自己认为最有价值的对象作为本企业追求的最高目标、最高理想或最高宗旨，一旦这种最高目标和基本信念成为本企业成员的共同价值观，就会构成企业内部强烈的凝聚力和整合力，成为组织成员共同遵守的行动指南。因此，企业价值观制约和支配着企业的宗旨、信念、行为规范和目标，企业价值观是企业文化的核心。

（2）人是整个企业中最宝贵的资源和财富，也是企业活动的中心和主旋律，因此企业只有充分重视人的价值，充分调动人的积极性，发挥人的主观能动性，努力提高企业全体成员的社会责任感和使命感，使企业和成员成为真正的命运共同体和利益共同体，才能不断增强企业的内在活力和实现企业的既定目标。

（3）企业文化是以一种文化的形式出现的现代管理方式。也就是说，它通过柔性的而非刚性的文化引导，建立起企业内部合作、友爱、奋进的文化心理环境，自动协调企业成员的心态和行为，并通过对这种文化氛围的心理认同，逐渐地内化为企业成员的主体文化，使企业的共同目标转化为成员的自觉行动，使群体产生最大的协同合力。这种由软性管理所产生的协同力比企业的刚性管理制度有着更为强烈的控制力和持久力。

（4）企业的成员来自五湖四海，不同的风俗习惯、文化传统、工作态度、行为方式、目的愿望等都会导致成员之间的摩擦、排斥、对立、冲突乃至对抗，这就不利于企业目标的顺利实现。而企业文化通过建立共同的价值观和寻找观念上的共同点，不断强化企业成员之间的合作、信任和团结，使之相互产生亲近感、信任感和归属感，实现文化的认同和融合，在达成共识的基础上，使企业具有一种巨大的向心力和凝聚力，这样才有利于企业员工齐心协力和整齐划一。

（5）企业文化与企业中有形的经济资源——人、财、物相比较，可称为无形的经济资源。企业文化的物质层面——企业外在形象、品牌可为企业带来可观的收益，明显具有经济资源性质；企业文化的制度层面和精神层面可以通过提高其他生产要素的生产率而为企业创造收益，本质上也是一种经济资源，但它是无形的，只能依靠其他的有形物质来发挥作用。

（6）作为企业的共同价值观念和行为规范，企业文化行使着企业非正式规则的功能。作为非正式规则，它与企业的正式管理规则相辅相成。企业文化不能代替正式管理制度，但正式管理制度只有与企业文化相结合才能得到实施，否则再完美的制度也只是流于形式。正式管理制度具有可模仿性、可移植性，而企业文化是在企业成长过程中，企业群体实践沉淀的结果，具有不可移植性、不可模仿性。优秀的企业文化是企业核心竞争优势的源泉之一。

读一读

阿里巴巴的价值观

阿里巴巴坚持"客户第一、员工第二、股东第三"的价值理念。

阿里巴巴集团有六个核心价值观，是阿里企业文化的基石和公司 DNA 的重要组成部分。这六个核心价值观为：

1. 客户第一——客户是衣食父母

1）尊重他人，随时随地维护阿里巴巴形象。

2）微笑面对投诉和受到的委屈，积极主动地在工作中为客户解决问题。

3）与客户交流时，即使不是自己的责任，也不推诿。

4）站在客户的立场思考问题，在坚持原则的基础上，最终实现客户和公司都满意。

5）具有超前服务意识，防患于未然。

2. 拥抱变化——迎接变化，勇于创新

1）适应公司的日常变化，不抱怨。

2）面对变化，理性对待，充分沟通，诚意配合。

3）对变化产生的困难和挫折能进行自我调整，并正面影响和带动同事。

4）在工作中有前瞻意识，建立新方法、新思路。

5）创造变化，并带来绩效的突破性提高。

3. 团队合作——共享共担，平凡人做非凡事

1）积极融入团队，乐于接受同事的帮助，配合团队完成工作。

2）决策前积极发表建设性意见，充分参与团队讨论；决策后，无论个人是否有异议，都必须从言行上完全予以支持。

3）积极主动分享业务知识和经验，主动给予同事必要的帮助，善于利用团队的力量解决问题和困难。

4）善于和不同类型的同事合作，不将个人喜好带入工作，充分体现"对事不对人"的原则。

5）有主人翁意识，积极正面地影响团队，提振团队士气和氛围。

4. 诚信——诚实正直，言行坦荡

1）诚实正直，表里如一。

2）通过正确的渠道和流程准确地表达自己的观点；表达批评意见的同时能提出相应的建议，直言有讳。

3）不传播未经证实的消息，不背后不负责任地议论事和人，并能正面引导。对于任何意见和反馈，"有则改之，无则加勉"。

4）勇于承认错误，敢于承担责任，并及时改正。

5）对损害公司利益的不诚信行为正确、有效地加以制止。

5. 激情——乐观向上，永不放弃

1）喜欢自己的工作，认同阿里巴巴的企业文化。

2）热爱阿里巴巴，顾全大局，不计较个人得失。

3）以积极乐观的心态面对日常工作，碰到困难和挫折的时候永不放弃，不断自我激励，努力提升业绩。

4）始终以乐观主义的精神和必胜的信念影响并带动同事和团队。

5）不断设定更高的目标，今天的最好表现是明天的最低要求。

6. 敬业——专业执着，精益求精

1）今天的事不推到明天，上班时间只做与工作有关的事情。

2）遵循必要的工作流程，没有因工作失职而造成的重复错误。

3）持续学习，自我完善，做事情充分体现以结果为导向。

4）能根据轻重缓急来正确安排工作优先级，做正确的事。

5）遵循但不拘泥于工作流程，化繁为简，用较小的投入获得较大的工作成果。

二、企业文化的层次

企业文化的层次可以用一个同心圆来展示，如图9-1所示。

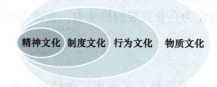

图9-1 企业文化层次图

第一个层次是精神文化，包括企业价值观、企业精神、企业道德等。精神文化是企业的内核，指导着企业的制度文化、行为文化和物质文化。

第二个层次是制度文化。从企业制定制度和执行制度的情况可以看出这个企业的经营理念、企业战略，也可以看出这个企业是不是以人为本，是不是依法依规、从严治企。制度包括技术规程，从中可以看出这个企业在行业里的地位和技术先进程度。反过来，企业家和企业领导班子有了一整套企业文化建设的思路，也必须通过制度来规范全体员工的行为，最终形成良好的习惯、传统和舆论。

第三个层次是行为文化。行为文化是指企业全体员工（包括企业家、英雄模范人物、普通员工群体）在自己的言行中展现出来的文化，包括团队作风、团队纪律、执行力和团队精神。

第四个层次是物质文化，包括企业的厂房、设备、产品以及办公楼、厂区的环境等。如果一个企业厂房破烂、设备陈旧，厂区环境脏、乱、差，那在这样的物质条件下是不可能生产出优质产品的。而如果企业的产品是低劣的，该企业的管理和文化必然是低下的。相反，厂房洁净明亮，设备和产品处于国际一流水平，这种企业的管理和文化必然是高层次的。

从企业文化层次来分析，物质文化是表层，行为文化和制度文化是中间层次，精神文化是核心层次。精神文化指导制度文化、行为文化和物质文化。

三、企业文化的功能

一般认为，企业文化在企业经营管理中具有如下功能：

1. 企业文化的导向功能

企业文化的导向功能是指企业以自己的价值观和崇高目标指引员工向企业生产和经营的既定目标努力奋进，它体现了企业生产经营活动的规律和经验。企业文化的导向功能首先体现在它的超前引导方面，这种超前引导是通过企业的价值观和崇高目标的培训教育起作用的。

企业文化所宣传的、以企业价值观和崇高目标为主要内容的企业精神，对员工起着人格培养的作用。通过这种企业精神的培训，使企业精神在员工心中形成共识，引导员工齐心协力，为实现企业的伟大目标做出贡献。

2. 企业文化的凝聚功能

企业文化的凝聚功能是指企业文化像一种强有力的黏合剂，把全体员工紧密地联系在一起，同心协力，为实现企业的目标和理想而奋力拼搏、开拓进取。凝聚力是一种情感，它首先可以通过企业对员工的关爱表现出来；其次，凝聚力又可以通过员工对企业的依恋体现出来。这种凝聚力还必然会转化为企业发展的推动力，表现为员工与企业结成命运共同体的合力。

3. 企业文化的激励功能

所谓激励，是指通过外部刺激，使员工产生一种情绪高昂、奋发向上的效应。现代企业文化的管理模式有别于传统的企业管理模式，是由重视激励个体转变为重视激励群体，为提高企业员工的生产积极性、主动性与创造性提供了新的手段与方法，为企业员工的激励问题开辟了新的途径。企业文化的激励功能主要体现在：

（1）信任激励。只有使员工感到上级对他们的信任，才能最大限度地发挥他们的聪明才智。

（2）关心激励。企业各级主管应了解其部属的家庭和思想情况，帮助解决他们在工作和生活上的困难，使员工对企业产生依赖感，充分感受到企业的温暖，从而为企业尽力尽责。

（3）宣泄激励。企业内部上下级之间不可避免地会产生矛盾和不满，管理者要善于采取合适的方式让员工宣泄，满足其宣泄的愿望，使他们能心平气和地工作。

4. 企业文化的约束功能

企业文化的约束功能主要是指企业的制度文化、道德文化以及礼仪文化对企业及其员工产生的约束、规范作用，它增强了员工提高自身素质的自觉性。企业文化的制度约束主张通过员工对规章制度的接受、认同和内化，将传统制度管理的强制性约束转化为员工的自觉性约束。企业道德文化的约束作用既包括舆论的约束力，又包括理智的约束力和情感的约束力。它们所产生的自律力量的影响，显然比外在的强制约束力更为强大和深远。企业礼仪文化不仅可以强化那些具体的规章制度的约束作用，还可以将那些抽象的企业道德标准和要求化为具有可操作性的感性的东西，它对员工的行为也具有一定的约束和规范作用。

企业文化产生的制度约束力、道德约束力和礼仪约束力，能够使员工认识到提升个人素质的必要性和紧迫性，从而在企业文化环境的熏陶下努力以最高标准要求自己，不断学习和提高，使自身的行为更加趋向合理化、科学化。

5. 企业文化的辐射功能

企业文化的辐射功能可以使员工素质在潜移默化中得到提高，一个团体的文化超出本团体范围的影响即为它的文化辐射功能。企业文化的辐射功能主要通过四种途径来实现：一是"软件"辐射，使员工接受企业价值观、企业精神和企业道德规范等观念形态的文化；二是通过生产工具、厂容、厂貌等"硬件"辐射，展示并影响员工文化观念的形成；三是人员辐射，即通过员工间的社会交往活动，向内部并向外界"辐射"企业文化；四是宣传辐射，是指有目的地扩散和传播。通过以上四种辐射途径，可以使员工在良好的企业文化氛围中潜移默化地相互学习，共同提高。

6. 企业文化的调适功能

调适就是调整和适应。企业各部门之间、员工之间，由于各种原因难免会产生一些矛盾，解决这些矛盾需要各自进行自我调节；企业与环境、与顾客、与企业、与国家、与社会之间都会存在不协调、不适应之处，这也需要进行调整和适应。企业哲学和企业道德规范使经营者和普通员工能科学地处理这些矛盾并自觉地约束自己。完美的企业形象就是进行这些调节的结果。调适功能实际上也是企业能动作用的一种表现。

四、企业文化建设的方法和步骤

在企业文化建设的方法上，有两种倾向：一种是自然主义倾向，在进行企业文化培训时就认为，企业文化、企业理念是企业长期生产经营活动中自然形成的，企业没办法，也不应该进行人为的设计；另一种是主观主义倾向，认为企业文化、企业理念就是人为的设计。前者导致企业文化建设中的"无作为"现象，一切凭其自然发展，缺乏明确的理念指导；后者导致企业文化建设中的"突击"现象，如企业可以一夜之间设计出很响亮的理念、口号，也可以印刷出很漂亮的企业文化手册。这两种方法有一个共同的结果：在员工心理上，企业文化、理念都是空白。

正确的方法应该是两者的有机结合。严格来说，企业文化的建设过程就是企业生产经营活动全过程。也就是说，企业文化建设不能独立于生产经营活动之外独立进行。任何突击式的企业文化建设都可能使企业文化独立于生产经营活动之外，效果自然不会好。但是，企业文化、企业理念需要进行有目的的设计和引导，更需要有目的的宣传和培训。通过人为的主动提炼、设计和引导，能够使自然形成的企业文化理念明晰化，使员工对企业文化、理念的理解深刻化，认同彻底化。因此，正确处理文化、理念的自然沉淀和人为设计的关系，是企业文化建设中的关键问题。

企业文化建设的操作可以分为三个阶段：企业文化的诊断阶段，企业文化的提炼与设计阶段，企业文化的强化与培训阶段。其间应注意三个基本要求：企业文化建设的方法应该是具体的、可操作的；企业文化建设的效果应该是可以衡量的；企业文化建设应该是全员参与的。

1. 企业文化的诊断

企业文化的核心是企业精神。成功的企业精神或口号应能使员工产生积极的、具体的联想，正是这种联想具有强大的激励作用。

2. 企业文化的提炼与设计

企业文化首先要从历史中提炼。在企业十几年，甚至几十年的发展中，一定会沉淀一些支撑员工思想的理念和精神。这些理念和精神不仅包含在企业创业和发展的过程之中，还隐藏在一些关键事件之中。把隐藏在这些事件中的精神和理念提炼出来，并进行加工整理，就会发现真正支撑企业发展的深层次精神和理念，这就是企业的精神和理念。

3. 企业文化的强化与培训

企业文化培训分成三个步骤：

（1）对全体员工进行企业文化培训。培训的方式首先是培训讲故事者，可以是企业领导、故事的当事人，也可以是宣传者或者专家，但不管是谁，都必须按照事先定好的提纲讲，把故事中想表达的理念讲深刻、讲生动，使每一名员工都能记住、理解，并主动向新员工传达。这样一来，故事就流传起来了，企业文化、理念、精神就"活"了。

（2）树立和培养典型人物。在提炼和设计出企业文化并进行宣传培训之后，有一部分人能够直接认同并接受，然后以理念指导具体行动。这就是企业的骨干。

（3）以企业文化理念与价值观为导向，制定管理制度。制度的强制作用，使员工采取符合企业理念与价值观的行为，在执行制度的过程中，企业理念与价值观不断得到内化，最终变成员工自己的理念与价值观。

通过"文化建设三部曲"的实施，企业形成了"管理制度与企业文化紧密结合"的管理环境。这种管理环境有两大作用：对个人价值观与企业价值观相同的员工有巨大的激励作用；对个人价值观与企业价值观不相同的员工有巨大的同化作用。正是这两种作用，使得

"文化建设三部曲"成为一种非常有效的企业文化建设模式。

02 任务二 优化企业形象

案例导入

2004 年之前

2004—2018 年

2018 年至今

华为 Logo 的三次变更

华为创立于 1987 年,是全球领先的 ICT(信息与通信)基础设施和智能终端提供商。作为一家国际知名企业,华为公司的 Logo 经历过三个版本。

版本一:2004 年之前。这一版本的 Logo 是一朵由 15 片花瓣组成的菊花,在这朵花下面,有"华为技术"4 个字。对于这个 Logo,一种广为流传的解读是,Logo 上面的每一片花瓣,都象征着一个人,15 片花瓣象征着华为最开始的 15 位创始人。

版本二:2004—2018 年。相比于第一版发生了很大的变化,Logo 的花瓣变少了,看起来也更加饱满,而且之前的"华为技术"变成了"HUAWEI"。这一版 Logo 的变化,有两层含义,一是因为之前的 15 位创始人,有 7 位退出了,现在只剩 8 位;二是因为华为已经进军国际市场,因此字体也变成华为的全拼。

版本三:2018 年至今。相比于第二版,第三版 Logo 没有太大变化,只是颜色变成了正红色,视觉冲击力更强,字体也稍有变化,看起来更加挺括大方,更符合华为"硬朗锐利"的风格!

启示:

华为 Logo 的三次变化,在很大程度上展示了华为的发展阶段,第一阶段是创始人起步,第二阶段是和国际接轨,第三阶段则是向世人展示自己的强大与自信。因此,企业形象的设计优化要与企业的实际情况和未来规划相匹配。

企业形象是企业自身一项重要的无形资产,因为它代表着企业的信誉、产品质量、人员素质等。塑造企业形象虽然不一定马上就给企业带来经济效益,但它能创造良好的社会效益,获得社会的认同,最终会收到由社会效益转化来的经济效益。塑造企业形象是一笔重大而长远的无形资产的投资。

一、企业形象的构成

企业形象是指社会公众或消费者按照一定的标准和要求，对某个企业经过主观努力所形成和表现出来的形象特征所给出的整体看法和最终印象，并转化成的基本信念和综合评价。

企业形象的构成要素主要包括外在要素和内在要素。

1. 企业形象的外在要素

企业形象的外在要素是指企业各种外显性视觉对象的综合，是社会公众能直接感知到的具体内容。外在要素又可细分为外在硬件形象要素和外在软件形象要素两类。

（1）企业外在硬件形象要素是指可直接为公众感知的外显性特征中的物质性实体要素，如企业的建筑物、设备装置、财务状况、产品包装等。

（2）企业外在软件形象要素是指能够为公众所感知的外显性非物质形象要素，是由企业社会文化素质所表现出来的外显性的基本特征，如企业的名称、品牌商标、工作效率、工作环境、广告等。

2. 企业形象的内在要素

企业形象的内在要素是指由企业形象所体现出来的内在素质、内在特征、内在精神。内在要素又可细分为内在硬件形象要素和内在软件形象要素两类。

（1）企业内在的硬件形象要素是企业不能直接为公众感知的内隐性特征中的物质性实体要素，如企业的产品质量、技术水平、管理水平、服务水平等。

（2）企业内在的软件形象要素是指被公众间接感知和理解的内隐性特征中的精神性形象要素，如企业信誉、员工素质、企业精神与价值观等。

二、企业形象塑造的内容

对于一个企业来说，塑造良好的形象在现代市场竞争中是至关重要的。良好企业形象的塑造，有利于得到社会公众的认可和支持，给企业创造良好的竞争环境，从而推动企业的发展。

企业形象塑造的内容可以归纳为形象主体、形象客体、形象延伸三个部分，对以上三个部分进行设计的过程就构成了企业形象塑造的整体。

（一）形象主体

形象主体是企业形象的塑造者——人。从全员公共关系的角度来说，企业的每个成员都是企业形象的代表，每个人的一言一行、一举一动都折射出企业总体风格特征。形象主体的设计，主要有以下两个方面的内容。

1. 企业员工形象塑造

员工是塑造和传播企业形象最活跃的决定性因素。员工是企业中最基层的实践者，企业的产品质量、服务质量和工作水平最终取决于员工的素质、责任心和敬业精神。员工是企业形象的代表者和展示者，他们的一言一行、一举一动随时都在传播企业的有关信息。

2. 企业领导形象塑造

领导形象是指公众对领导者的总体看法和评价。领导形象既包括领导外在形象，如领导者的仪表、气质、工作方法和作风、交际方式等；又包括领导者的内在素质形象，如理论水平、决策能力、创新精神、道德水平、信念和意志力等。

（二）形象客体

形象客体是企业经过自己的生产、经营、管理等活动，有目的地创造出来的产品、服务等物质对象，这些对象物是企业形象的直接象征，是社会公众对企业形象最重要的观测要素和评价内容。形象客体的设计，主要包含以下几个方面的内容：

1. 产品形象塑造

产品是企业的面孔之一，是企业形象最重要的缩影或代表。产品的形象是最直观、最具体的形象，是公众认识企业形象的第一个接触点。塑造产品形象的目标是塑造一个内在质量和外观质量相一致的，使消费者满意、称心的产品形象。

塑造产品形象的途径有：
① 重视产品的基础设计。
② 认真实行全面质量管理。
③ 有机结合内在品质和外观形象。
④ 努力扩大产品的知名度。

2. 品牌形象塑造

如今，市场竞争越来越表现为名牌与非名牌的竞争，名牌产品分天下的特征十分明显，据此推断，创出名牌、拥有名牌，就能占领市场，夺得战略的制高点。不仅要创造优质产品，还要创造著名品牌，这是时代对企业提出的新要求。

名牌是走向国际市场的"通行证"，是一个企业乃至一个民族智慧和经济实力的象征。在现代国际市场上，以标志转换为主要内容，世界资源为适应名牌产品和名牌企业结构的需要而流动、分割。缺少国际性的名牌，在国际市场竞争中就会始终处于不利地位。

品牌形象的塑造，还是当代消费观念变化的客观趋势。名牌产品和一般产品不同，它更多地带有文化色彩。它既把物质文化化，又把精神物质化。随着消费者生活水平的提高和市场供求态势的对比变化，人们开始从更高的层次上对产品提出要求，以满足自身消费质量不断提高的要求。"名牌消费"是现代消费者的一个重要特征，"形象认同"是现代消费者选择商品时的一个潜在的心理标准。

塑造品牌形象的途径有：
① 树立名牌意识。
② 实施重点战略。
③ 长期不懈地坚持努力。
④ 实施品牌系统工程。

3. 服务形象塑造

任何一个社会组织都可以以自己的独特方式向相关公众提供必要的服务。从企业的角度来分析，成功的企业往往都把自己的业务称作服务，他们追求尽善尽美的服务几乎到了狂热的程度，并且因此取得巨大成功。在由于科技进步所导致的企业间产品的规格、性能、技术指标、质量十分接近,业务上的独占性越来越小的情况下,就剩下最后一个可以一争高低的战场了,那就是服务。

当代市场竞争,归根结底是争夺消费者的竞争。当代消费者不是简单的有钱并想购买商品满足物质需求的人,而是有文化素养、价值追求和感情需要的人。顾客走进企业和商店,与其说是为了购买商品,不如说是为了购买服务。《追求卓越》一书的作者通过调查研究发现,美国一些成功的大企业均以追求优质服务为主要目标。它们的基本理论是:以服务于顾客或消费者为目标,利润则自然随之而来。

塑造服务形象的途径有:
① 树立服务意识。
② 完善服务设施和条件。
③ 周到的服务项目。

> **读一读**
>
> **13.89亿!白云山将"王老吉"所有商标收纳入怀!**
>
> "怕上火,就喝王老吉",这句盛行一时的广告语为凉茶在遍布可乐、雪碧等气泡水饮料的国内市场上打开了国产饮料的大门,在一定程度上改变了人们对饮料的消费习惯。但随之而来的是与其同类产品"加多宝"的商标之争,以致有了后来的"180余年正宗秘方,王老吉从未更名,购买时请认准王老吉凉茶"。这场商标之争不仅在知识产权领域受到重大关注,更是多次登上热搜,成为人们茶余饭后讨论的焦点。
>
> 白云山公司表示,通过收购"王老吉"系列注册商标,上市公司将解决旗下"王老吉"系列产品的商标使用权和所有权的分离问题,保证公司资产的完整性、独立性,化解可能由无形资产分离给公司带来的经营风险,从而理顺上市公司与控股股东间的商标权属关系以及稳定上市公司业务发展。通过将广药集团旗下"王老吉"系列商标注入上市公司体内,可以解决历史遗留问题,减少或避免关联交易,保证公司经营安全,提升上市公司整体价值。根据国有资产保值增值的要求,广药集团对王老吉大健康等公司使用"王老吉"系列商标会按照协议约定收取商标使用费,上市公司作为广药集团的商标受托方,接受广药集团委托管理"王老吉"等系列商标相关事宜,并收取一定比例的商标使用费作为基本托管费。本次商标转让完成后,一定程度上会减少上市公司的商标使用成本,完善上市公司在凉茶市场的整体形象,进一步提升"王老吉"系列产品的市场知名度、扩大产品市场占有率。

(三)形象延伸

形象延伸是指形象在时间和空间中的扩散表现,它既涉及主客体形象塑造的过程,又涉及主客体形象塑造的媒体,还涉及主客体形象设计的环境因素。

1. 竞争形象塑造

在现代市场经济条件下,竞争构成了经济运动的大潮,任何一个企业都无法摆脱竞争环境,而竞争环境就是企业的生存环境,因此,以一种良好的竞争形象展现在其他社会组织及公众面前,是塑造企业形象的一个重要内容。

塑造竞争形象的目标是：塑造一个遵循竞争规则、相互协作、相互理解、平等竞争的竞争形象。

塑造竞争形象的途径有：

① 把握竞争中的摩擦点。

② 正确处理竞争矛盾。

③ 寻找合作机会。

2. 信誉形象塑造

企业信誉是在长期的业务往来和商品交换中形成的消费者或顾客对商品生产者和经营者的一种信任感。作为一种最重要的企业无形资产，企业信誉或商誉是企业在其有形资产上能获取高于正常投资报酬能力所形成的一种价值。从公众或消费者的角度看，企业信誉是能给他们以某种信任、荣誉、感情、性格、爱好等方面的满足，满足他们的情感渴求和心灵认同的无形价值。

塑造信誉形象的途径有：

① 在经营活动中重合同、守信用。

② 勇于承担社会责任。

③ 努力为公众办实事。

3. 环境形象塑造

对企业的外部公众来说，企业环境是他们认识和识别该企业形象的窗口。优美、整洁、高雅的环境，能给外部公众留下一个管理水平高、企业有内在活力和蓬勃生机、企业成员精神风貌好的积极印象。在外部公众看来，一个脏乱不堪、秩序紊乱的企业是没有能力做出好的工作业绩，生产出高质量的产品，提供优质服务的，因为在脏乱差环境中工作的员工是不会有很强的责任心的。

环境形象塑造的目标是：塑造一种优美高雅、整洁有序、个性鲜明的企业环境形象。塑造环境形象的途径有：

① 注重环境的全方位美化。

② 注重环境的个性特征。

三、企业形象塑造的程序

企业形象塑造要经过一定的程序才能完成，包括企业形象的调研与定位、企业形象的创意与实践、企业形象的检测与调整。

1. 企业形象的调研与定位

企业形象调研与定位是构成企业形象塑造的基础性工作。

（1）企业形象的调研。企业形象调研是指企业全面了解社会公众对本企业的已有行动和政策的意见、态度，以及本企业在社会公众心目中的地位及其实际评价，可以采用文献分析法、公众访谈法、实地视察法、问卷调查法、通信调查法、追踪调查法等方法，要在信息调查收集的基础上进行信息研究和分析。

企业形象分析可遵循三个步骤：汇总、识别、整理信息；确定组织形象存在和面临的问题；排列问题等级。

（2）企业形象的定位。企业形象定位就是确定一家企业在公众心目中应有的特殊形象和位置。随着竞争的日益激烈，特别是服务行业，单靠设施、服务项目、服务价格等方面来竞争已经很难有显著效果了。只有塑造出具有独特风格特征的、个性化的、差别化的企业整体形象，才有可能在市场中占有一席之地。这种定位是最重要的定位，要做到人无我有、人有我优、人优我特、人特我转。

企业形象的定位过程要做好形象审视、形象切入、形象定位、形象扩散等方面的工作。

2. 企业形象的创意与实践

企业形象的创意与实践是企业形象塑造的核心内容，其中，创意需要有创造性思维，实践需要有实干精神，创意与实践是企业形象塑造的关键性环节和实质性内容。

（1）企业形象的创意。企业形象的创意是指对企业形象塑造过程中的意境创造和策划的过程。企业形象创意是企业形象塑造的重要环节，它体现在企业硬件形象创意和软件形象创意，静态形象创意和动态形象创意等几个方面，包括企业的公共关系活动创意、企业文化创意、企业CIS导入和实施创意、企业形象广告创意等。

（2）企业形象的实践。企业形象的实践是指公共关系主体运用一定手段，作用于公共关系客体并使之发生适应主体需要的变化的一种活动。企业形象的实践是企业形象塑造的具体实施程序中的重要环节，它包括形象传播和形象沟通两个方面的内容。

3. 企业形象的检测与调整

企业形象的检测与调整是企业形象塑造的总结性和整理性工作，是使企业形象塑造更加规范、更加科学、更加有效的一个重要环节。它标志着企业形象塑造的阶段性成果。

（1）企业形象检测。企业形象检测有两层含义：一是当企业形象在实践中受到严重损害时，运用科学手段检讨、分析、测定企业形象受损的原因、程度，并提出相应的挽救形象的措施；二是对已经确立或初步确立的企业形象，运用科学手段进行检查、检验、评估，从中看到企业形象塑造的效果，找到企业形象塑造存在的问题，确定完善企业形象的进一步目标。

企业形象检测的途径有：根据大众传播媒介的传播情况检测企业形象设计；利用企业形象广告效果检测；综合企业内部的积累资料检测；综合企业外部的反馈资料检测。

（2）企业形象调整。企业形象调整是依据企业形象检测的结果，通过科学的手段和方法，对企业形象所做的进一步加工、修正、完善的努力。

企业形象调整的内容大致包括以下几方面：对企业形象塑造目标的调整；对企业形象定位的调整；对企业形象实施与传播沟通过程的调整。

四、企业文化的 CIS 系统

CIS（Corporate Identity System），即企业识别系统，由美国 IBM 公司首创，20 世纪 80 年代传入我国，在国内为广大企业所接受并成为发展潮流。CIS 由企业理念识别系统（Mind Identity System，MIS）、企业行为识别系统（Behavior Identity System，BIS）和企业视觉识别系统（Visual Identity System，VIS）三部分子系统构成。

（一）理念识别系统（MIS）

经营理念是企业形象系统的基本精神所在，是整个形象系统的最高决定层，也是整个识别系统运作的原动力。

1. 道德观念

企业的道德观念是在生产经营实践基础上，基于对社会和对人生的理解所做出的评判事物的理论准则。企业道德观念是企业家道德观念的体现，而企业家道德修养中最重要的因素是正直和使命感，以及讲究职业道德和社会意识。

2. 经营哲学

经营哲学是在生产经营活动过程中表现出来的观念和意识，具体包括企业的战略观念、效益观念、用人观念、开拓创新观念、风险观念、系统观念等。例如，沃尔玛本着为顾客节约每一分钱的思想，建立了"低价销售、保证满意"的企业经营理念；摩托罗拉公司把"为用户提供品质超群、价格公道的产品和服务，满足社会的需要"作为经营理念。由此可见，每个企业都有一个成功的经营理念。

3. 企业精神

企业精神是指企业生产经营活动过程中逐渐形成的，建立在共同的信念和价值观念基础上，为企业员工所认可和接受的一种群体意识，是企业员工团结奋斗的凝聚剂，代表着企业员工的精神风貌。企业精神渗透在企业目标、经营方针、职业道德、人事关系中，反映在厂风、厂纪、厂容、厂誉上，是企业素质的综合性反映。

张瑞敏这样定义企业文化：企业发展的灵魂是企业文化，而企业文化最核心的内容应该是价值观。海尔将企业文化分为三个层次：最表层的是物质文化，即表象的发展速度、海尔的产品、服务品质等；中间层是制度行为文化；最核心的是价值观，即精神文化。海尔精神是："敬业报国，追求卓越"，讲究个人价值与集体利益、国家命运融为一体，不做则已，要做就做第一流。海尔作风是"迅速反应，马上行动"，有点类似于张瑞敏所奉行的"慎言敏行"，更有点像是服从命令听指挥的军队作风。

4. 价值观

企业文化中的价值观是指企业中人们共同的价值观念，它是企业文化的核心，是企业对周围客观事物的意义、重要性的总评。如果企业全体员工对某个重大经营决策能达成共识，就会将企业每个员工的行动导向达成一致的标准。成功的企业都十分重视培育共同的价值观念，特别是对于诚信价值观念的建设。其内容包括：向顾客提供优质产品和服务；企业主体注重发挥员工的主动性和创造性；培养热爱国家和集体，热爱本职工作的精神；强调员工之间的相互沟通与协作。

（二）行为识别系统（BIS）

企业行为是指企业在管理、经营、生产和学习、生活、娱乐等一切运转过程中行为活动的表现，它是企业经营作风、精神风貌等在员工行为中的动态表现。其中包含两大部分：一是内部系统，指企业内部环境营造、员工教育和员工行为规范等，其宗旨是使企业及员工在观念与行为上取得认同，为树立良好企业形象奠定基础；二是外部系统，如产品销售、广告宣传、公共关系、促销等活动，其目的在于通过整体、系列的营销行为进行信息传递，在优质高效地满足顾客及社会大众需要的过程中塑造良好的企业形象。

（三）视觉识别系统（VIS）

视觉识别是一种相对静态的识别方式，是在企业经营理念的基础上，根据经营活动的要求设计出识别符号，传递企业信息，使员工、消费者和社会各界直接感知企业，形成对企业特性的深刻印象。

1. 企业名称

企业名称越简洁、越通俗，就越能给人一种较强的视觉效果。20世纪50年代，日本樱花公司在胶卷市场的占有率超过了50%；富士公司后来者居上，击败了节节败退的樱花公司，成为市场霸主。经分析得知，樱花公司的败退并非质量差，而是品牌名称问题——受樱花名称的拖累，在日本文化里，"樱花"一词代表软性、模糊；而富士则与日本圣山联系在一起，清晰有轮廓。

2. 标志

企业标志是种特殊的符号，是企业或产品的名称、图案记号或两者结合的一种设计，用以象征企业或产品特性。企业标志传递着企业形象、特征、信誉、文化等众多信息，因此企业标志的设计与识别十分重要。

3. 标准字体和标准色

企业和品牌为了强化其名称和品牌的传达力和识别力，通常需要对其名称的字体和颜色进行统一，即标准化。它是企业规模、力量和尊严等内涵的外在表现形式，是视觉识别的核心。

读一读

塑造 IBM，CI 初显锋芒

20世纪50年代初，美国 IBM 公司总经理小汤姆斯·华生采取公司名称＝商标名称的方式，首次推出一整套企业识别系统。这一措施使 IBM 公司获得了极大成功。

IBM 公司企业标志的设计最初是粗体黑字，明晰易读，具有强烈的视觉震撼力，达到了易读易认的效果。随着企业的发展，时任总裁小汤姆斯·华生认为 IBM 公司有必要在世界电子计算机行业中树立起一个巨人形象，这一形象要涵盖公司的创造精神和开拓精神，从而有利于市场竞争，跻身世界性大企业之列。设计师把公司的全称 "INTERNATIONAL BUSINESS MACHINES" 浓缩成 "IBM" 三个字母，选用蓝色为公司的标准色，以此象征高科技的精密和实力，创造出富有美感的造型，通过 CI 设计塑造了 IBM 公司企业形象，并使之成为美国公众信任的"蓝巨人"，在美国计算机行业长期居于霸主地位。但 CI 系统到20世纪60年代初才在美国真正兴起，随着人们对企业形象的日益重视，营销观念发生了很大变化，营销不再是简单地针对产品，而提升到行销自己的形象。正是这种新的观念导致了 CI 系统的广泛应用。在现代"白热化"的商战中，企业的辉煌常伴随着 CI 系统的辉煌。

4. 企业象征图案

企业象征图案指企业标志和品牌图形以外，企业用以象征其特性的图形或图案，目的在于强化视觉传递形象，如吉祥物、人物等。

> **读一读**
>
> **经典品牌设计——奔驰**
>
> 奔驰，德国汽车品牌，被认为是世界上最成功的高档汽车品牌之一，其完美的技术水平、过硬的质量标准、推陈出新的创新能力，以及一系列经典轿跑车款式令人称道。奔驰三叉星已成为世界上最著名的汽车及品牌标志之一。1909年6月，戴姆勒公司申请登记了"三叉星"作为轿车的标志，象征着陆上、水上和空中的机械化；1916年，在它的四周加上了一个圆圈，在圆的上方镶嵌了4个小星，下面有梅赛德斯"Mercedes"字样。"梅赛德斯"是幸福的意思，意为戴姆勒生产的汽车将为车主们带来幸福。对于一个大型的多元经营的跨国公司，在不同的行业、不同的区域乃至同一行业同一区域不同工作部门，其物质文化、行为文化、制度文化和精神文化表现出不同的特点，这种各具特色的群体文化就是企业的亚文化。

任务实战：构建企业文化

1. **任务名称**：构建企业文化
2. **实施步骤**：

（1）CEO组织本公司全体成员共同讨论，确定公司的企业文化建设方案（企业形象的视觉识别系统，包括企业名称、标识、企业象征图案；企业文化宣传语，包括核心价值观、愿景、使命等）。

（2）CCO到台前汇报设计成果。

（3）各部门互评打分。

（4）教师总结点评。

3. **任务模板**

海尔企业文化的四个时代

第一代："海尔，中国造"（1984年12月26日—2005年12月26日）

海尔精神：无私奉献、追求卓越

内涵辨析：第一代海尔精神的孕育和形成具有鲜明的时代特征。1984年，张瑞敏等人面对的状况是整个车间没有一块玻璃是完整的，公司资不抵债，亏空147万元，员工发不出工资，一年中连换三任厂长。海尔人几乎是在一片废墟上开始了创业的征程。没有资金、没有技术、没有人才，海尔人发扬无私奉献的忘我奋斗精神，抓住改革开放的大好机遇，高起点引进，差异化地确立名牌战略指导思想，由此开启了持续多年的高速增长模式。

与海尔确立了用户导向的企业战略和企业文化，把用户满意作为组织卓越绩效的关注焦点，企业内部建立高效一致的创造顾客价值的流程和"用户永远是对的"强执行力文化，在管理上融会贯通，创造性地发明日清管理法，以日清管理法为基础，逐步发展出 OEC 管理模式。

对外，海尔强调"用户永远是对的""用户的难题就是我们创新的课题"。

对内，海尔强调"优质的产品是优质的人创造出来的""人人是人才，赛马不相马"，最大限度地激发员工的创造力和潜能。

在这一时期，海尔精神进行过一次微调。1997 年，海尔在已经成为"中国家电第一名牌"的基础上即将开启国际化征程，为了更有效地凝聚员工士气，挑战更高的目标，集团将海尔精神中的"无私奉献"调整为"敬业报国"。

在这一时期，海尔经历名牌战略、多元化战略和国际化战略三个发展战略阶段，经历了从无到有、从小到大、从中国到世界的发展扩张历程，但无论是管理还是研发、运营，基本上是以母国为中心的决策实施过程，这一阶段，可以定义为"海尔中国造"时代。

第二代："海尔，世界造"（2005 年 12 月 26 日—2016 年 12 月 26 日）

海尔精神：创造资源、美誉全球

内涵辨析：在前三个发展阶段，海尔一直在攻城略地，截至 2005 年，在产业布局上，以家庭为中心的家电、家居、家装全产业线布局已经形成；在市场布局上，以本土创牌为目标的全球格局也已经落子成棋。

2005 年 12 月 26 日，在海尔集团创业 21 周年之际，海尔开启了第四个发展战略阶段——"全球化品牌战略阶段"。全球化品牌战略阶段和之前三个阶段的区别是从"海尔的国际化"到"国际化的海尔"，海尔的世界品牌愿景是全世界、本土化的海尔扎根当地用户，整合全球资源，创出当地主流市场认可的本土化名牌，一个个本土化的名牌汇集成全球化的海尔。

这一时期，两个变量深刻地影响着世界经济的格局——一个是中国加入世界贸易组织，另一个是互联网科技的发展和应用把我们带入数字驱动的新经济。

全球化和互联网两股力量交织在一起，新的机遇和新的挑战一样巨大且充满不确定性。海尔向全球化品牌战略的转型正是为了抓住这个机遇。互联网把全世界变成了一张网，海尔则以现代化的家电和互联网时代下的用户思维，布局出一张全球化版图。

美誉全球是一个宏大的愿景，在全球市场上，中国本土市场的人口红利、成本红利以及改革红利在逐渐失去比较优势，国际名牌维护既有格局的阻力越来越大，海尔人需要创造新的资源才能创造新的用户和市场。这一阶段，可以被定义为"海尔世界造"的时代。

在这一时期，海尔的变革从理论和实践上都触动了经典管理理论的神经。国外顶级学者和研究机构从质疑到跟踪研究，从认可方向和趋势发展到认可方法和工具。海尔并购美国工业代表企业通用电气家电，把海尔模式推到管理界关注的焦点上，世界在期待：海尔管理模式会如何改变美国工业的活化石。

第三代："海尔，网络造"（2016 年 12 月 26 日—2019 年 12 月 26 日）

海尔精神：诚信生态、共享平台

内涵辨析：上一个历史时期可以称为互联网时代，互联网科技从颠覆通信方式切入，依次颠覆了传统的传媒产业、零售产业，创造了以免费和共享为驱动的诸多新型商业模式，下一个要颠覆的，将是传统工业制造业。当互联网已经为基础设施的时候，物联网时代加快到来。互联网带来的零距离、去中心化和分布式三大特征还将展示更大的威力。

后电商时代正在变为现实。桌面互联网解决了信息不对称，移动互联网解决了速度，万物互联的场景商务要解决的则是诚信。

新时期的海尔精神和海尔作风将成为海尔从传统工业时代的追赶者到物联网时代的引领者蜕变的愿景使命和行动纲领。

这一时期，海尔人要抓住的机遇就是以物联网为驱动的社群经济。

这一时期，海尔人站在这样的起点上：物联网迟迟没有在用户体验方面实现引爆，究其原因，关键是没有从根本上解决产销分离的现状，海尔正在探索的从电器到网器、从网器到网站的社群经济正是解决用户全流程最佳体验的有效路径。

这一时期的海尔精神是**诚信生态、共享平台**，这既是海尔创客的共同精神愿景，又是时代的殷殷召唤。

传统电商快速发展的同时更加凸显了诚信的重要性，诚信将成为下一个时代的核心竞争力。在创业初期，海尔就提出"真诚到永远"的宗旨，在当时的条件下，海尔只要自己坚守诚信就能做到，因为企业是封闭的，流程是线性的。今天则不可能，因为每一个企业都必须从封闭的、自成体系的组织变成开放的生态，只有整个生态具有诚信的能力，用户才能得到诚信的体验。诚信生态是构成共享平台的必要条件。在生态圈里，资源是开放的，只有生态中的攸关各方都做到诚信，大家才能实现共创、共赢和共享。生态圈不一定能成为平台，而平台必须首先是诚信的生态。

第四代："海尔精神，海尔作风"（2019年12月26日至今）

海尔精神：诚信生态、共赢进化；海尔作风：人单合一、链群合约

第四代"海尔精神，海尔作风"与第三代"海尔精神，海尔作风"的区别在于，共享平台升级为共赢进化，小微引爆升级为链群合约。

共赢进化，就是和用户一起进化，这体现了区块链的一个很重要的特征——去中心化的用户自信任。去中心化之后，用户可以信任你，是因为他和你共赢进化。某种意义上说，用户也是一名创造者。

链群合约，体现了区块链的另一个很重要的特征——去中介化的价值自传递。因为在链群合约里，所有的价值、所有的节点都是融合在一起的。

课后练习

一、单选题

1. （　　）是企业识别系统的核心。
    A. 企业理念识别 B. 企业制度
    C. 企业信誉 D. 员工素质
2. （　　）主要是衡量舆论评价量的大小，不涉及舆论的质的价值判断。
    A. 美誉度 B. 知名度 C. 销售量 D. 利润率
3. 企业第一核心竞争力是企业的（　　）。
    A. 资金 B. 核心价值观 C. 技术 D. 地理位置
4. 企业标准色是指用象征公司或（　　）的指定颜色。
    A. 产品特性 B. 公司特征 C. 企业标志 D. 包装
5. 企业识别，从含义上来理解，就是企业（　　）识别，或企业形象塑造。
    A. 理念 B. 行为 C. 形象 D. 视觉
6. 在企业导入CIS战略过程中，必须遵循一系列原则，下列（　　）原则是错误的。
    A. 战略性 B. 系统化 C. 技术性 D. 本土化
7. 企业行为识别（BI），是CIS中的（　　）识别系统。
    A. 静态 B. 战略 C. 动态 D. 技术

8. 企业视觉识别对于企业（　　　）的巩固和提高具有不可或缺的重要作用。
   A. 产品质量　　　B. 技术水平　　　C. 品牌形象　　　D. 售后服务

二、判断题

1. 企业识别系统由企业理念识别系统、企业行为识别系统、企业视觉识别系统三部分子系统构成。（　　　）
2. 标准色是指企业用色标准必须和国家的相关规定保持一致。（　　　）
3. 象征图案是象征企业理念、产品品质和服务精神的富有地方特色的或具有纪念意义的具体化图案。（　　　）
4. 评选优秀员工、举办纪念日、庆祝节日等活动，是属于 BI 实施的范围。（　　　）
5. 我们唯有尊重民族文化的地位，将 CIS 本土化，才能更好地发挥其效用。（　　　）

三、简答题

1. 企业文化的基本功能主要有哪些？
2. 企业文化的 CIS 系统包括哪些具体内容？
3. 中国传统文化中有哪些方面能够在建设现代企业文化中发挥积极作用？

四、论述题

如何正确认识企业形象设计在企业文化建设中的地位和作用？

五、案例分析题

星巴克咖啡 CIS 设计分析

标志是面向大众传递信息的视觉符号，具有能够区别其他标志的独特、清晰的面貌特征以及相当的明确性和通俗性，使观者易于识别和易于记忆。即使是在不同的国家、不同的地方，无论语言文字是否相通，星巴克特有的标志都传递着同一种感觉、同一种味道。

星巴克（Starbucks）咖啡公司成立于 1981 年，是世界领先的特种咖啡零售商和烘焙商。旗下零售产品包括数十款优质咖啡豆、手工制作的浓缩咖啡和多款咖啡冷热饮料、新鲜美味的各式糕点，以及丰富多样的咖啡机、咖啡杯等。

长期以来，星巴克一直致力于向顾客提供优质的咖啡和服务，营造独特的"星巴克体验"，让全球各地的星巴克店成为人们除了工作场所和生活居所之外温馨舒适的"第三生活空间"。鉴于星巴克独特的企业文化和理念，公司连续多年被美国《财富》杂志评为"最受尊敬的企业"。从一杯杯咖啡开始，星巴克已经改变了世界各地的人们喝咖啡的习惯。它开创了一种"星巴克式"的生活方式，这种生活方式在世界上很多地方正被越来越多的人所接受。

星巴克的商标有两个版本，第一个版本的设计灵感来源于一幅 16 世纪斯堪的那维亚的双尾美人鱼木雕图案，她有两条尾巴，并且上半身赤裸。后来，星巴克被霍华·萧兹先生所创立的每日咖啡合并，因而换了新的商标。第二版商标沿用了原本的美人鱼图案，但做了些许修改，美人鱼不再赤裸上半身，并把商标颜色改成代表每日咖啡的绿色，融合了原始星巴克与每日咖啡特色的商标就这样诞生了。

星巴克已从昔日西雅图一条小小的"美人鱼"进化成"绿巨人"。截至 2020 年,星巴克在全球 82 个市场拥有超过 3.2 万家门店。

企业的核心价值观:人文关怀。

品牌定位:先吸引一群注重享受和休闲、崇尚知识、尊重人本位的有情调的都市白领,再由主流白领引导普通大众。

品牌诉求:为每一位消费者提供优质的体验,为消费者提供舒适、轻松的"第三生活空间"。

企业使命:我们的产品不单是咖啡,咖啡只是一种载体。通过咖啡这种载体,星巴克把一种独特的格调传递给顾客。

问题:

1. 星巴克是如何把 CIS 设计与企业文化结合起来的?
2. CIS 是全能的吗?它有何种局限性?
3. CIS 对品牌文化建设和企业管理有哪些作用?

附 录

请读者独立完成以下职业倾向测试，了解自己的职业兴趣和特长，制定出适合自己的职业规划。

霍兰德职业倾向测验量表

姓名：_____ 性别：_____ 年龄：____ 学历：_____ 日期：_____

本测验量表将帮助您发现并确定自己的职业兴趣和能力特长，从而更好地帮助我们做出求职择业或专业选择的决策。

本测验共七个部分，每个部分测验都没有时间限制，但请您尽快按要求完成。

第一部分 您心目中的理想职业（专业）

对于未来的职业（或升学进修的专业），您得早有考虑，它可能很抽象、很朦胧，也可能很具体、很清晰。不论是哪种情况，现在都请您把自己最想做的 3 种工作或想读的 3 种专业，按顺序写下来，并说明理由。请在所填职业/专业的右侧按其在你心目中的清晰程度或具体程度，按从很朦胧/抽象到很清晰/具体分别用 1、2、3、4、5 来表示，如 5 分表示它在你心中的影像非常清晰。

一、职业/专业：_____ 清晰/具体程度：_____
理由：_____

二、职业/专业：_____ 清晰/具体程度：_____
理由：_____

三、职业/专业：_____ 清晰/具体程度：_____
理由：_____

以下第二、三、四部分每个类别下的每个小项皆为是否选择题，请选出比较适合你的，与你的情况相符的项目，并按有一项适合的计 1 分的规则统计分值，将相应分值填写在第六部分的统计项目中。

第二部分 您所感兴趣的活动

下面列举了若干种活动，请就这些活动判断你的好恶。喜欢的计 1 分；不喜欢的不计分。

R：实际型活动	A：艺术型活动
1. 装配和修理电器或玩具	1. 素描/制图或绘画
2. 修理自行车	2. 参加话剧/戏剧
3. 用木头做东西	3. 设计家具/布置室内
4. 开汽车或摩托车	4. 练习乐器/参加乐队
5. 用机器做东西	5. 欣赏音乐或戏剧
6. 参加木工技术学习班	6. 看小说/读剧本
7. 参加制图描图学习班	7. 从事摄影创作
8. 驾驶卡车或拖拉机	8. 写诗或吟诗
9. 参加机械和电气学习班	9. 参加艺术（美术/音乐）培训班
10. 装配和修理机器	10. 练习书法
I：调查型活动	S：社会型活动
1. 读科技图书或杂志	1. 参加单位组织的正式活动
2. 在实验室工作	2. 参加某个社会团体或俱乐部活动
3. 改良水果品种，培育新的品种	3. 帮助别人解决困难
4. 调查了解土和金属等物质的成分	4. 照顾儿童
5. 研究自己选择的特殊问题	5. 出席晚会、联欢会、茶话会
6. 解算术题或玩数学游戏	6. 和大家一起去郊游
7. 物理课	7. 想获得关于心理方面的知识
8. 化学课	8. 参加讲座会或辩论会
9. 几何课	9. 观看或参加体育比赛或运动会
10. 生物课	10. 结交新朋友
E：事业型活动	C：常规型（传统型）活动
1. 鼓动他人	1. 整理好桌面与房间
2. 卖东西	2. 抄写文件和信件
3. 谈论政治	3. 为领导写报告或公务信函
4. 制订计划、参加会议	4. 检查个人收支情况
5. 以自己的意志影响别人的行为	5. 参加打字培训班
6. 在社会团体中担任职务	6. 参加算盘、文秘等实务培训
7. 检查与评价别人的工作	7. 参加商业会计培训班
8. 结交名流	8. 参加情报处理培训班
9. 指导有某种目标的团体	9. 整理信件、报告、记录等
10. 参与政治活动	10. 写商业贸易信

第三部分　您所擅长的活动

下面列举若干种活动，请选择你能做或大概能做的事。

R：实际型能力	A：艺术型能力
1. 能使用电锯、电钻和锉刀等木工工具	1. 能演奏乐器
2. 知道万用电表的使用方法	2. 能参加二部或四部合唱
3. 能够修理自行车或其他机械	3. 能独唱或独奏
4. 能够使用电钻、磨床或缝纫机	4. 能扮演剧中角色
5. 能给家具和木制品刷漆	5. 能创作简单的乐曲
6. 能看建筑设计图	6. 会跳舞
7. 能够修理简单的电气用品	7. 会绘画、素描或书法
8. 能修理家具	8. 会雕刻、剪纸或泥塑
9. 能修理收录机	9. 能设计板报、服装或家具
10. 能简单地修理水管	10. 能写一手好文章
I：调研型能力	S：社会型能力
1. 懂得真空管或晶体管的作用	1. 有向各种人说明解释的能力
2. 能够列举三种蛋白质含量丰富的食品	2. 常参加社会福利活动
3. 理解铀的裂变	3. 能和大家一起和谐地工作
4. 能用计算尺、计算器、对数表	4. 善于与年长者相处
5. 会使用显微镜	5. 会邀请人、招待人
6. 能找到三个星座	6. 能简单易懂地教育儿童
7. 能独立进行调查研究	7. 能组织会议等活动
8. 能解释简单的化学现象	8. 善于体察人心和帮助他人
9. 能理解人造卫星为什么不落地	9. 能帮忙护理病人和伤员
10. 经常参加学术会议	10. 能安排社团组织的各种事务
E：事业型能力	C：常规型能力
1. 担任过学生干部并且干得不错	1. 会熟练地打字（中文）
2. 工作上能指导和监督他人	2. 会用外文打字机或复印机
3. 做事充满活力和热情	3. 能快速记笔记和抄写文章
4. 能有效利用自身的做法调动他人	4. 善于整理和保管文件与资料
5. 销售能力强	5. 善于从事事务性的工作
6. 曾作为俱乐部或社团的负责人	6. 会用算盘
7. 向领导提出建议或反映意见	7. 能在短时间内分类和处理大量文件
8. 有开创事业的能力	8. 能使用计算机
9. 知道怎样做能成为一名优秀的领导者	9. 能搜集数据
10. 健谈善辩	10. 善于为自己或集体做财务预算表

第四部分　你所喜欢的职业

下面列举了多种职业，请认真地看，并选择你感兴趣的工作，有一项计1分，不太喜欢或不关心的工作不选，不计分。

R：实际型职业	S：社会型职业
1. 飞机机械师	1. 街道、工会或妇联干部
2. 野生动物专家	2. 小学、中学教师
3. 汽车维修工	3. 精神科医生
4. 木匠	4. 婚姻介绍所工作人员
5. 测量工程师	5. 健身教练
6. 无线电报务员	6. 福利机构负责人
7. 园艺师	7. 心理咨询师
8. 长途公共汽车司机	8. 共青团干部
9. 电工	9. 导游
10. 火车司机	10. 国家机关工作人员
I：调研型职业	E：事业型职业
1. 气象学家或天文学家	1. 厂长
2. 生物学家	2. 电视片制作人
3. 医学实验室的技术人员	3. 公司经理
4. 人类学家	4. 销售员
5. 动物学家	5. 不动产推销员
6. 化学家	6. 广告部长
7. 教育学家	7. 体育活动主办者
8. 科学杂志的编辑或作家	8. 销售部长
9. 地质学家	9. 个体工商业者
10. 物理学家	10. 企业管理咨询人员
A：艺术型职业	C：常规型职业
1. 乐队指挥	1. 会计师
2. 演奏家	2. 银行出纳员
3. 作家	3. 税收管理员
4. 摄影家	4. 计算机操作员
5. 记者	5. 簿记人员
6. 画家、书法家	6. 成本核算员
7. 歌唱家	7. 文书档案管理员
8. 作曲家	8. 打字员
9. 影视剧演员	9. 法庭书记员
10. 电视节目主持人	10. 人口普查登记员

第五部分　您的能力类型简评

下面两个表（表 A 和表 B）是您在 6 个职业能力方面的自我评定表。您可先与同龄人比较出自己在每一方面的能力，斟酌后对自己的能力做评估。请在表中适当的数字上画圈，数值越大表明您的能力越强。

注意，请勿画同样的数字，因为人的每项能力不会完全一样的。

表A 能力

R型	I型	A型	S型	E型	C型
机械操作能力	科学研究能力	艺术创作能力	解释表达能力	商业洽谈能力	事务执行能力
7	7	7	7	7	7
6	6	6	6	6	6
5	5	5	5	5	5
4	4	4	4	4	4
3	3	3	3	3	3
2	2	2	2	2	2
1	1	1	1	1	1

表B 技能

R型	I型	A型	S型	E型	C型
体育技能	数学技能	音乐技能	交际技能	领导技能	办公技能
7	7	7	7	7	7
6	6	6	6	6	6
5	5	5	5	5	5
4	4	4	4	4	4
3	3	3	3	3	3
2	2	2	2	2	2
1	1	1	1	1	1

第六部分 统计

测试内容		R型 实际型	I型 调查型	A型 艺术型	S型 社会型	E型 事业型	C型 常规型
第二部分	兴趣						
第三部分	擅长						
第四部分	喜欢						
第五部分A	能力						
第五部分B	技能						
总分							

第七部分　您所看重的东西——职业价值观

这一部分测验列出了人们在选择工作时通常会考虑的9种因素（见所附工作价值标准）。现在请您在其中选出最重要的两项因素，并填在下面相应的空白处。

最重要：_____　　次重要：_____　　最不重要：_____　　次不重要：_____

附：工作价值标准

1. 工资高、福利好
2. 工作环境（物质方面）舒适
3. 人际关系良好
4. 工作稳定有保障
5. 能提供较好的受教育机会
6. 有较高的社会地位
7. 工作不太紧张、外部压力少
8. 能充分发挥自己的能力特长
9. 社会需要与社会贡献大

霍兰德职业兴趣测评量表分析

现在，将你测验得分居第一位的职业类型找出来，对照下表，判断一下自己适合的职业类型。

职业索引（职业兴趣代号与其相应的职业对照表）

R（实际型）：木匠、农民、操作X光机的技师、工程师、飞机机械师、鱼类和野生动物专家、自动化技师、机械工（车工、钳工等）、电工、无线电报务员、火车司机、长途公共汽车司机、机械制图员、机器修理师、电器修理师。

I（调查型）：气象学家、生物学家、天文学家、药剂师、动物学家、化学家、科学报刊编辑、地质学家、植物学家、物理学家、数学家、实验员、科研人员、科技作者。

A（艺术型）：室内装饰专家、图书管理专家、摄影师、音乐教师、作家、演员、记者、诗人、作曲家、编剧、雕刻家、漫画家。

S（社会型）：社会学者、导游、福利机构工作者、咨询人员、社会工作者、社会科学教师、学校领导、精神医疗工作者、公共保健护士。

E（事业型）：推销员、进货员、商品批发员、旅馆经理、饭店经理、广告宣传员、调度员、律师、政治家、零售商。

C（常规型）：记账员、会计、银行出纳、法庭书记员、成本估算员、税务员、核算员、打字员、办公室职员、统计员、计算机操作员、秘书。

下面介绍与你3个代号的职业兴趣类型一致的职业表，对照的方法如下：首先根据你的职业兴趣代号找出相应的职业，例如你的职业兴趣代号是RIA，那么牙科技术员、陶工等是适合你兴趣的职业。然后寻找与你职业兴趣代号相近的职业，如你的职业兴趣代号是RIA，那么，其他由这三个字母组合成的编号（如IRA、IAR、ARI等）对应的职业，也较适合你的兴趣。

RIA：牙科技术员、陶工、建筑设计员、模型工、细木工、链条制作人员。

RIS：厨师、林务员、跳水运动员、潜水员、染色员、电器修理员、眼镜制作员、电工、纺织机器装配工、服务员、玻璃安装工人、发电厂工人、焊接工。

RIE：建筑和桥梁工程师、环境工程师、航空工程师、公路工程师、电力工程师、信号工程师、电话工程师、一般机械工程师、自动工程师、矿业工程师、海洋工程师、交通工程技术人员、制图员、家政经济人员、计量员、农民、农场工人、农业机械操作员、清洁工、无线电修理员、汽车修理员、手表修理员、管工、线路装配工、工具仓库管理员。

RIC：船上工作人员、接待员、杂志保管员、牙医助手、制帽工、磨坊工、石匠、机器制造师、机车（火车头）制造师、农业机器装配工、汽车装配工、缝纫机装配工、钟表装配和检验员、电动器具装配工、鞋匠、锁匠、货物检验员、电梯机修工、托儿所所长、钢琴调音员、装配工、印刷工、建筑钢筋工、卡车司机。

RAI：手工雕刻师、玻璃雕刻师、制作模型人员、家具木工、皮革品制作工人、手工绣花工、手工钩针纺织工、排字工、印刷工、图画雕刻师、装订工。

RSE：消防员、交通巡警、警察、门卫、理发师、房间清洁工、屠夫、锻工、开凿工人、管道安装工、出租汽车驾驶员、货物搬运工、送报员、勘探员、娱乐场所的服务员、起卸机操作工、灭害虫者、电梯操作工、厨房助手。

RSI：纺织工、编织工、农业学校教师、某些职业课程教师（诸如艺术、商业、技术、工艺课程）、雨衣上胶工。

REC：抄水表员、保姆、实验室动物饲养员、动物管理员。

REI：轮船船长、航海领航员、大副、试管实验员。

RES：旅馆服务员、家畜饲养员、渔民、渔网修补工、水手长、收割机操作工、搬运行李工人、公园服务员、救生员、登山导游、火车工程技术员、建筑工人、铺轨工人。

RCI：测量员、勘测员、仪表操作者、农业工程技术员、化学工程技师、民用工程技师、石油工程技师、资料室管理员、探矿工、煅烧工、烧窑工、矿工、保养工、磨床工、取样工、样品检验员、纺纱工、炮手、漂洗工、电焊工、锯木工、刨床工、制帽工、手工缝纫工、油漆工、染色工、按摩师、木匠、建筑工、电影放映员、勘测员助手。

RCS：公共汽车驾驶员、一等水手、游泳池服务员、裁缝、建筑工人、石匠、烟囱修建工、混凝土工、电话修理工、爆破手、邮递员、矿工、裱糊工人、纺纱工。

RCE：打井工、吊车驾驶员、农场工人、邮件分类员、铲车司机、拖拉机司机。

IAS：普通经济学家、农场经济学家、财政经济学家、国际贸易经济学家、实验心理学家、工程心理学家、心理学家、哲学家、内科医生、数学家。

IAR：人类学家、天文学家、化学家、物理学家、医学病理检验人员、动物标本剥制者、化石修复者、艺术品管理者。

ISE：营养学家、饮食顾问、火灾检查员、邮政服务检查员。

ISC：侦察员、电视播音室修理员、电视修理员、法医、编目录者、医学实验室技师、调查研究者。

ISR：水生生物学者、昆虫学者、微生物学家、配镜师、矫正视力者、细菌学家、牙科医生、骨科医生。

ISA：实验心理学家、普通心理学家、发展心理学家、教育心理学家、社会心理学家、临床心理学家、目标学家、皮肤病学家、精神病学家、妇产科医师、眼科医生、五官科医生、医学实验室技术专家、民航医务人员、护士。

IES：细菌学家、生理学家、化学专家、地质专家、地球物理学专家、纺织技术专家、医院药剂师、工业药剂师、药房营业员。

IEC：档案保管员、保险统计员。

ICR：质量检验技术员、地质学技师、工程师、法官、图书馆技术辅导员、计算机操作员、医院听诊员、家禽检查员。

IRA：地理学家、地质学家、声学物理学家、矿物学家、古生物学家、石油学家、地震学家、声学物理学家、原子和分子物理学家、电学和磁学物理学家、气象学家、设计审核员、人口统计学家、数学统计学家、外科医生、城市规划师、气象员。

IRS：流体物理学家、物理海洋学家、等离子体物理学家、农业科学家、动物学家、食品科学家、园艺学家、植物学家、细菌学家、解剖学家、动物病理学家、作物病理学家、药物学家、生物化学家、生物物理学家、细胞生物学家、临床化学家、遗传学家、分子生物学家、质量控制工程师、地理学家、兽医、放射性治疗技师。

IRE：化验员、化学工程师、纺织工程师、食品技师、渔业技术专家、材料和测试工程师、电气工程师、土木工程师、航空工程师、行政官员、冶金专家、核工程师、陶瓷工程师、地质工程师、电力工程师、口腔科医生、牙科医生。

IRC：飞机领航员、飞行员、物理实验室技师、文献检查员、农业技术专家、动植物技术专家、生物技师、输油管检查员、工商业规划者、矿藏安全检查员、纺织品检验员、照相机修理者、工程技术员、程序员、工具设计者、仪器维修工。

CRI：簿记员、会计、记时员、铸造机操作工、打字员、按键操作工、复印机操作工。

CRS：仓库保管员、档案管理员、缝纫工、讲述员、收款人。

CRE：标价员、实验室工作者、广告管理员、自动打字机操作员、电动机装配工、缝纫机操作工。

CIS：记账员、顾客服务员、报刊发行员、土地测量员、保险公司职员、会计师、估价员、邮政检查员、外贸检查员。

CIE：打字员、统计员、支票记录员、订货员、校对员、办公室工作人员。

CIR：校对员、工程职员、海底电报员、检修计划员、发报员。

CSE：接待员、通信员、电话接线员、售票员、旅馆服务员、私人职员、商学教师、旅游办事员。

CSR：运货代理商、铁路职员、交通检查员、办公室通信员、簿记员、出纳员、银行财务人员。

CSA：秘书、图书管理员、办公室办事员。

CER：邮递员、数据处理员、办公室办事员。

CEI：推销员、经济分析家。

CES：银行会计、记账员、法人秘书、速记员、法院报告人。

ECI：银行行长、审计员、信用管理员、地产管理员、商业管理员。

ECS：信用办事员、保险人员、各类进货员、海关服务经理、售货员、采购员、会计。

ERI：建筑物管理员、工业工程师、农场管理员、护士长、农业经营管理人员。

ERS：仓库管理员、房屋管理员、货栈监督管理员。

ERC：邮政局长、渔船船长、机械操作领班、木工领班、瓦工领班、驾驶员领班。

EIR：科学、技术和有关周期出版物的管理员。

EIC：专利代理人、鉴定人、运输服务检查员、安全检查员、废品收购人员。

EIS：警官、侦察员、交通检验员、安全咨询员、合同管理者、商人。

EAS：法官、律师、公证人。

EAR：展览室管理员、舞台管理员、播音员、驯兽员。

ESC：理发师、裁判员、政府行政管理员、财政管理员、工程管理员、职业病防治员、售货员、商业经理、办公室主任、人事负责人、调度员。

ESR：家具售货员、书店售货员、公共汽车的驾驶员、日用品售货员、护士长、自然科学和工程的行政领导。

ESI：博物馆管理员、图书馆管理员、古迹管理员、饮食业经理、地区安全服务管理员、技术服务咨询者、超级市场管理员、零售商店店员、批发商、出租汽车服务站调度。

ESA：博物馆馆长、报刊管理员、音乐器材售货员、广告商售画营业员、导游、（轮船或班机上的）事务长、飞机上的服务员、船员、法官、律师。

ASE：戏剧导演、舞蹈教师、广告撰稿人、报刊专栏作者、记者、演员、英语翻译。

ASI：音乐教师、乐器教师、美术教师、管弦乐指挥、合唱队指挥、歌手、演奏家、哲学家、作家、广告经理、时装模特。

AER：新闻摄影师、电视摄影师、艺术指导、录音指导、丑角演员、魔术师、木偶戏演员、骑士、跳水员。

AEI：音乐指挥、舞台指导、电影导演。

AES：流行歌手、舞蹈演员、电影导演、广播节目主持人、舞蹈教师、口技表演者、喜剧演员、模特。

AIS：画家、剧作家、编辑、评论家、时装艺术大师、新闻摄影师、男演员、文学作者。

AIE：花匠、皮衣设计师、工业产品设计师、剪影艺术家、复制雕刻品大师。

AIR：建筑师、画家、摄影师、绘图员、环境美化工、雕刻家、包装设计师、陶器设计师、绣花工、漫画家。

SEC：社会活动家、退伍军人服务官员、工商会事务代表、教育咨询者、宿舍管理员、旅馆经理、饮食服务管理员。

SER：健身教练、游泳指导。

SEI：大学校长、学院院长、医院行政管理员、历史学家、家政经济学家、职业学校教师、资料员。

SEA：娱乐活动管理员、国外服务办事员、社会服务助理、一般咨询者、宗教教育工作者。

SCE：部长助理、福利机构职员、生产协调人、环境卫生管理人员、戏院经理、餐馆经理、售票员。

SRI：外科医师助手、医院服务员。

SRE：体育教师、职业病治疗者、健身教练、专业运动员、房管员、儿童家庭教师、警察、引座员、传达员、保姆。

SRC：护理员、护理助理、医院勤杂工、理发师、学校儿童服务人员。

SIA：社会学家，心理咨询师，学校心理学家，政治科学家，大学或学院的系主任，大学或学院的教育学教师，大学农业教师，大学工程和建筑课程的教师，大学法律教师、大学数学、医学、物理、社会科学和生命科学的教师，研究生助教，成人教育教师。

SIE：营养学家、饮食学家、海关检查员、安全检查员、税务稽查员、校长。

SIC：描图员、兽医助手、诊所助理、体检检查员、狱警、娱乐指导者、咨询人员、社会科学教师。

SIR：理疗员、救护队工作人员、骨科医生、职业病医生助理。

参 考 文 献

[1] 李文舒. 企业管理概论 [M]. 北京：冶金工业出版社，2009.

[2] 孙铁玉. 企业经营管理 [M]. 3 版. 北京：电子工业出版社，2019.

[3] 龚丽春. 管理学原理 [M]. 北京：冶金工业出版社，2008.

[4] 孔凡生. 现代企业管理 [M]. 北京：北京邮电大学出版社，2012.

[5] 王关义，刘益，刘彤，李治堂. 现代企业管理 [M]. 5 版. 北京：清华大学出版社，2018.

[6] 于卫东. 现代企业管理 [M]. 3 版. 北京：机械工业出版社，2018.

[7] 刘善华，仇华忠，林宙. 现代企业管理学教程 [M]. 广州：暨南大学出版社，2006.

[8] 苗长川，杨爱花. 现代企业经营管理 [M]. 2 版. 北京：北京交通大学出版社，2014.

[9] 许莹. 人力资源管理理论与实务 [M]. 北京：人民邮电出版社，2013.

[10] 孙磊. 质量管理实战全书 [M]. 北京：人民邮电出版社，2010.

[11] 许兆祥，汪政. 生产与运作管理 [M]. 2 版. 北京：机械工业出版社，2016.

[12] 叶小鱼，勾俊伟. 新媒体文案创作与传播 [M]. 2 版. 北京：人民邮电出版社，2020.

[13] 任会福，李娜. 市场营销理论与实务 [M]. 北京：人民邮电出版社，2011.

[14] 黄海滨. 电子商务物流管理 [M]. 北京：对外经济贸易大学出版社，2007.

[15] 屈冠银，张保丰，李冰. 电子商务物流管理 [M]. 4 版. 北京：机械工业出版社，2018.

[16] 黄良杰. 财务管理学 [M]. 郑州：河南人民出版社，2007.

[17] 王化成，刘俊彦，荆新. 财务管理学 [M]. 9 版. 北京：中国人民大学出版社，2021.

[18] 王明虎，王锴，顾银宽，等. 财务管理原理 [M]. 3 版. 北京：机械工业出版社，2018.

[19] 李亚民. 企业文化学 [M]. 北京：机械工业出版社，2012.

[20] 黄河涛，田利民. 企业文化案例评析 [M]. 北京：中国劳动社会保障出版社，2008.